企画展

しまね×交通クロニクル

約二五〇年間の交通と暮らしの歴史を紐解く

近世から近代への歩み〈クロニクル〉

北前船からフォードまで

島根県立古代出雲歴史博物館
Shimane Museum of Ancient Izumo

ごあいさつ

本展覧会は、令和元年度から三年度までの三年間、島根県古代文化センターで実施したテーマ研究「近世近代の交通と地域社会経済」の研究成果の一部を展示公開するものです。

交通は、いつの時代も社会に欠かせないものとして、私たちの暮らしに大きな影響を与えます。交通の変化は、ときに私たちの生活や文化、産業を一変させることさえあります。なかでも近世・近代という時代は、科学技術の発達により新たな交通手段が生まれた激動の時代といっても過言ではありませんでした。

本展覧会では、この時代の島根の交通の歴史と人々の暮らしについて迫ります。日本海が物流の大動脈であった海運の時代から鉄道・自動車の登場に至るまでの、約２５０年間の島根の交通の歴史を、画期となる時代を取り上げて紐解きます。また、旅や観光をキーワードに、交通と人々の暮らしの移り変わりについても掘り下げます。

本展覧会が、島根の交通がたどった、近世から近代への歩み〈クロニクル〉、を再認識する機会となれば幸いです。

最後になりましたが、本展覧会の開催にあたり、貴重な文化財を快くご出品いただきました所蔵者の皆さま、島根県古代文化センターでのテーマ研究にご尽力いただきました客員研究員、調査協力者の皆さま、ご後援・ご協力を賜りました関係者・関係機関の皆さまに厚く御礼申し上げます。

令和五年七月

島根県立古代出雲歴史博物館
館長　多根　純

しまね×交通クロニクル　北前船からフォードまで　目次

凡　例

●本書は、島根県立古代出雲歴史博物館二〇二三年度企画展「しまね×交通クロニクル ―北前船からフォードまで―」の展示解説図録である。

●図録構成と展示構成は必ずしも一致せず、展示作品の一部に図版が掲載されていないものもある。また、参考として展示作品以外の写真や地図等も掲載した。作品番号は、展示作品にのみ付し、参考写真・図面については「参考」とした。

●本書に掲載する写真の提供元については各項に記した。記載のないものは当館撮影による。

●展示作品のうち史料翻刻を行ったものについては、当該作品のキャプション末尾に翻刻文掲載ページを記した。

●本書は中安が執筆した。一部の作品解説については岡の、コラムについては田村の協力を得たほか、特別寄稿として下向井紀彦氏（公益財団法人三井文庫主任研究員）より玉稿を賜った。編集は中安が担当し、当館職員の合議によって行った。

●本企画展の開催ならびに本書の作成にあたっては、所蔵者はじめ多くの機関、個人の御協力を賜った。巻末に記し、厚く御礼申し上げる。

表紙／裏表紙写真
A型フォード（福山自動車時計博物館提供）
蒸気車雛形（佐賀藩製作）（公益財団法人鍋島報效会提供）

しまね×交通クロニクル ―北前船からフォードまで―

［会　期］令和五年七月七日（金）～九月三日（日）
［会　場］島根県立古代出雲歴史博物館　特別展示室
［主　催］島根県立古代出雲歴史博物館・島根県古代文化センター
［後　援］朝日新聞松江総局、産経新聞社、日本経済新聞社松江支局、毎日新聞松江支局、読売新聞松江支局、中国新聞社、山陰中央新報社、島根日日新聞社、新日本海新聞社、共同通信社松江支局、時事通信社松江支局、NHK松江放送局、TSKさんいん中央テレビ、テレビ朝日 松江支局、日本海テレビ、BSS山陰放送、エフエム山陰、出雲ケーブルビジョン、山陰ケーブルビジョン、ひらたCATV株式会社

［展示担当］中安恵一（主担当）、岡宏三、勝部智明（以上、島根県立古代出雲歴史博物館）、矢野健太郎、石山祥子、田村亨（以上、島根県古代文化センター）
［研究事業］島根県古代文化センターテーマ研究事業「近世近代の交通と地域社会経済」（令和元年度～三年度）
研究体制（令和三年度時点）
［客員研究員］木部和昭（山口大学）
平山昇（神奈川大学）
下向井紀彦（公益財団法人三井文庫）
［調査協力者］沼本龍（元松江市史史料編纂課）
中山（立脇）玄貴（亀岡市文化資料館）
［研究担当者］東森晋、目次謙一、石山祥子、中安恵一（主担当）、田村亨、面坪紀久（以上、島根県古代文化センター）、熱田貴保、東山信治（以上、島根県埋蔵文化財調査センター）、矢野健太郎（島根県教育庁文化財課）

［美術輸送・展示作業補助］日本通運株式会社松江支店
［展示企画・造作］有限会社ササキ企画
［図録デザイン・制作］今井印刷株式会社
［広　報］ミュージアムいちばた
［広報用素材デザイン・制作］石川陽春

Prologue

プロローグ

海に恵まれ、山に阻まれ

交通は、地理的な条件を活かしながら、またその制約を受けながらその歴史を歩んできた。中国山地と日本海に挟まれた出雲・石見、離島の隠岐、山と海を連絡する斐伊川や江の川、そして海とつながる湖の宍道湖・中海。海、山地、汽水湖など多彩な地形を有する島根の地理を、その交通とともに概観する。

1 **日本鳥瞰中国四国大図絵（吉田初三郎）**

●1926年（大正15）　当館

大阪毎日新聞の付録として制作された鳥瞰図。作者吉田初三郎は、大正から昭和にかけて活躍した鳥瞰図絵師。太平洋側から鳥瞰した島根が描かれる。島根県域の敷設を終えたばかりの山陰線や汽船航路などがみえる。

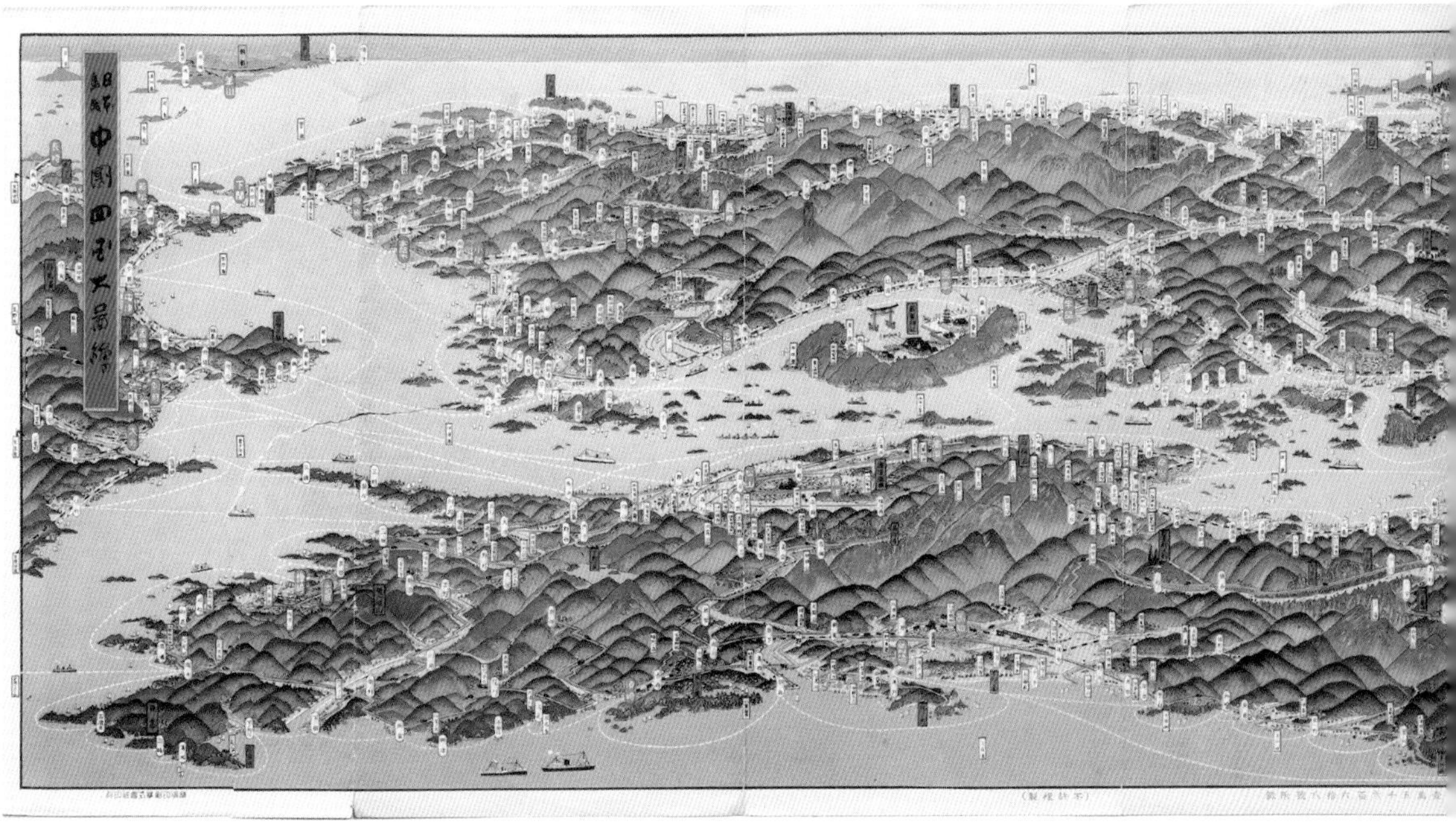

2

島根県鳥瞰図（吉田初三郎）

1937年（昭和12）　当館

県内の寺社仏閣や温泉地、景勝地が多数描かれる。交通網の描写も精緻で、全通した山陰線をはじめ、隠岐航路や宍道湖・中海航路、さらには山陽側と接続する木次線や省営バス、江の川の舟運なども見え、当時の観光地とともに、島根県の地形と交通の関係を概観できる。

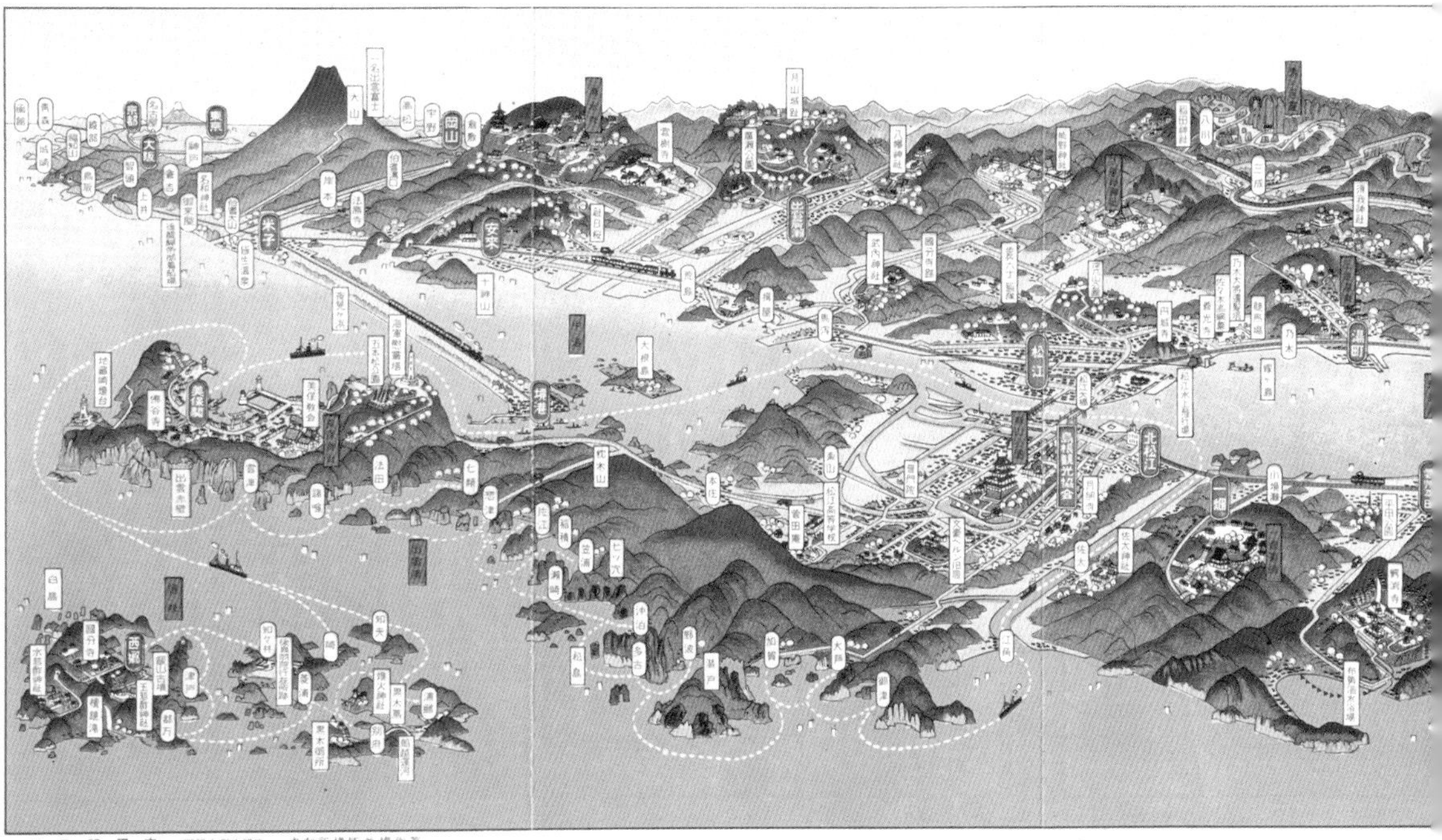

関連年表

年		日本の出来事	島根県域の出来事
1635	寛永12	江戸への参勤交代が定められる	
1655	明暦元		津和野藩、紙専売制度を開始する
1672	寛文12	河村瑞賢、西廻り航路を整備する	温泉津が西廻り航路寄港地に指定される
1675	延宝3		松江藩、この頃すでに松江渡海場が存在
1704	宝永4	幕府、藩札の通用を禁ずる	
1706	宝永6		松江藩、三保関の船宿問屋を38軒に定める
1725	享保10		出雲大社、造営費用の日本勧化願いを幕府に許可される
1736	元文元		杵築町で年に2回の富興行を開始する（～1868）
1767	明和4		松江藩、藩政改革を行う
1780	安永9	幕府、大坂に鉄座を設け諸国産鉄の販売をすべて大坂の問屋経由とする（～87）	松江藩、神田助右衛門が「道中記」を作成し藩に提出する
1782	天明2	工楽松右衛門、松右衛門帆を発明する	
1785	天明5		佐陀川の開削事業はじまる（～88）
1786	天明6		国学者の内山真龍が出雲国を旅する
1793	寛政5		松江藩、庄原・平田船座を公認する
18世紀後半		この頃より蝦夷地産物の仕入販売をする廻船「北前船」の活動が盛んになる	この頃より、金毘羅・宮島参詣が盛んになる
1805	文化2		松江藩、領民の他国他領への寺社参詣を禁ずる、国内では三十三所巡礼が盛んになる
1811	文化8	工楽松右衛門、備後鞆津の大波止築造する	
1814	文化11		「出雲札所観音巡礼記」が刊行される
1832	天保3		原文兵衛、三度飛脚株を取得し運送業を開始する
1833	天保4		渡部彝編「出雲神社巡拝記」が刊行される
1840	天保11		大浦湊波止修築着工（～42完成）
1846	弘化3		松江藩、木綿他国出しの流通統制を実施する
1852	嘉永5	佐賀藩、精錬方を創設する	
1853	嘉永6	幕府、大船建造禁止令を廃止 ペリー来航	
1854	嘉永7	佐賀藩、蒸気船製造を本格化させる	
1855	安政2		松江藩、釜甑方に大砲鋳造のため反射炉を建設する
1862	文久2	幕府、諸藩に船舶の購入を許可	松江藩、軍艦蒸気船2隻購入し、「一番八雲丸」「二番八雲丸」とする
1868	明治元	政府、駅逓規則を定める	
1871	明治4	工部省に鉄道寮設置（鉄道頭井上勝） 政府、陸運会社規則を定める	
1872	明治5	9月、鉄道新橋―横浜開業 飛脚制度廃止、国営郵便取扱所設置 陸運元会社設立	
1874	明治7	大阪―神戸開業	原家が諸国陸運会社を設立する
1875	明治8	郵便汽船三菱会社設立 陸運元会社、内国通運会社に改称	原家が内国通運松江分社を設立する 宍道湖中海で汽船航行がはじまる
1877	明治10		郵船三菱による不定期航路（大阪―神戸―馬関―萩―浜田―境―伏木―新潟―船川―函館）就航
1878	明治11		郵船三菱、不定期から月1回の定期航路へ、浜田への寄港取り止め
1881	明治14	日本鉄道会社創立	
1882	明治15	共同運輸設立	
1884	明治17	大阪商船設立	大阪商船山陰航路（大阪―江崎―浜田―温泉津―和江―久手―杵築―境―米子―安来）就航（1航行4日間）
1885	明治18	共同運輸と郵便汽船三菱会社が合併し日本郵船誕生	隠岐汽船、大阪商船より速凌丸を隠岐島四郡連合会で共同購入、資金の半額を松浦斌氏が自己負担し同船を「隠岐丸」と改名、松浦氏による委託運航開始
1886	明治19	私設鉄道設立ブーム（～89） この頃より修学旅行はじまる	
1887	明治20	私鉄鉄道条例公布	
1888	明治21	尋常師範学校設備準則で修学旅行が法制化	稲佐の浜海水浴場を開設する
1889	明治22	新橋―神戸間全通	この頃より尋常師範学校、尋常高等小・中学校で修学旅行が行われはじめる
1890	明治23		隠岐汽船、松浦斌病没、四郡連合会による島営運営に
1891	明治24		尾道街道・広島街道・山陰道の三大道路改修事業完成する
1892	明治25	鉄道敷設法公布、官設予定路線およびその第一期線9路線が示される	小泉八雲、隠岐丸で隠岐観光
1893	明治26		私設両山鉄道会社計画（松江―広島）
1894	明治27	日清戦争（～95）	浜田港、特別輸出港に指定され、米・麦・石炭等の輸出許可港となる
1895	明治28	京都電気鉄道開業（日本最初の電車）	大社鉄道出願（杵築―米子）
1896	明治29	新橋―神戸間急行列車開始（17時間22分）	大社鉄道と両山鉄道が合併し大社両山鉄道と改称→1898年解散

1898	明治31		馬島灯台竣工 美保関灯台竣工
1899	明治32		浜田港、開港港に指定され、日本人所有船舶以外の出入りが許可される
1901	明治34	山陽鉄道（私）、神戸—下関間全通 「兵式分離」公布、修学旅行から行軍・教練的要素が分離	
1902	明治35	11月、山陰線最初の路線、境—米子—御来屋間開業	
1903	明治36	大阪で第五回内国勧業博覧会開催する	日御碕灯台竣工
1904	明治37	日露戦争（～05） 阪鶴鉄道、舞鶴—大阪間の直通運転を開始する	
1906	明治39	鉄道国有法公布 阪鶴鉄道株式会社が阪鶴丸連絡による境—大阪・神戸間の隔日定期運行を開始する	米子—松江—出雲今市間が官設第一期路線に変更になる
1907	明治40	皇太子、山陰行啓 阪鶴鉄道尼崎—福知山間を国が買収	合同汽船㈱設立、松江を起点に平田・庄原・米子・美保関の4航路 大橋川浚渫により馬潟開港、阪鶴丸・大阪商船馬潟来航する
1908	明治41	鉄道院設置（鉄道庁廃止）	山陰線、米子—松江間開通 原家、松江駅前に原文運送店を開設
1909	明治42		山陰線、松江—宍道間開通
1910	明治43	軽便鉄道法施行、私鉄による地方鉄道の形成が促される	一畑電鉄、大阪才賀藤吉らにより出雲今市—一畑間の軽便鉄道敷設免許出願
1912	明治45	阪鶴丸廃止	隠岐汽船、山陰東部沿岸航路廃止 合同汽船、佐陀川航路（松江—江角）開始する、境—美保関間航路では鉄道との連帯運輸も開始 山陰線、京都—出雲今市間開通、大社まで延長 一畑電鉄、4月、一畑軽便鉄道㈱創立
1913	大正2		合同汽船、この頃より遊覧船営業を開始し観光部門にも乗り出す
1914	大正3	第一次世界大戦勃発（～18）	簸上鉄道㈱創立 一畑電鉄、出雲今市—平田間開業
1915	大正4		山陰線、出雲今市—石見大田間開通 一畑電鉄、出雲今市—一畑間開業 芥川龍之介、島根に旅行
1916	大正5		簸上鉄道、宍道—木次間開業
1918	大正7		大阪商船、境・米子・安来への寄港廃止、馬潟への入港廃止 隠岐汽船、鉄道敷設の影響で、下関—境線を廃止し下関—温泉津線に縮小
1919	大正8	地方鉄道法公布	
1920	大正9	鉄道省設置	原家、原文回漕部を創設し大阪商船の松江荷客扱店を営む（～26）
1921	大正10		山陰線、石見大田—浜田間開通
1922	大正11	鉄道敷設法全面改正、軽便線呼称廃止 法勝寺鉄道会社創立	山陰線、三保三隅まで開通
1923	大正12		山口線全通、山陰線石見益田まで開通 出雲大社神苑の整備開始（～34）
1924	大正13	法勝寺鉄道営業開始	
1925	大正14	法勝寺鉄道から伯陽電鉄に社名変更	一畑軽便鉄道から一畑電気鉄道へ改称 広瀬鉄道創立
	大正～昭和初期		大社宮島鉄道創立
1927	昭和2	地下鉄開業（東京上野—浅草）	一畑電鉄、今市—一畑間電化 原家ら四軒の運送店、松江合同運送を創設する
1928	昭和3		伯備線全通 一畑電鉄、北松江まで開通 広瀬鉄道、荒島—広瀬間開業 馬潟港駅開設
1930	昭和5		三江線、江津—川戸間開通 一畑電鉄、川跡—大社神門間開通、また乗合自動車（バス）営業開始 伯陽電鉄、母里線開業
1931	昭和6	満州事変勃発 国立公園法制定	
1932	昭和7		大社宮島鉄道（今市—須佐）営業開始 木次線、出雲三成まで開通 原家、日本通運松江支店を開設する
1933	昭和8	山陰線全線（京都—幡生）開通	隠岐汽船、松江築港に伴い隠岐—美保関・境を経由し松江港まで航路延長
1934	昭和9		三江線、川本まで開通 7月、簸上鉄道国鉄買収（木次線へ編入）
1935	昭和10		大阪—大社間を結ぶ急行列車が運転開始
1937	昭和12	日中戦争勃発 日本通運株式会社創設	木次線全通（宍道—木次—備後落合）
1938	昭和13		大社宮島鉄道、出雲鉄道に改称
1940	昭和15		隠岐汽船、自動車事業を開始
1941	昭和16	太平洋戦争勃発（～45）	
1944	昭和19		一畑電鉄、小境灘—一畑間軌条供出により営業休止 広瀬鉄道、伯陽鉄道と合併して山陰中央鉄道に改称

関連地図

島根県域図

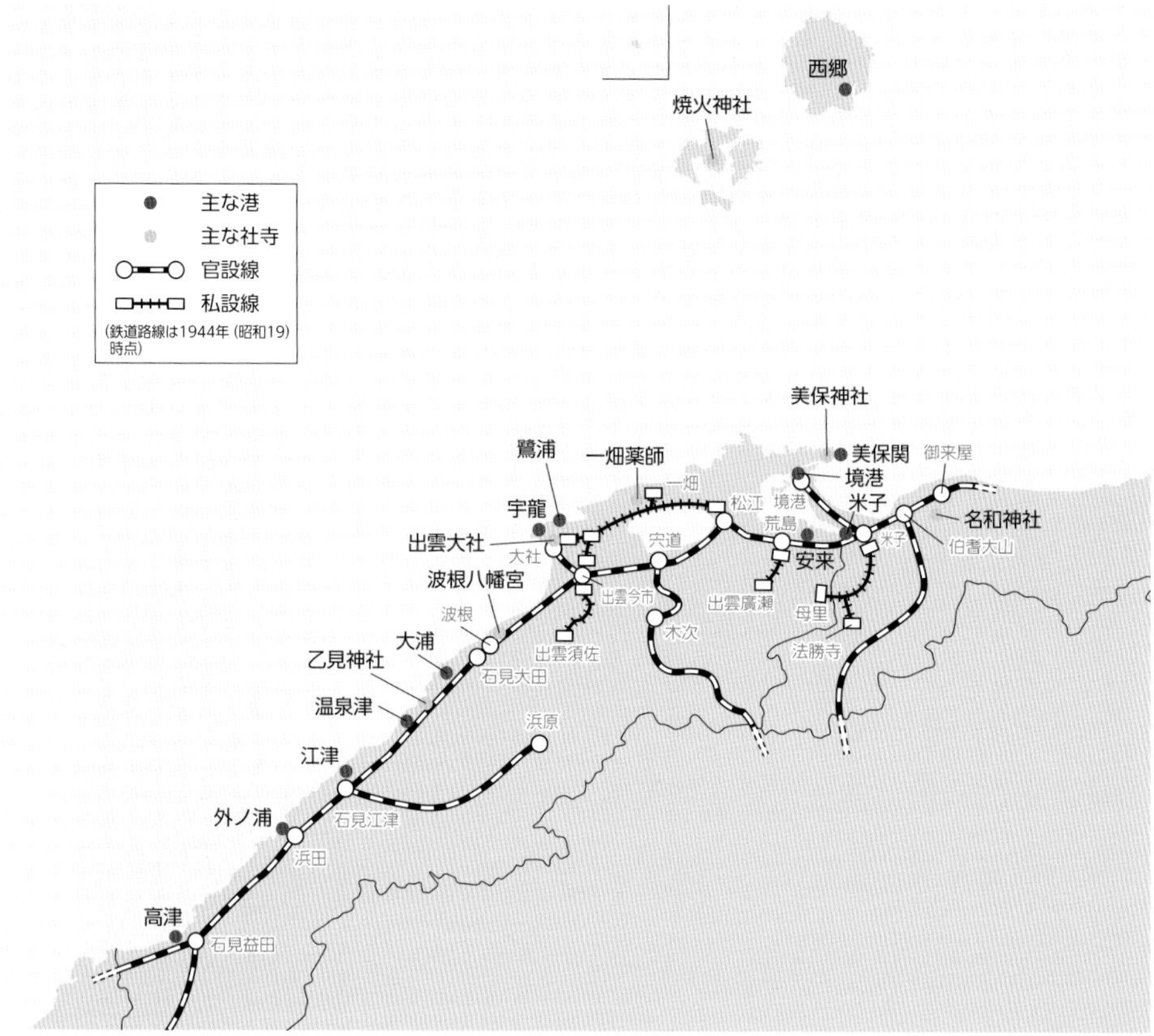

広域図

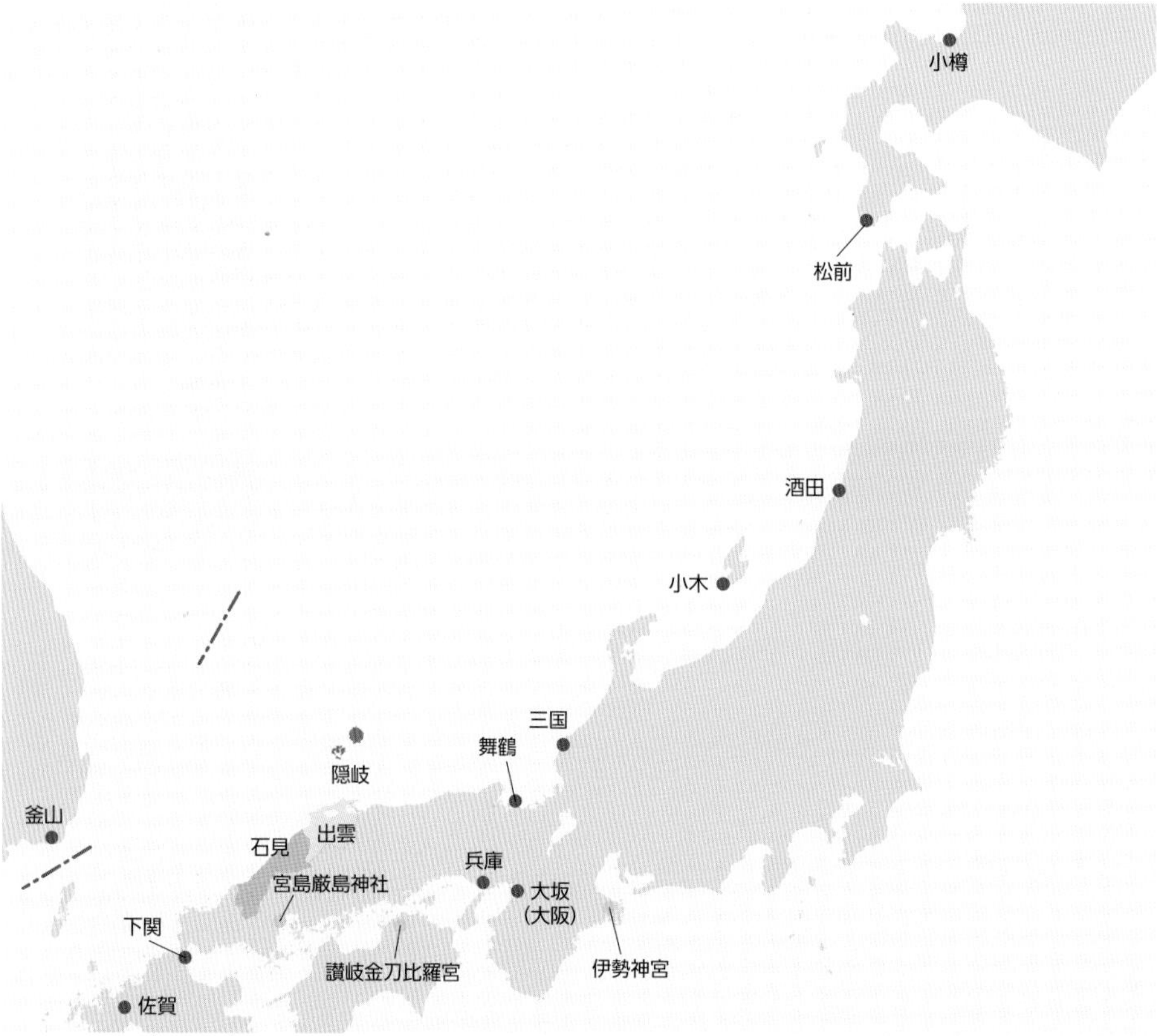

Chapter 1

第1章

日本海海運の時代

江戸時代、物流の大動脈であった海運。風を動力とする帆船が海上を行き交い、波の穏やかな風待ちのできる港は人やモノ、文化が行き来する場所として発展した。江戸時代に大きく栄えた日本海海運について、島根の特徴とともにみていく。

1-1 港

◆江戸時代の港

出雲の美保関《みほのせき》、鷺浦《さぎうら》、宇龍《うりゅう》、石見の大浦、温泉津《ゆのつ》、浜田（外ノ浦《とのうら》）、長浜、隠岐の西郷《さいごう》といった港は、江戸時代、天然の良港として、島根の重要な交通の拠点であった。各港には船宿や船問屋が建ち並んだ。港には諸国から多数の廻船が寄港し、風待ち港として利用されたり、商人による商品売買が盛んに行われた。また、宇龍や大浦、温泉津などは、領主の年貢米を大坂や江戸に積み出す際の積出港としても機能した。

海川の結節点であった河口港の江《ごう》津《つ》や高津《たかつ》では、山間部で生産された産物と、他方山間部へ供給する米などの商品の集散地として、河川舟運が発達し、活発な商品流通がなされた。

3

大坂より松江航路図〔登米寄港図《のぼせまい》〕

●18世紀（江戸時代中期）　中山英男氏（松江歴史館寄託／写真提供）
［松江市指定文化財］

大坂から下関を経由し美保関・松江と至る航路を記した17mを超える長大な絵図。航路が朱線で、寄港地が朱丸印で記される。また、出雲国内と国外は異なる縮尺が用いられ、このため全体の約半分にわたり出雲国沿岸が描かれている。

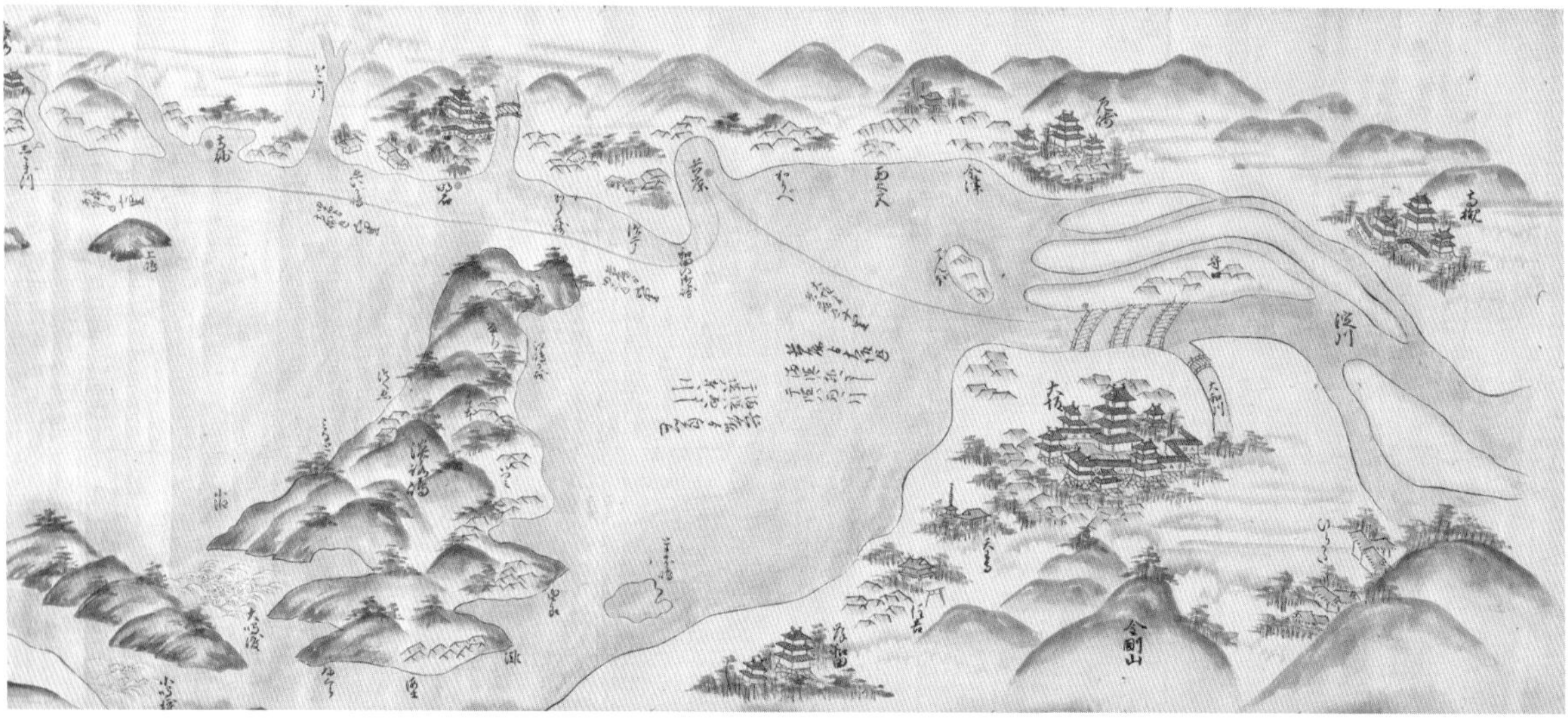

部分（大坂付近）

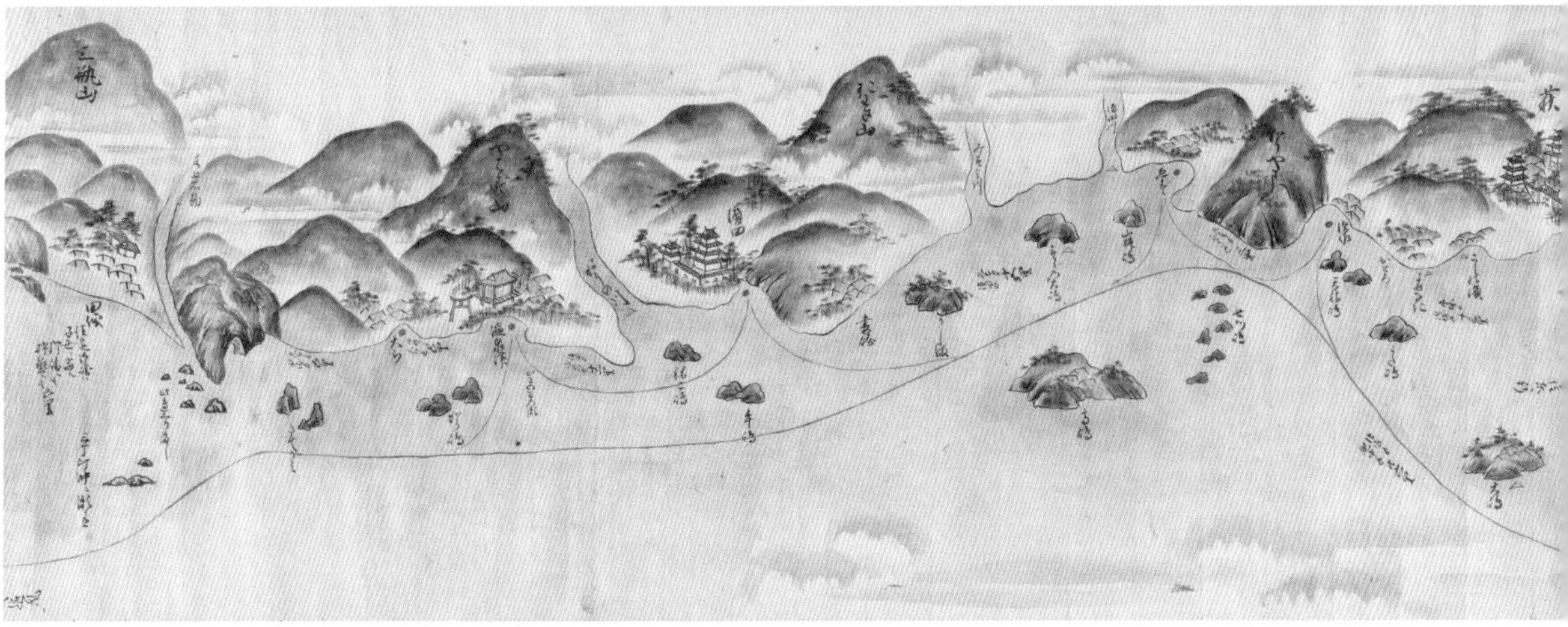

部分（石見付近）

部分（鷺浦付近）

部分（松江城下付近）

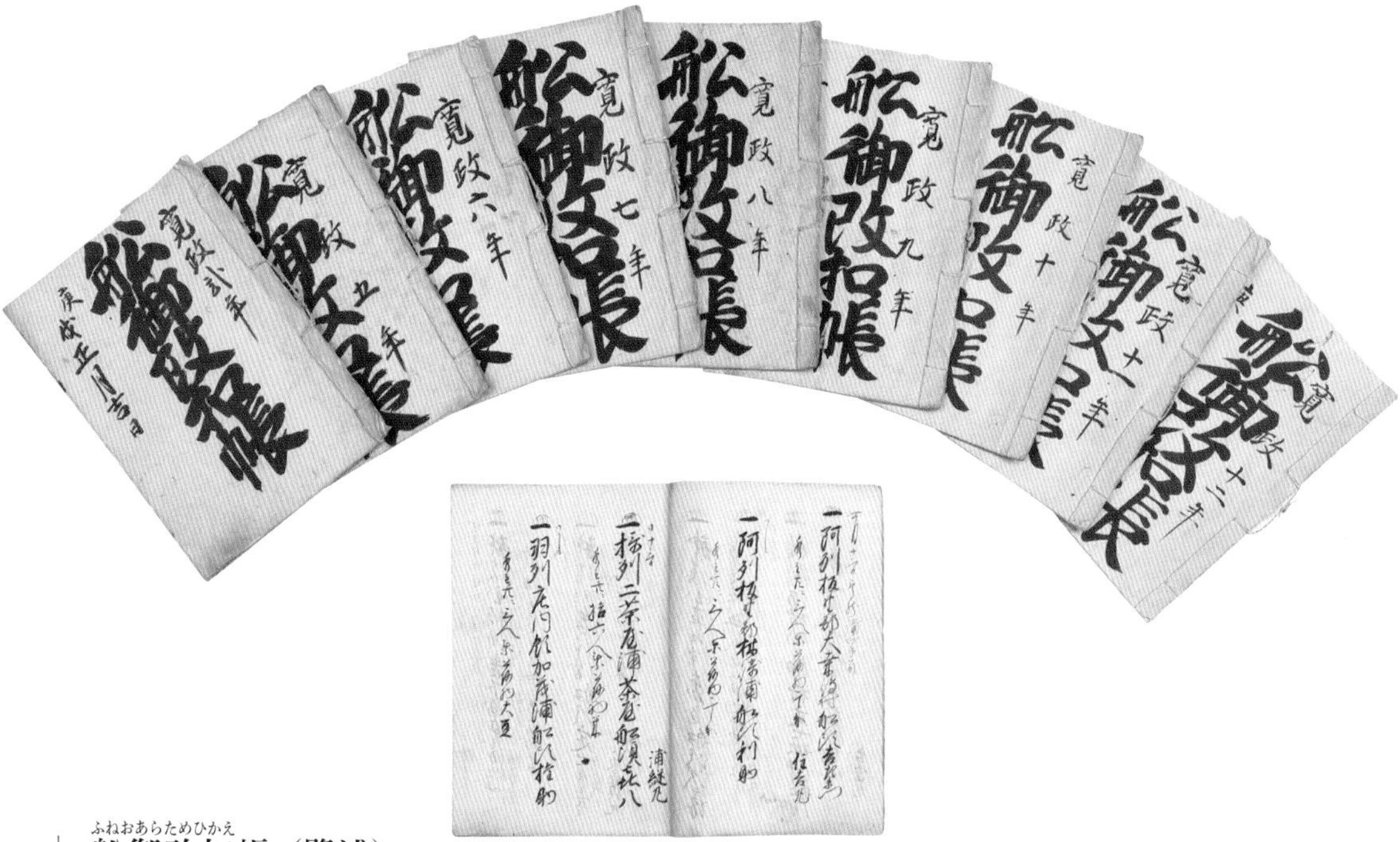

4　船御改扣帳《ふねおあらためひかえ》（鷺浦）

●1790〜1818年（寛政２〜文化15）　当館

鷺浦の廻船問屋讃岐屋が書き留めた入津廻船の改帳（記録）。船名・船頭名・積荷等を記す。北陸船籍の廻船の入津が多数確認できる。

5　問屋船番定（鷺浦）

●1868年（明治元）　当館

鷺浦の船問屋仲間の取り決めを高札にしたもの。異国船・不審船や入港に困っている船を見かけた場合はすぐに連絡すること、入港してきた客船に対して方便を使って強引に自身の顧客とした場合は問屋株（権利）取り上げとすることなどが定められた。裏面には問屋仲間16名の連名がある。（→115頁）

部分

6　自唐鐘浦至長浜浦《とうがねうらよりながはまうらにいたる》海岸絵図（浜田海岸絵図）

●1805年（文化２）　個人　浜田市教育委員会写真提供　［浜田市指定文化財］

浜田の東西10㎞にわたる海岸を描いた絵図。諸国から来たとみられる廻船が入津を試みる様子や、帆を下ろし艀船に引かれる姿が見える。外ノ浦・瀬戸ヶ島・長浜をふくむこの一帯は浜田藩最大の流通拠点であった。中でも外ノ浦は、外海から奥深く入り込んだ天然の良港であり、湾の最奥部には津和野藩の倉庫も置かれた。

7 諸国御客船帳《おんきゃくせんちょう》（浜田外ノ浦）

●18～20世紀（江戸時代中期～明治時代）　個人
［浜田市指定文化財］

浜田外ノ浦の廻船問屋に残る「客船」を書き記した帳簿。江戸時代から明治時代にかけて入津した、北は松前から南は薩摩に至る全国の廻船約8,000艘を記録する。船の情報だけでなく、積荷を詳細に記す点が大きな特徴。石見の特産物である鉄・半紙・干鰯《ほしか》・瓦・焼物などの移出と、米・塩・砂糖などの諸国からの移入記録を多数確認できる。

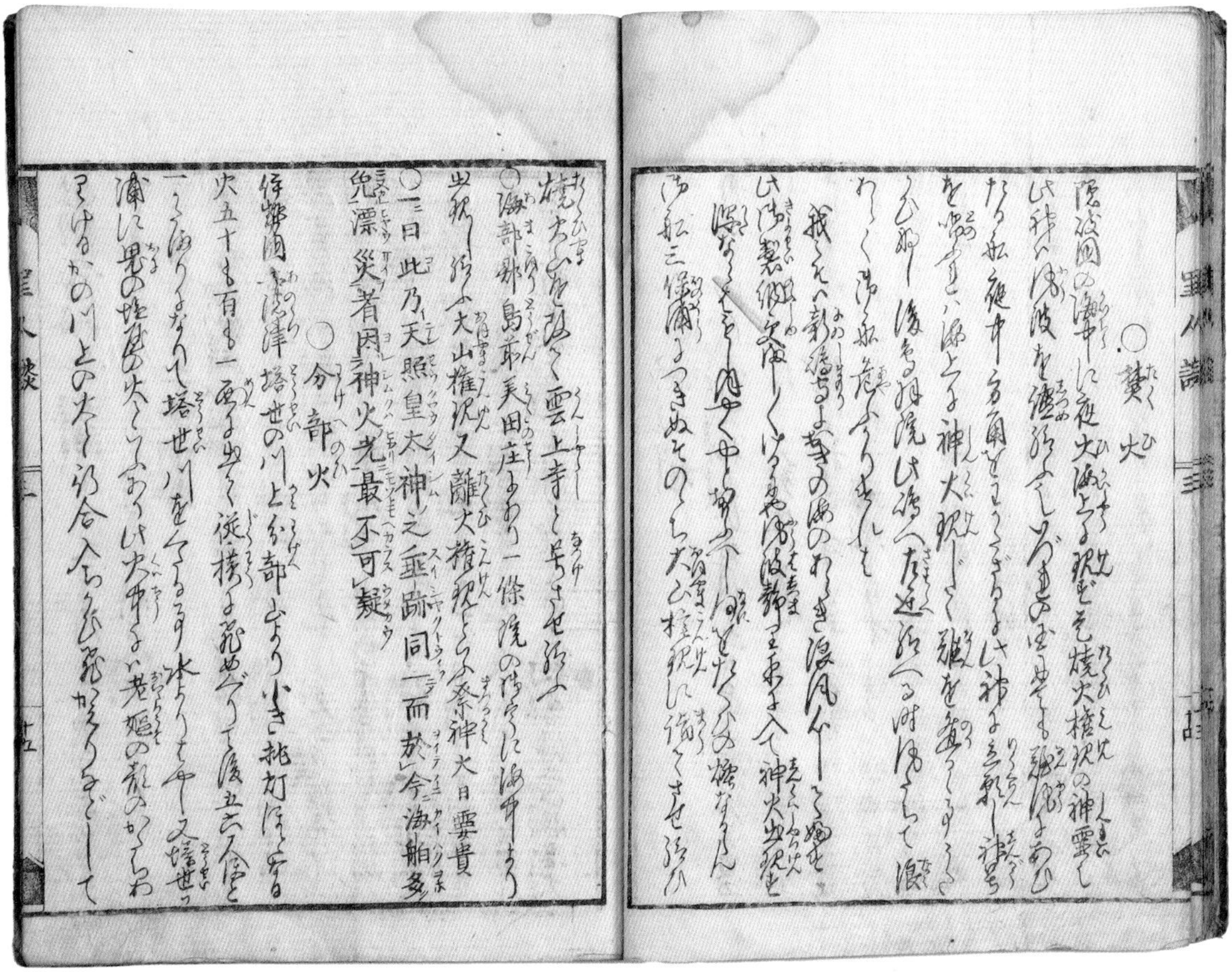

8　**諸国里人談（焚火《たくひ》信仰の霊験と由来）**

●1743年（寛保3）　当館

江戸で刊行された諸国の奇談霊験集。夜、風波のために方角を見うしなった時に祈れば、神火により遭難を逃れられる、という焼火《たくひ》権現の信仰が、近世には海運の発達に伴い諸国に広まっていたことがうかがわれる。

9　六十余州名所図会　焚火の社（歌川広重〈初代〉）

●1853～1856年（江戸時代後期）　当館

10　**諸国六十八景　隠岐焚火社（歌川広重〈二代〉）**

●1862年（文久２）　当館

焼火権現に祈りを捧げる大形の廻船。えぐるような波のうねりに向かって御幣を振る初代広重の構図に対して、二代広重の、海面に松明を投じる構図は、文化14年（1817）刊行の『北斎漫画』七編の影響だろう。かつて岩手県大船渡市三陸町では、「オキノ国タクシ権現様にたむけます」と唱えながら海に火を投じて祈る風習があったという。二代広重の作品には「諸国名所百景　隠岐焚火社」もある。

◆北国船から弁才船へ

江戸時代前期の日本海海運では、北国船《ほっこくぶね》と呼ばれる大型の船が活躍していた。

北国船は、船首の形状が丸い特徴を持つとされるが、史料に乏しく具体的な形状は未詳である。莚帆《むしろほ》を使用し、また風の良いときは帆走し、無風や逆風時には舷側（船の両側面）に装備した多数の櫂を使用して進む漕帆《そうはん》兼用であったため、多数の水主を必要とした。江戸時代中期以降の日本海海運では、帆走性能が改善されこうした欠点を克服した弁才船《べざいせん》が急速に普及し、北国船は弁才船と入れ替わるようにして衰退した。

◆商品経済の発展と廻船業の隆盛

江戸時代後期になると、特産物生産の活発化と全国的な商品経済の発展とともに、日本海海運は一大隆盛期を迎える。鯡《にしん》・昆布をはじめとする蝦夷地産物を大坂まで輸送した北前船（→37頁）はその代表的存在といえよう。

山陰を拠点とする廻船も、この時期に活発化した。島根の廻船は多くが中小廻船であったが、彼らは近隣だけでなく、北国や九州、瀬戸内、大坂へ鉄、木綿、半紙、繰綿《くりわた》、生蝋《きろう》等の山陰特産物の販売を広域に展開した。大型化した一部の北前船活動を行った廻船とともに、こうした多数の中小廻船が活躍したのが、この時代の日本海海運の特徴であった。

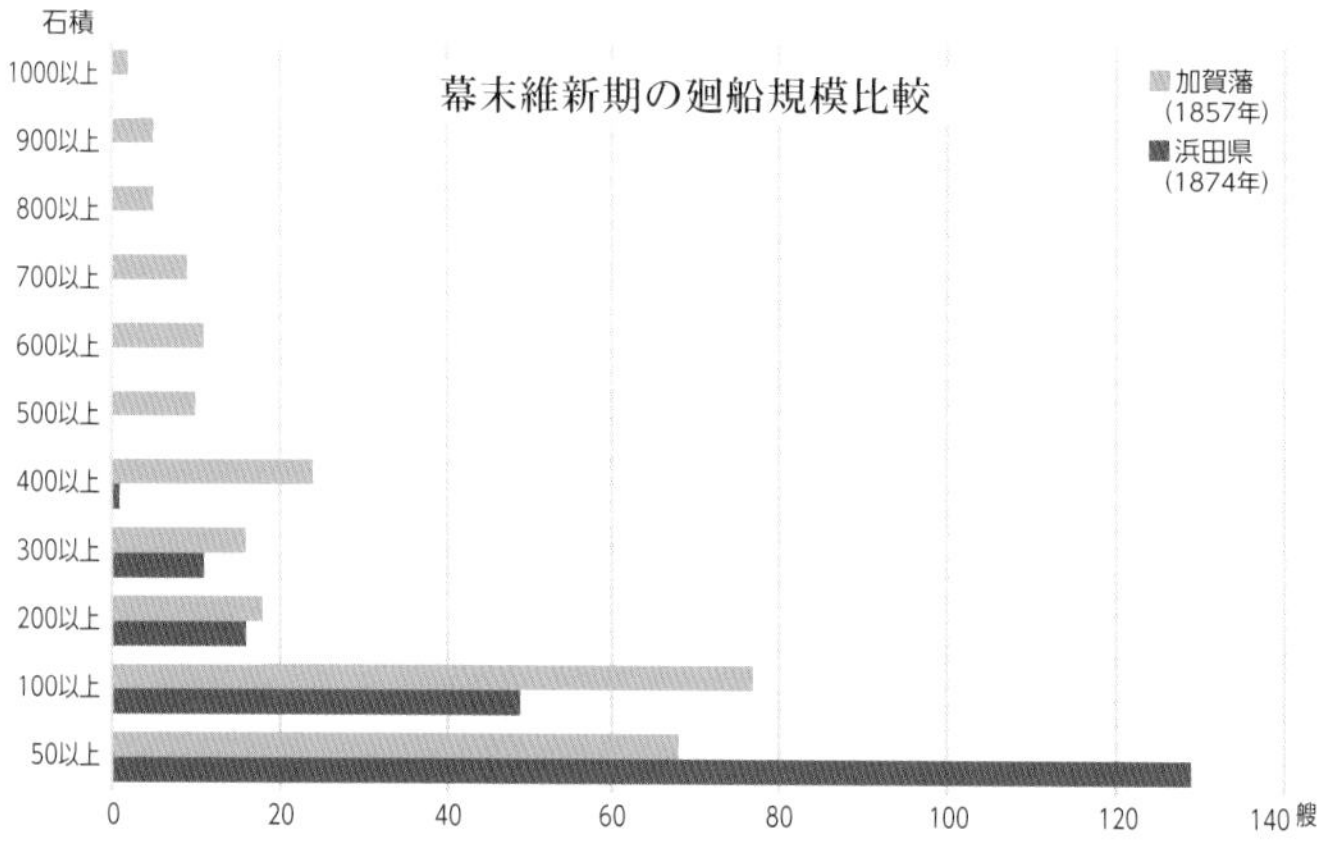

出典）明治七年「旧浜田縣雑款」（島根県公文書センター群0-1593）。高瀬保『加賀藩海運史の研究』雄山閣、1979年。
注）加賀藩の50石積以上区分については、一部地域の統計を欠いている。

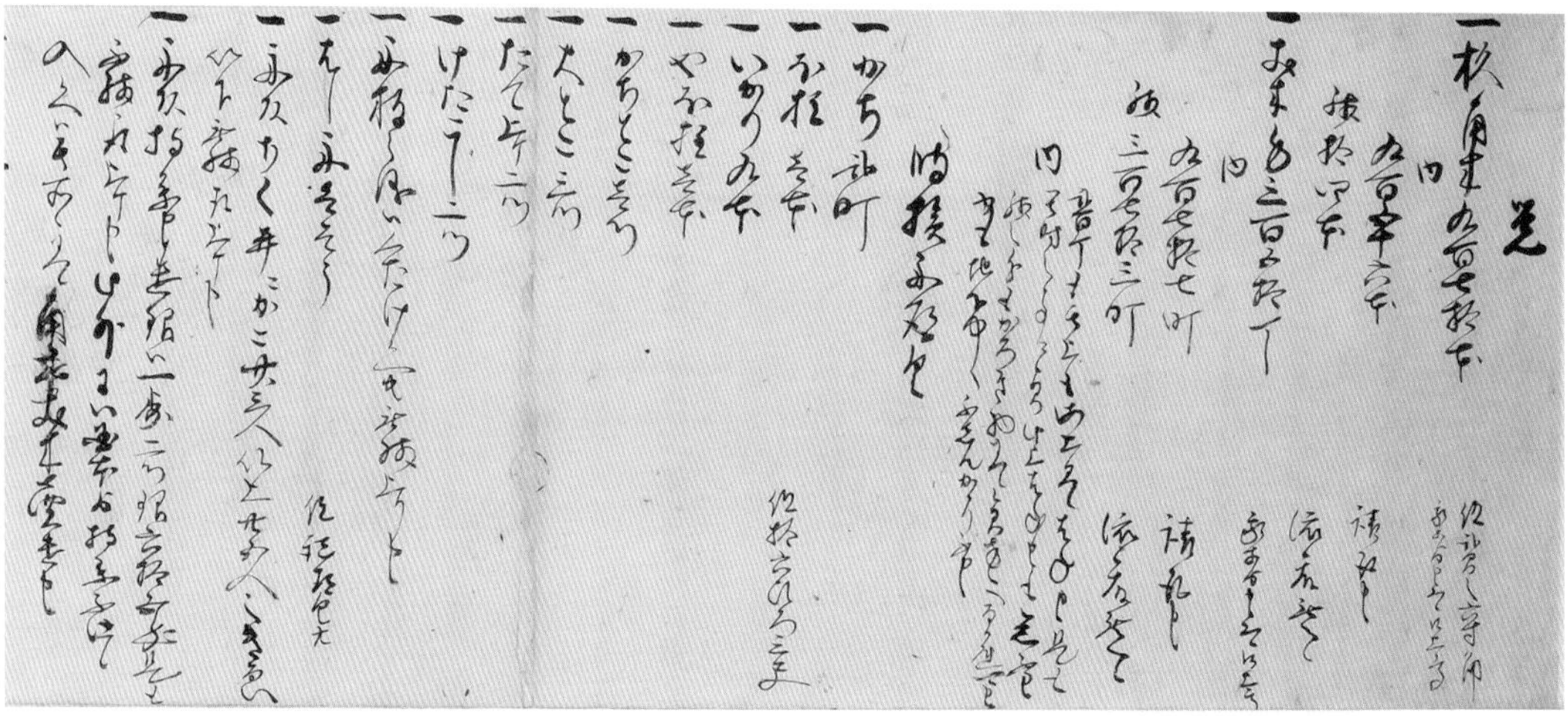

11　**覚（北国船の海難史料）部分**

●1642年（寛永19）　江津市教育委員会

石見国黒松村沖で破船した越前国三国新保浦船籍の海難証書。木材を積み大坂へ向かう途中の出来事であった。25人乗りとあり1000石積以上の北国船と推定される。寛永期以前の海難史料は全国的にも珍しく、北国船の事例としては現存日本最古。北国船の構造がうかがえる点でも貴重。

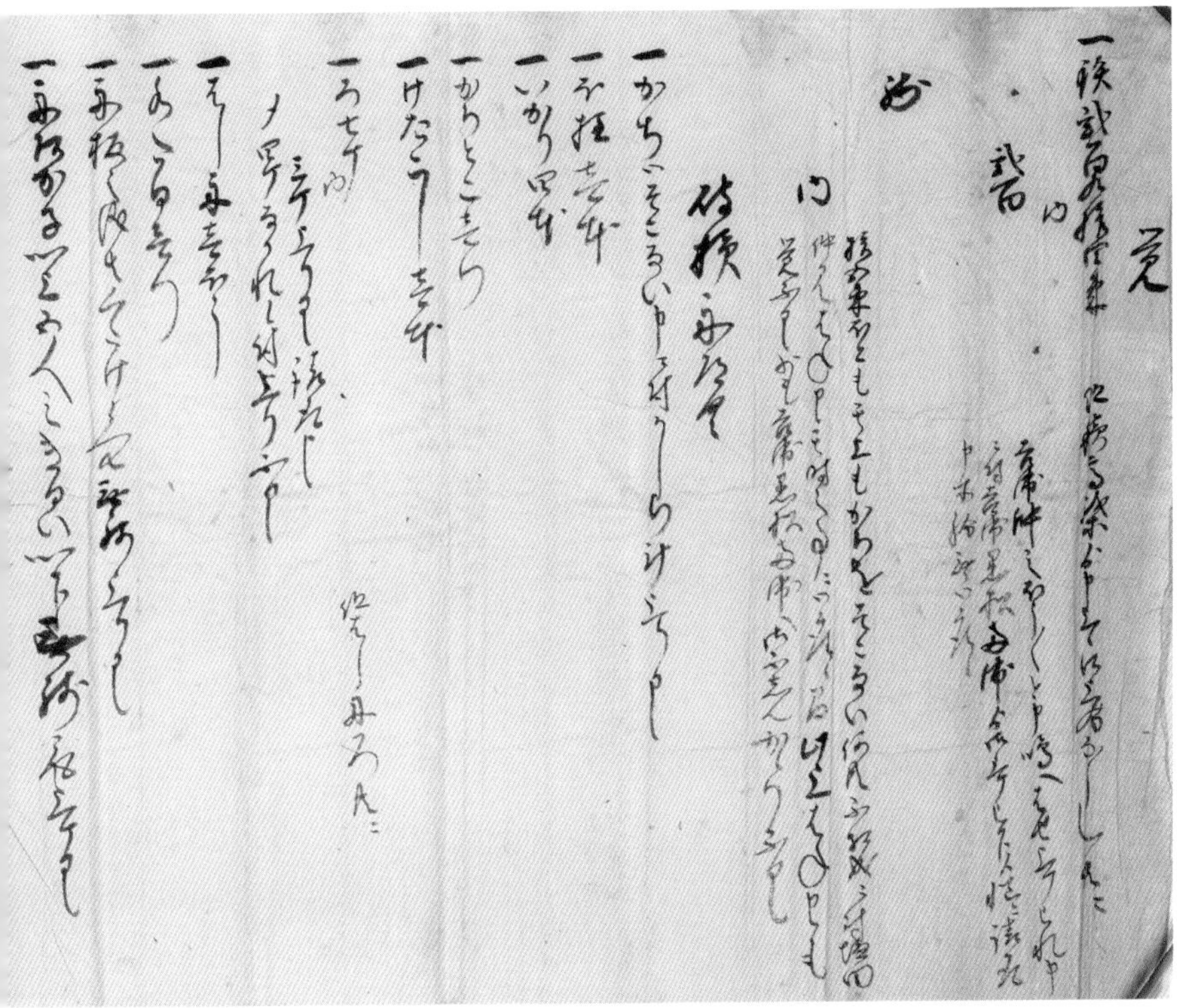

12　**覚（松江から鉄を積んだ船の海難史料）**

●1674年（延宝２）
江津市教育委員会

松江白潟きくや太郎右衛門が鉄を大坂へ輸送する途中、江津周辺で難船した記録。130石積（５人乗）の小型廻船に鉄294束（およそ11トンと推定）を積んでいた。出雲国からの鉄輸送の実態を知ることのできる江戸時代の記録として最も早い事例である。（→115頁）

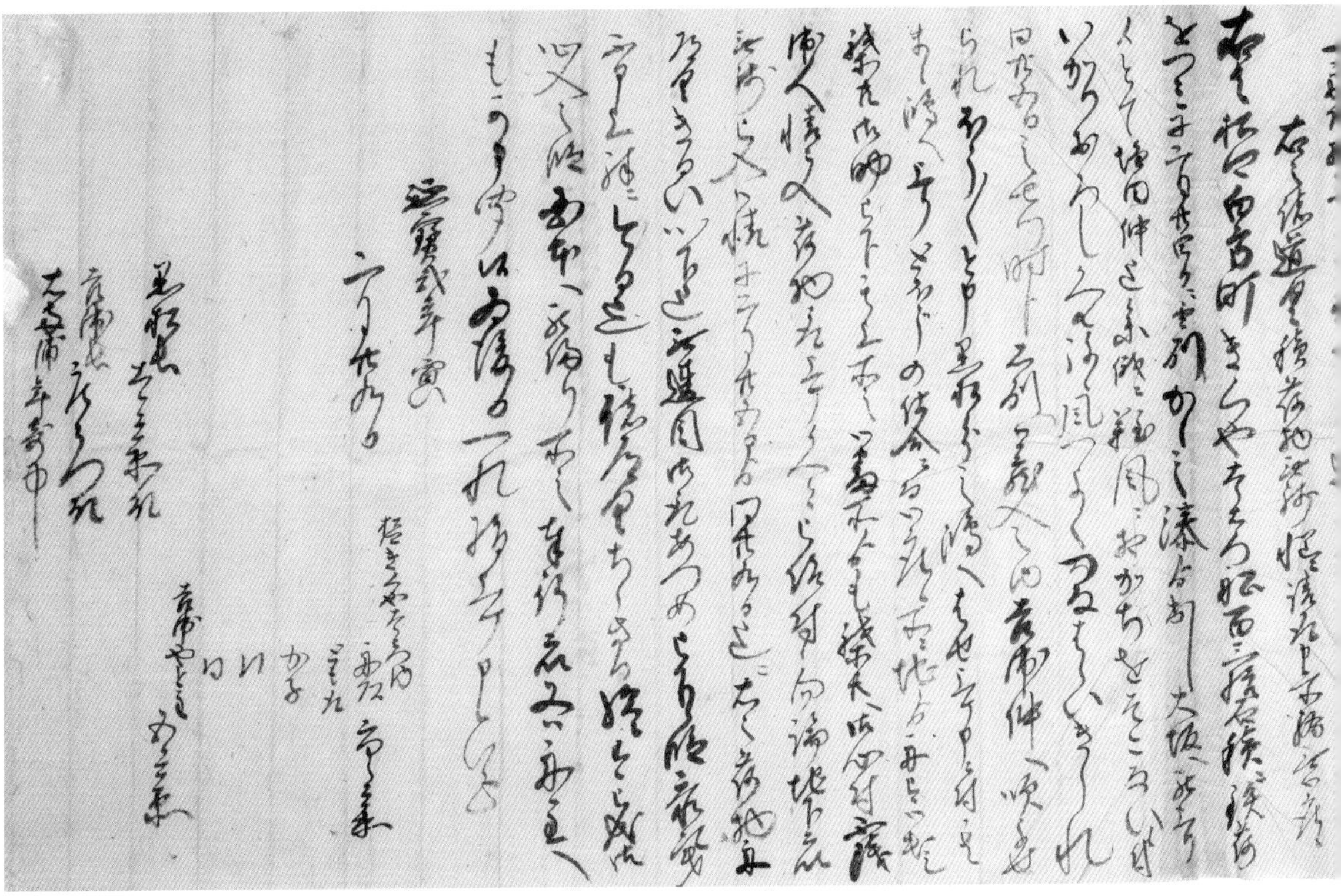

14 **船絵馬（弁才船）**

●1864年（文久４）　波根八幡宮

石見の船持衆らが氏神に奉納した船絵馬。16艘が一つの絵馬に収まる稀少な作品。作者は大坂の絵馬師・吉村重助。船絵馬は帆の反数を忠実に再現して描かれていると言われる。ここに描かれる弁才船は反帆数からいずれも中小型廻船とわかり、これらが多数存在していた当時の石見の特徴を端的に表している。

13 **弁才船半割模型**

●19世紀後半（明治時代中期）
鉄道博物館／写真提供

1/20模型。大工間尺石数1093石積、帆の反数26反。明治10～20年代頃の弁才船と見られ、また同時代の製作と考えられている。船首から船尾にかけて縦断し、内部構造を紹介する。弁才船は中世末期から瀬戸内海を中心に発達した和船。江戸時代に改良が加えられて耐航性と帆走性能が向上し、江戸時代中期以降全国的に普及した。その種類は様々であり、日本海海運を航行した弁才船は、船首尾の反りが大きいという特徴を持つ。

永昌丸
長徳丸
中田屋長五郎
長久丸
山中屋新宅豊四郎
三井兵三郎
三社丸
浪花船画師
吉村重助筆

15〜22 **廻船道具**

●19世紀（江戸時代後期〜明治時代）　個人

石見の船頭が使っていた船道具類。19世紀にかけて、山陰・瀬戸内・大坂などを航海していた。所有していた廻船は、100石積前後、３人乗程度の小型廻船であった。

16 **船往来手形**

●1867年（慶応３）

17 **船往来箱**

●19世紀前半（江戸時代後期）

海上の通行許可証である船往来手形とそれを保管した往来箱。船頭に所持が義務づけられていた。

20 **和磁石**

●19世紀後半（明治時代）

航海に使用された磁気羅針盤。方角が十二支で示される。

22 **御城米御用の幟**

●19世紀（江戸時代後期）

石見銀山附幕領の年貢米（御城米）輸送の際に掲げられた幟。

15 **懸硯《かけすずり》**

●1814年（文化11）

船箪笥の一種で船中に積み込むタイプのもの。証文・印鑑など貴重品を保管した。

18 **大日本海路図**

●1842年（天保13）刊

上下２巻。刊行物としては初めての全国的な航路図。船頭ら自作の海路図にかわるものとして、普及していった。

19 **桿秤《さおばかり》**

●1822年（文政５）

21 **銭枡**

●19世紀（江戸時代後期〜明治時代）

硬貨を計量するための道具。枡内に硬貨を入れ、揺すると枡目に硬貨が納まる仕組み。

16

17

15

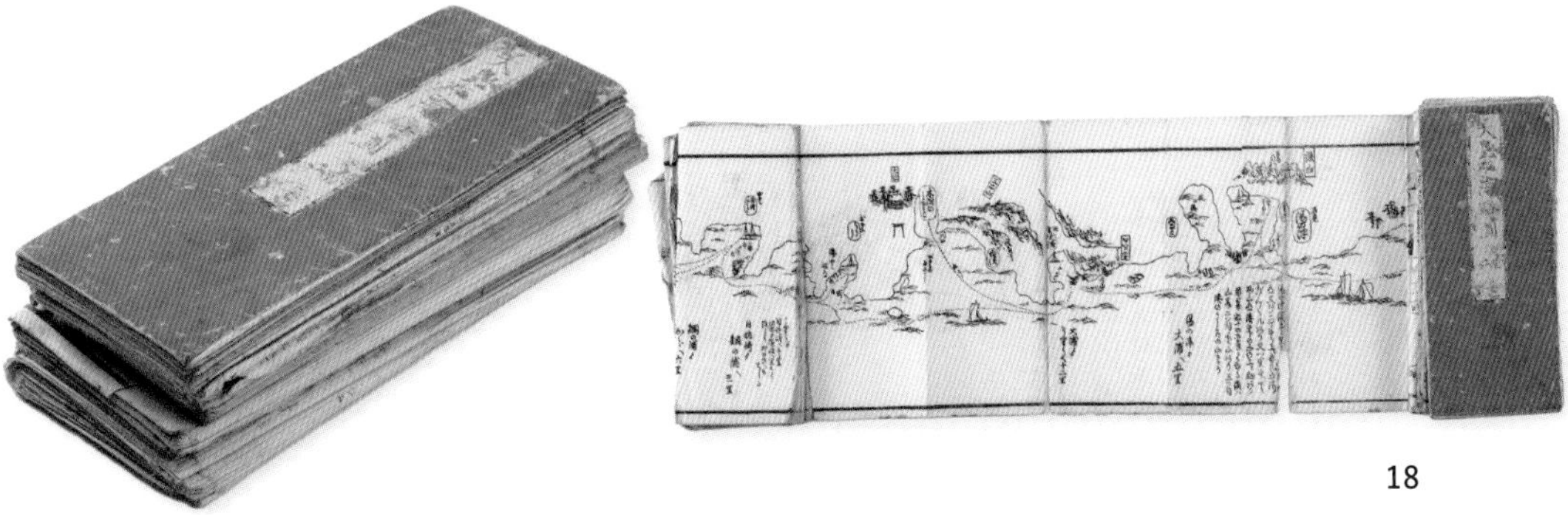

18

20

19

22

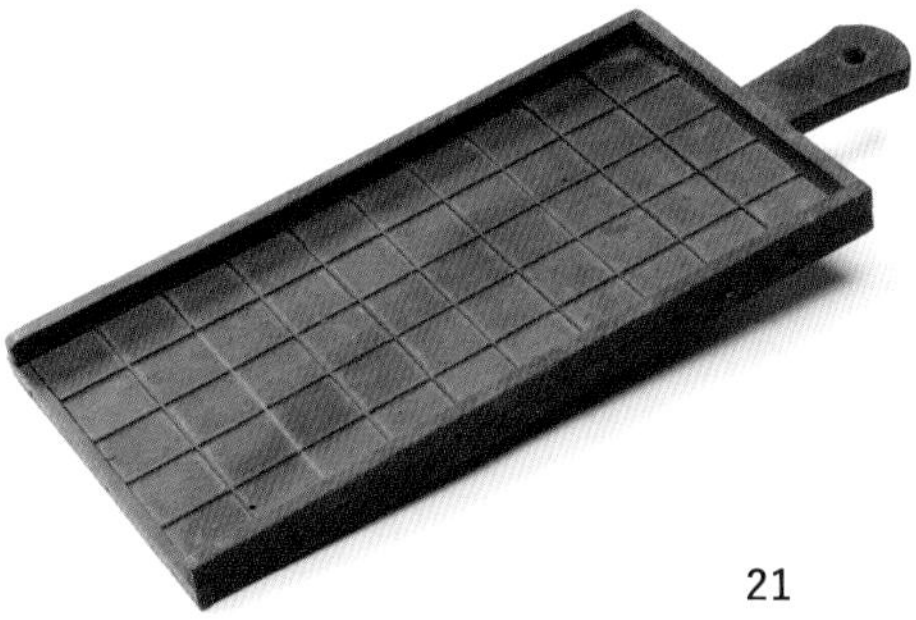

21

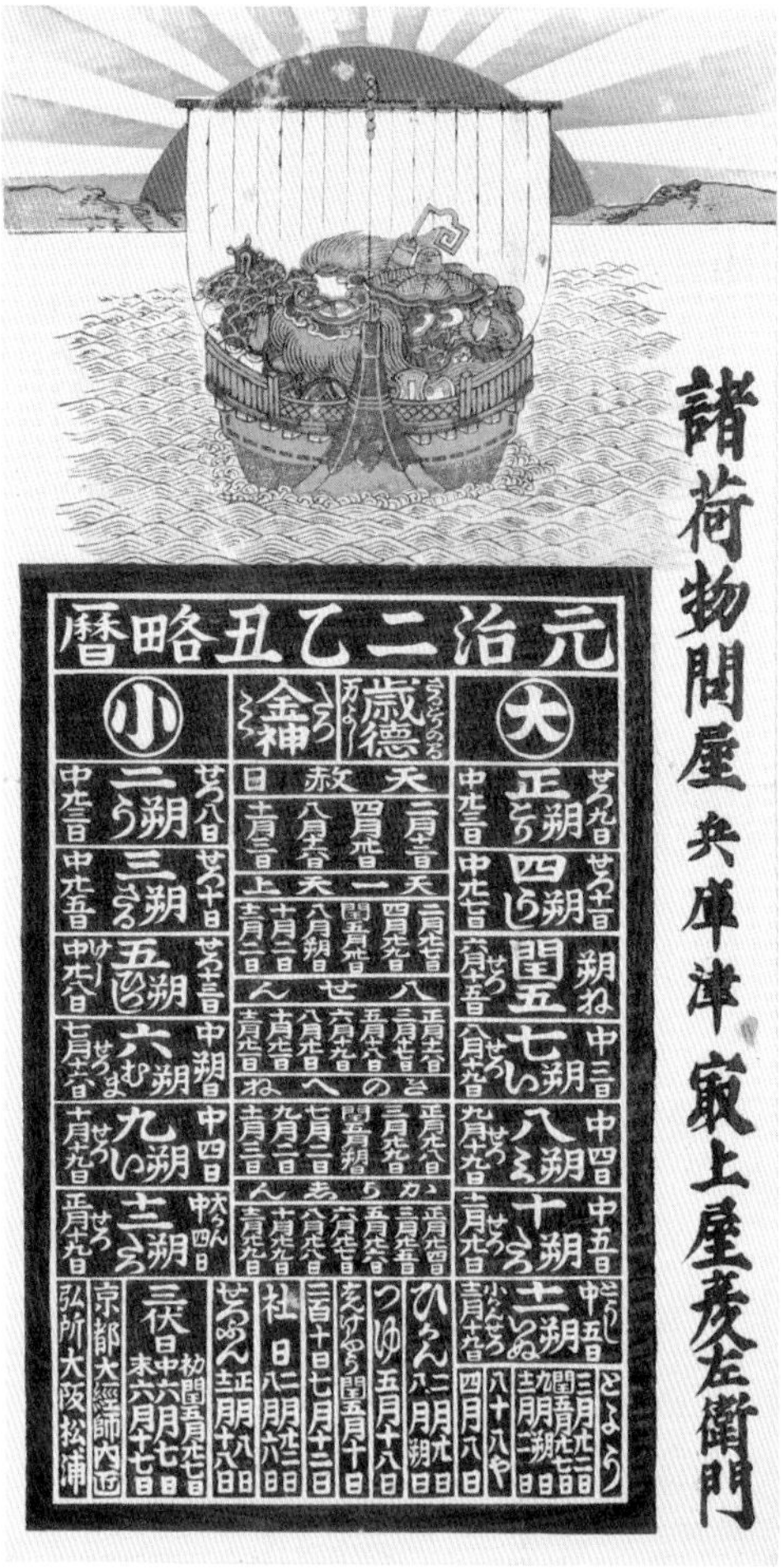

25 廻船問屋の引札（兵庫最上屋）

●1865年（元治２）　個人（当館寄託）

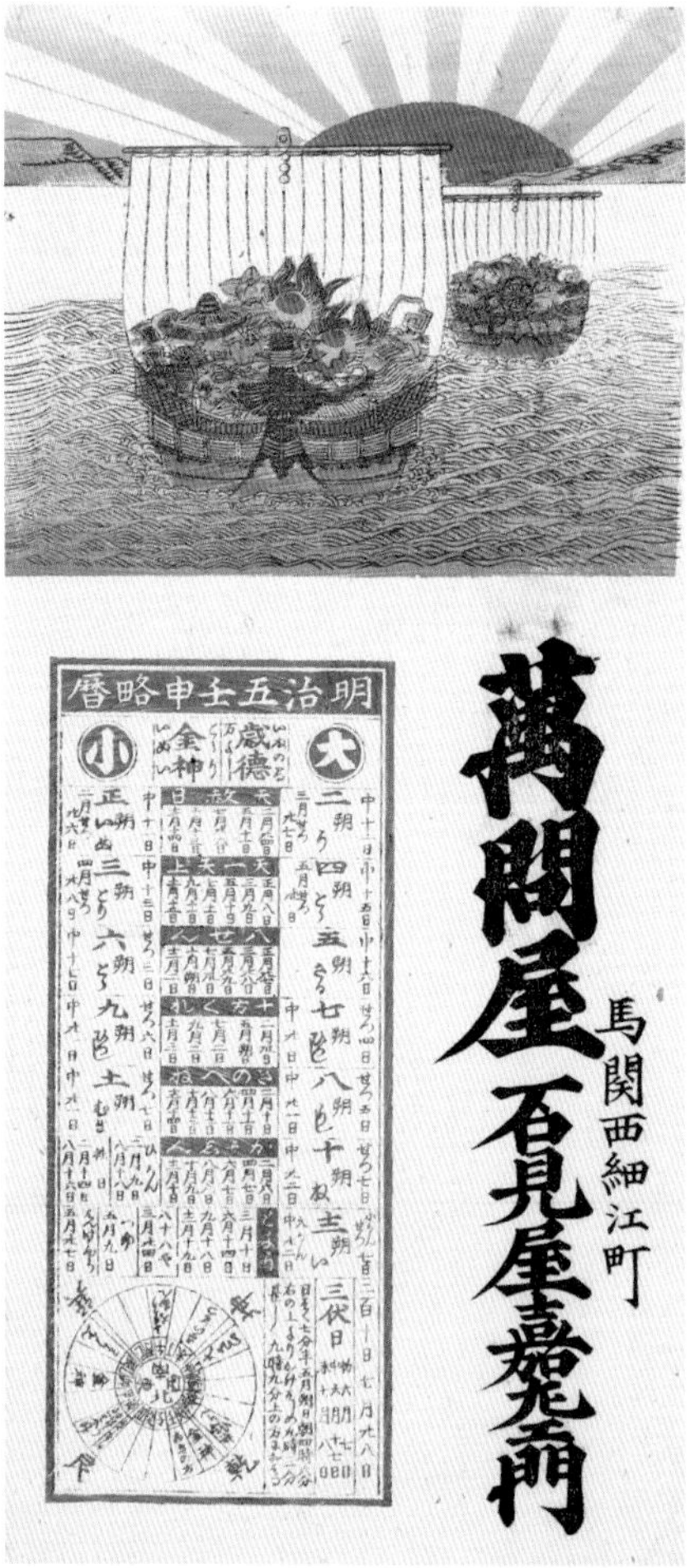

27 廻船問屋の引札（下関石見屋）

●1872年（明治５）　個人（当館寄託）

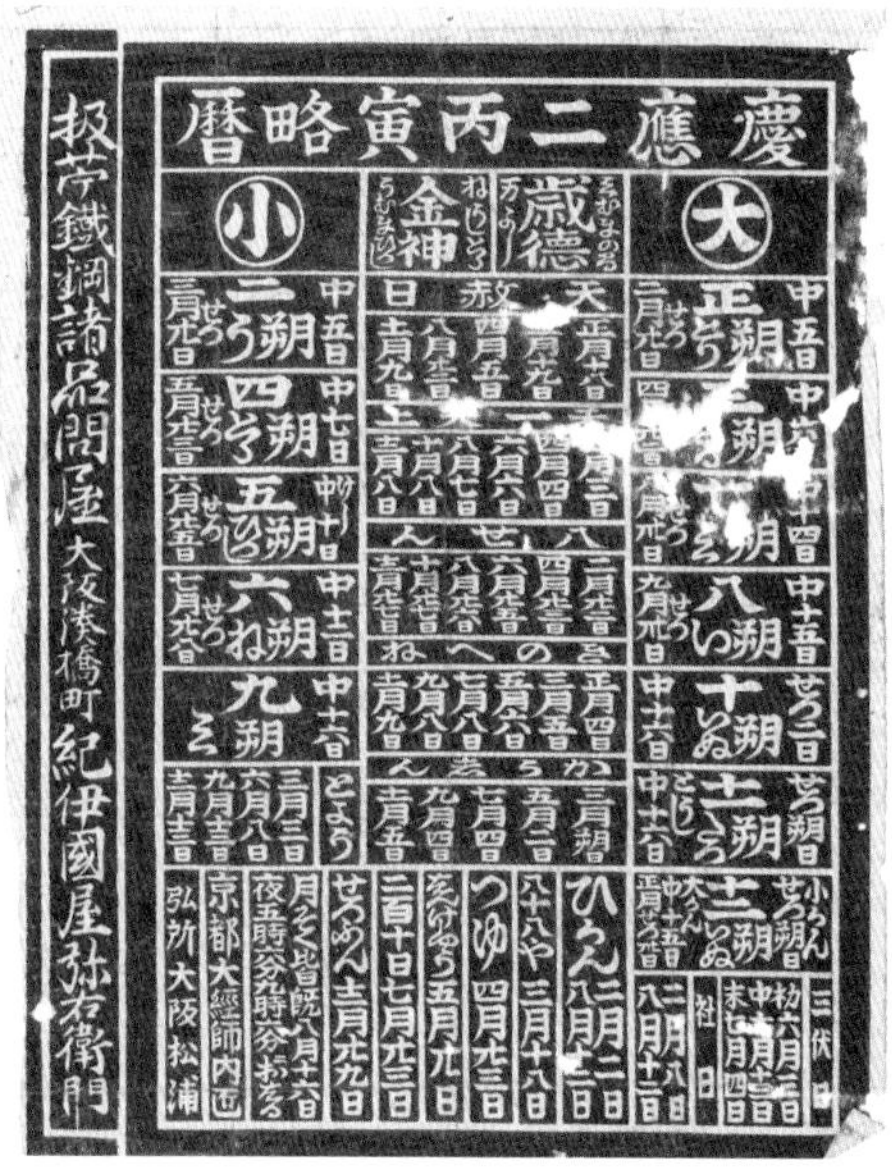

24 廻船問屋の引札（大阪紀伊國屋）

●1866年（慶応２）　個人（当館寄託）

石見の船主兼鉄山師が所持していた、諸国廻船問屋の引札（広告チラシ）。大阪紀伊國屋、兵庫最上屋、馬関（下関）石見屋は、いずれも、石見の廻船が頻繁に取引していた相手先であった。

1-3　工楽松右衛門

◆工楽松右衛門

写真提供：高砂市教育委員会

工楽《くらく》松右衛門《まつえもん》は江戸時代中後期に活躍した播州(兵庫県)高砂出身の発明家・実業家である。一七八〇年代（天明期）、船主に雇われ船頭として生業を立てていた頃、通称「松右衛門帆」と呼ばれる織帆《おりほ》を発明し、当時の日本海運の発達に大きな影響を与えた。

また、土木事業者としても活躍し、独自の技術を開発して、地元高砂の新田開発はもとより、幕府や藩からの御用を請け負って箱館や択捉島（北海道）、鞆の浦（広島県）など全国数か所の湊を整備した。

◆大浦湊の波止修築

石見東部に位置する大浦湊も工楽松右衛門の土木技術が用いられた湊の一つである。

幕府領であった江戸時代の大浦湊は、地元年貢米を江戸・大坂へ廻送する際の積み出し湊として機能し、また諸国の廻船が商売のために入港する湊でもあった。しかし、大浦湊は西風に弱く秋冬の時化の際に湊内の係船が難破するため、一八世紀初頭にはすでに防波堤築堤の必要性が訴えられていた。防波堤事業が具体化するのは江戸時代後期の一八四〇年（天保一一）、大浦の人々の歎願が実り修築事業は着工し、二年後に完成した。

この事業には、鞆の浦の技術指導者が携わっており、また彼らの中には鞆の浦を整備した際に松右衛門の修築技術を修得した人がいた可能性も指摘されている。実際に、松右衛門が考案した大石の運搬や土砂の掬い取りができる「ろくろ船」と呼ばれる船の使用が確認できる。

大浦湊の防波堤事業は、間接的ながらも工楽松右衛門の土木技術が用いられた事例として、一湊の歴史の枠にとどまらない広がりをもっている。

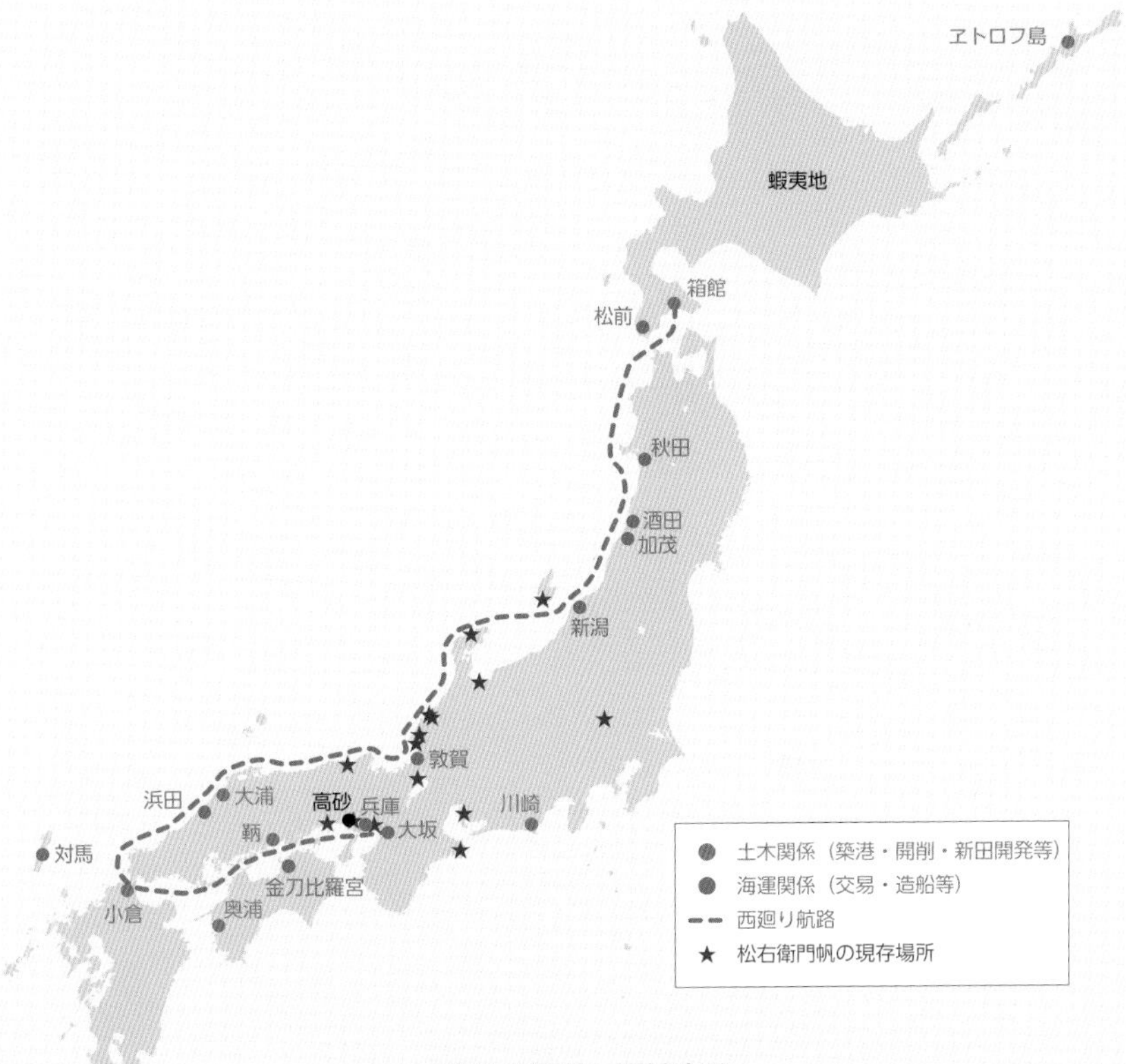

工楽松右衛門　関係地図
（高砂市教育委員会編『湊とともに』所収図を一部改変）

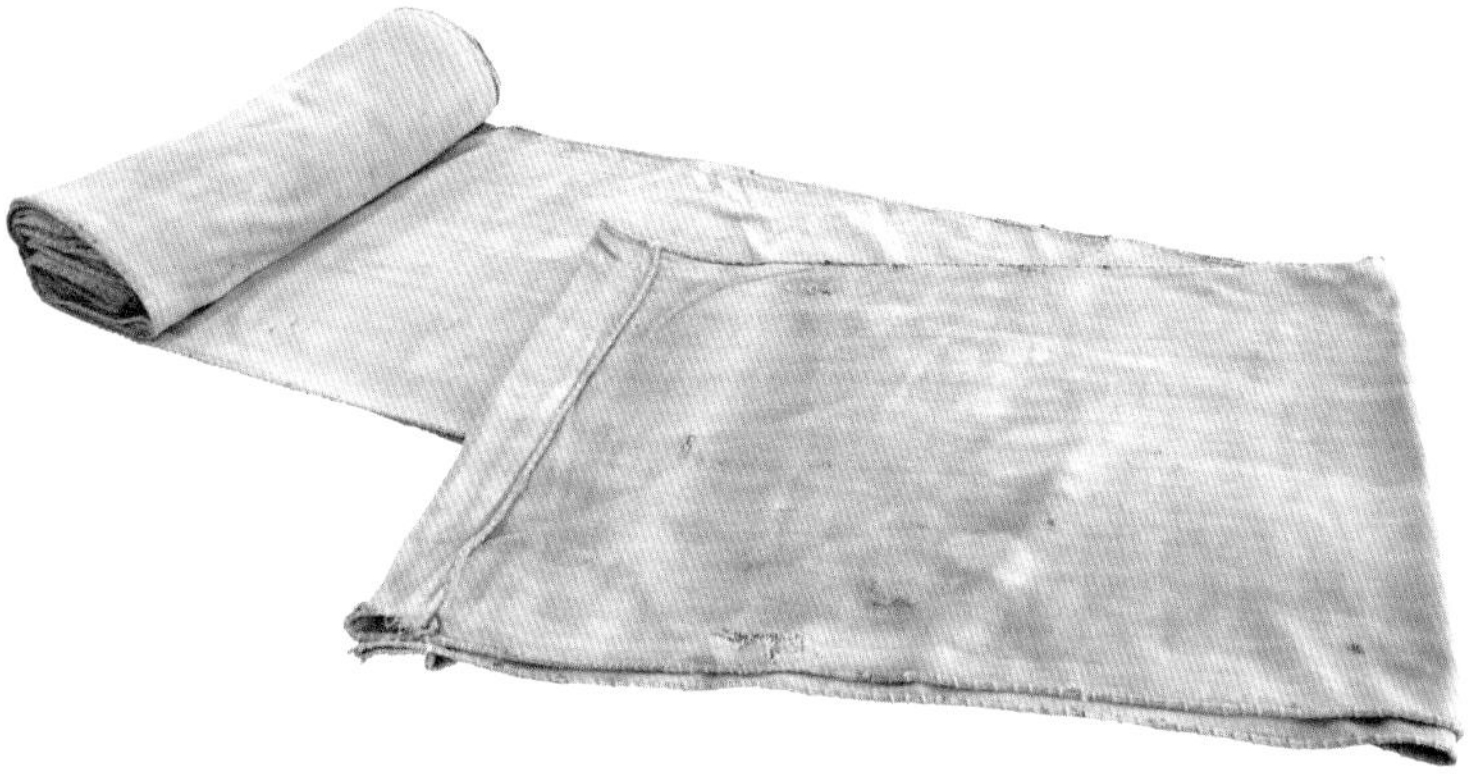

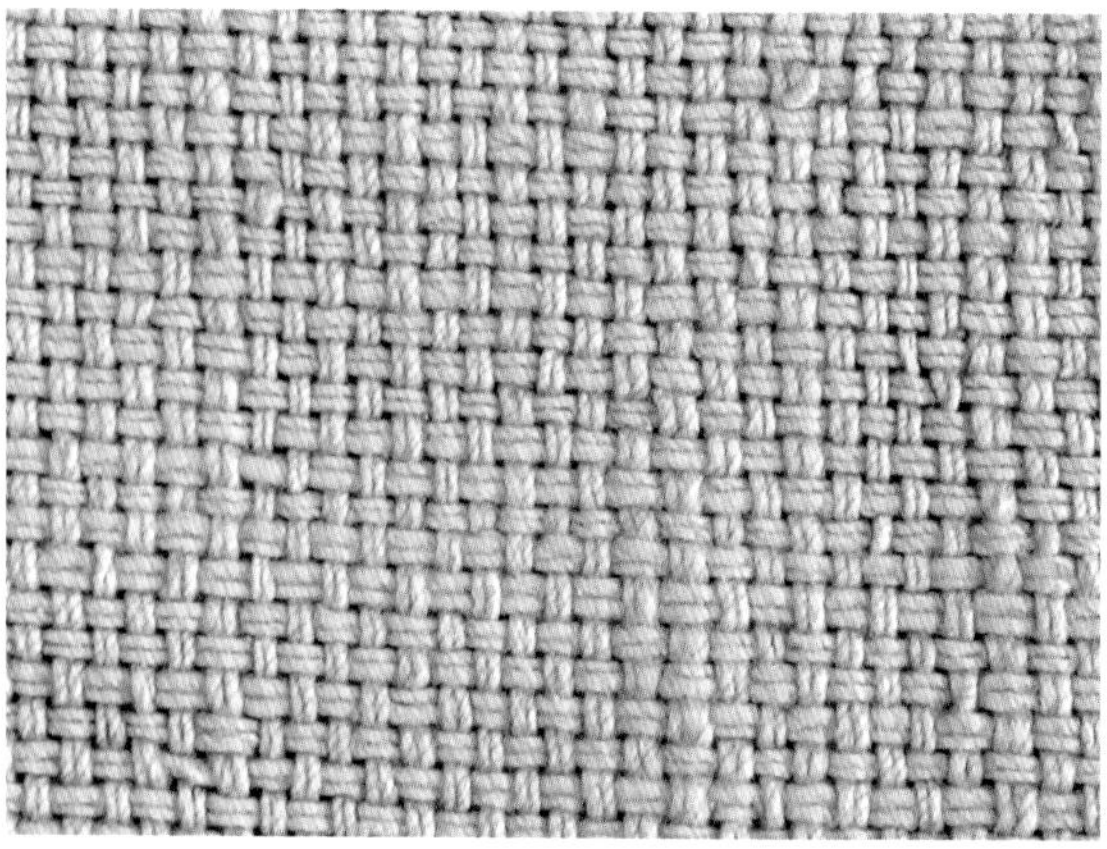

28 **高瀬船の帆（松右衛門帆）**

●年未詳　千葉県立関宿城博物館

明治時代以降の高瀬船（川舟）で用いられていた帆。天明年間（1781-89）に工楽松右衛門が発明した織帆《おりほ》技法による松右衛門帆とされる。太い糸を縦糸２本、横糸２本として緩く織るなどの特徴をもった松右衛門帆は、それまで使われていた刺帆《さしほ》（木綿を数枚重ねて縫い合わせた帆）に比べ、丈夫さとしなやかさをもち、広く普及した。その丈夫さゆえに様々な道具に転用されたため、現存する帆は少ない。

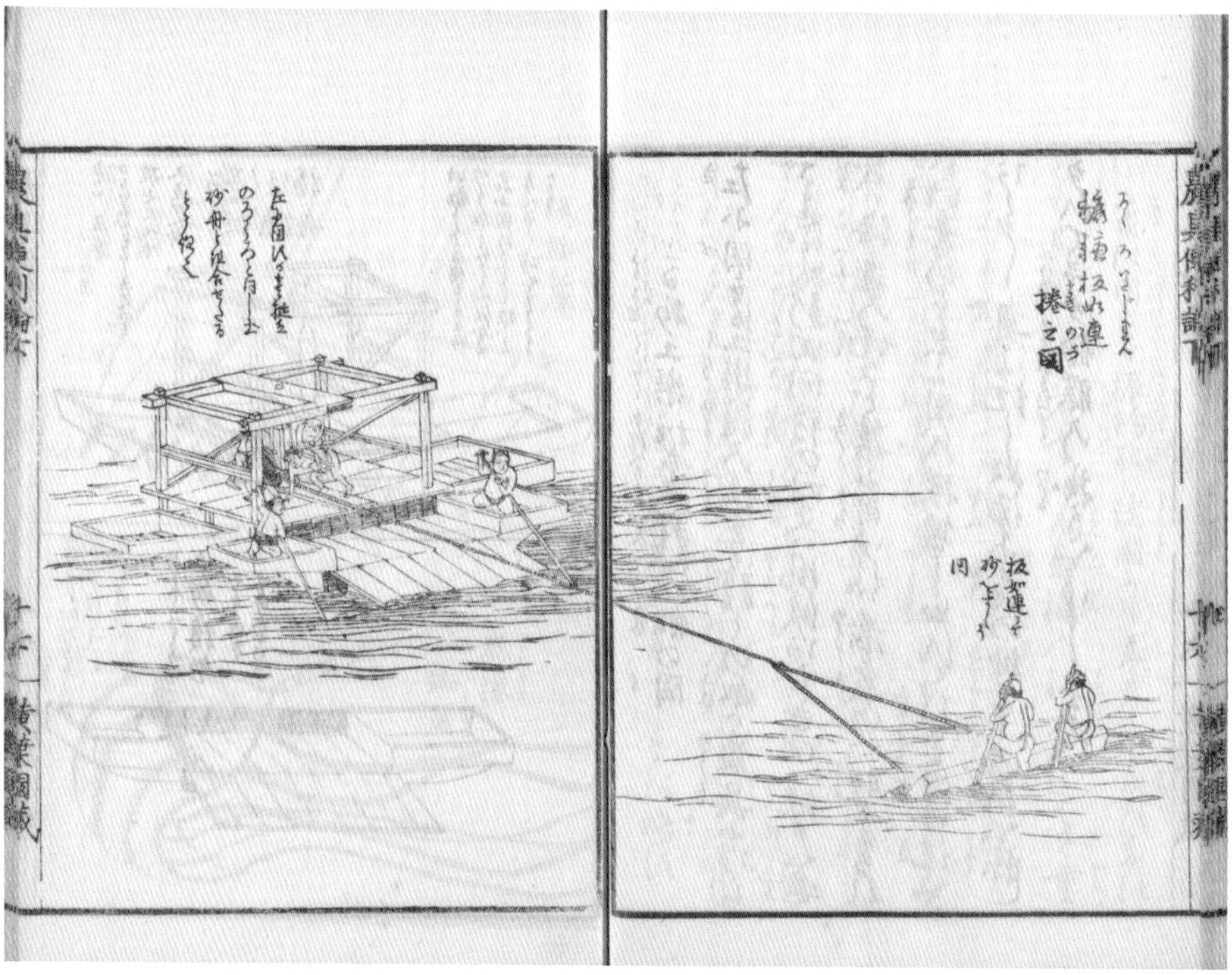

参考 **農具便利論　巻三**

●1822年（文政５）　国立国会図書館デジタルコレクション

大蔵永常著。工楽松右衛門が考案した「ろくろ船」と「板じょれん」を描く。船上でろくろを回し土砂を掬う。大浦湊の波止修築事業でも、このろくろ船が使われた記録が残っている。

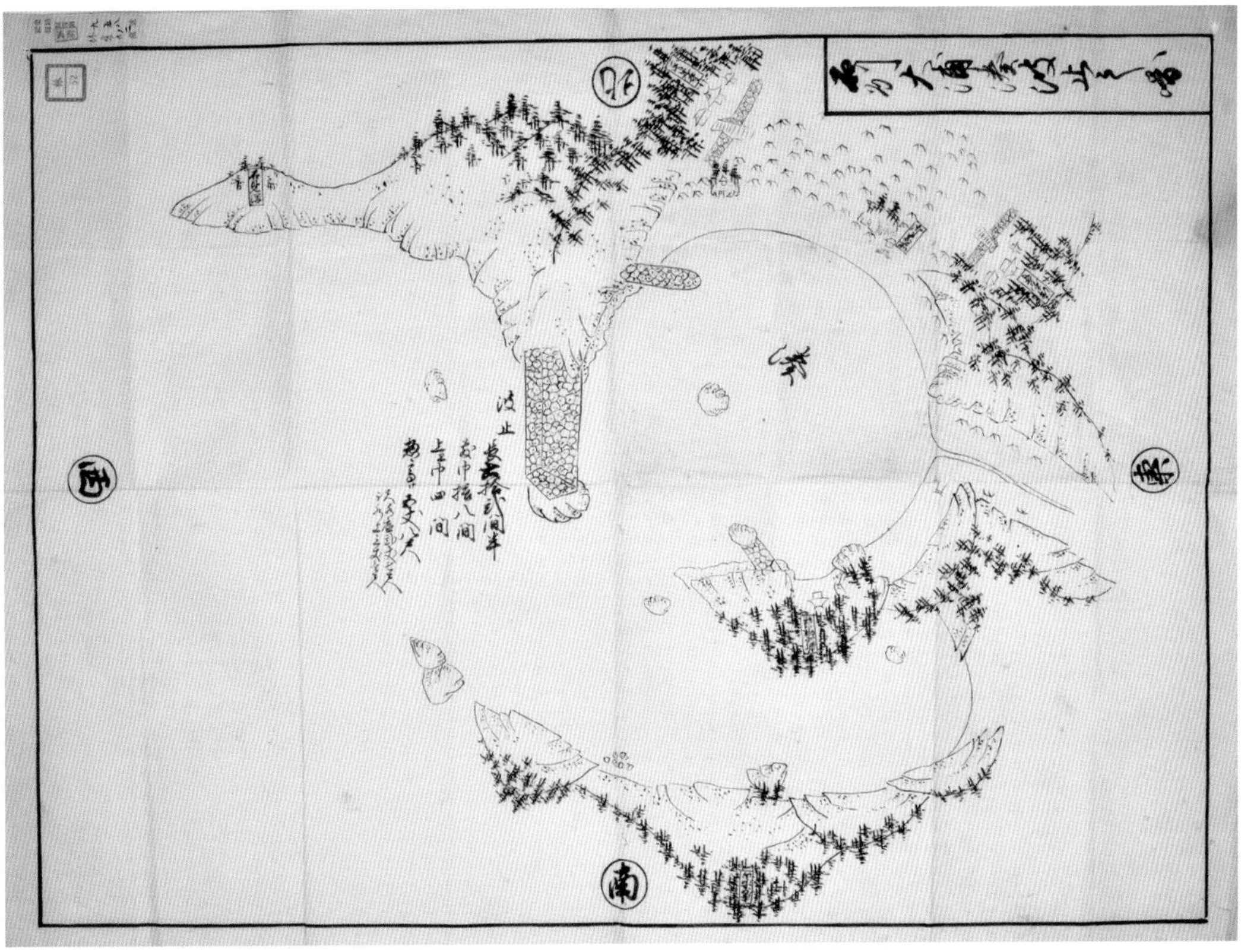

29　**石州大浦湊波止之図**

●19世紀中頃（江戸時代後期）　島根大学附属図書館

画面中央の小島（いさめ嶋）から北方に描かれた細かな石模様が波止にあたる。絵図の記載によれば、長さ62間半（約113m）、高さ約17.4m（内、水中8.1m、水上9.3m）となっている。

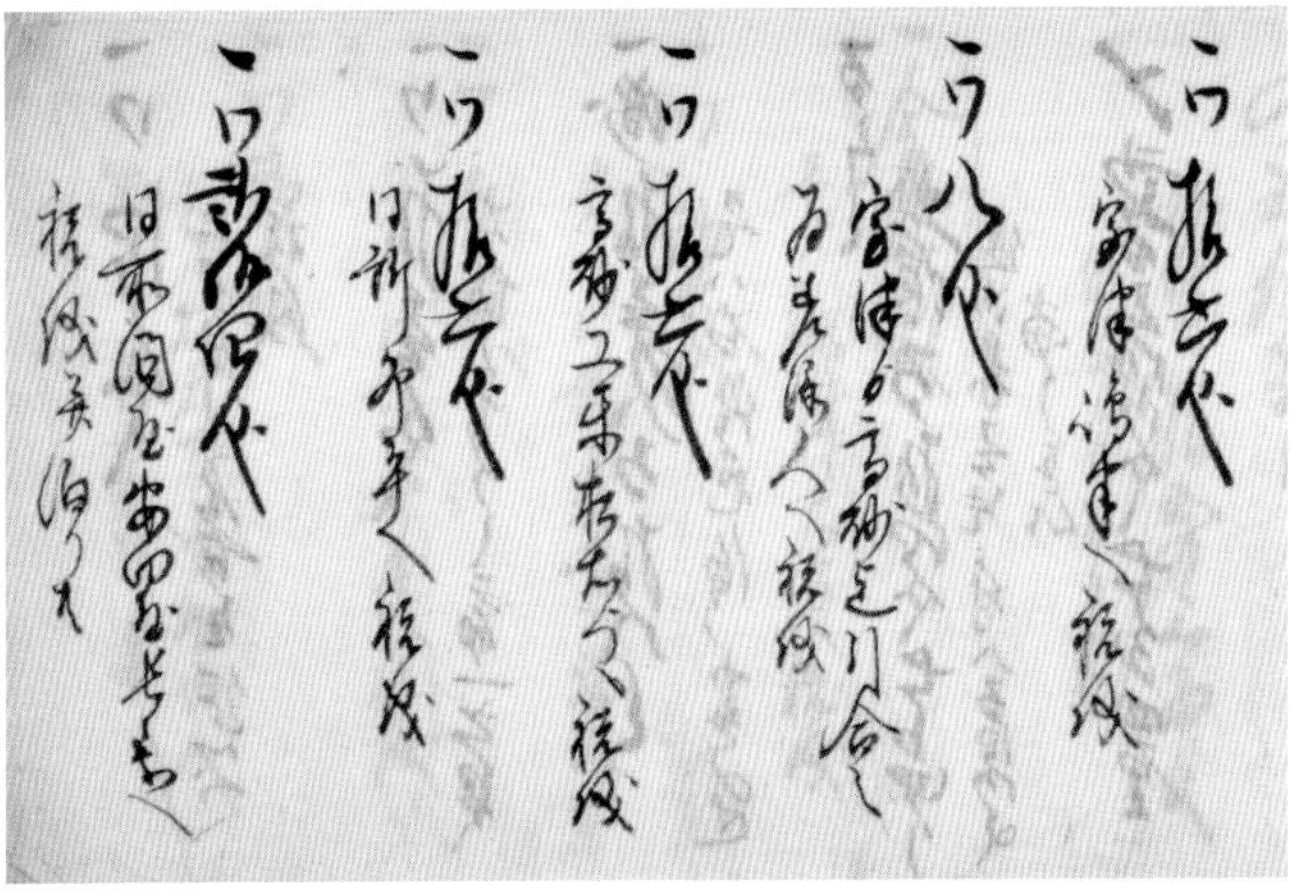

30　**天保五午年より同八酉年迄波止《はと》目論見《もくろみ》中入用勘定帳**

●1834年（天保５）　島根大学附属図書館

修築事業について領主・大森代官の承認を得た大浦湊の関係者が、工楽家を訪問したことを示す記録。「高砂工楽松右衛門へ祝儀」とみえ工楽家へ挨拶に訪れていることがわかる。なお、この松右衛門は鞆の浦整備を行った初代松右衛門の後継者と考えられる。

COLUMN

コラム1 船箪笥と石見の鉄

船箪笥《ふなだんす》は、江戸時代後期から明治時代にかけて海運業を営む船乗りたちの必需品であった。島根県内にも多く残っており、かつての海運業隆盛の面影をうかがい知ることができる。

　ところで、この船箪笥という用語、実は後年に名づけられた言葉であり、当時の文字資料には登場しない。「『船箪笥』なる言葉を最初に活字に附したのは、若しかすると吾々なのかも知れぬ。それは大正十五年のことである」と述べたのは民藝運動の父、柳宗悦《むねよし》であった。たとえば、25頁掲載の船箪笥の場合、古文書には「懸硯《かけすずり》」という名前で登場する。

　柳が呼んだ船箪笥には他にも種類があったが、懸硯は実際に船に持ち込むタイプではもっとも一般的なものであった。船乗りらは、商売取引上の重要書類や印鑑、航海に必須の通行証にあたる船往来手形、そして現金などをこの懸硯に入れて保管した。また、港に着き上陸する際にも携行され、貴重品入れかつ商売上の公的な道具であったと言われている。そうした性格上、外側の材は堅い欅《けやき》が用いられ、また装飾として夥しい金具が施されて重厚で堅牢なつくりになっており、内部も隠し箱や隠し抽斗《ひきだし》などのからくりを持つものも多い。

　さて、この船箪笥の金具であるが、ほとんどが鉄製であり、日本海側で生産された船箪笥の金具鉄は、多くが石見産鉄であった。

　日本海側の主要産地である佐渡小《お》木《ぎ》・庄内酒田・越前三国は、いずれも石見の廻船が盛んに交易した地域であった。佐渡小木の船箪笥職人が明治時代の様子を回想した記録には「金具は石見の棒鉄を打ち伸して種々のかざり等をつけ製作し」たと記される。

　日本海側産の船箪笥は、豪華な装飾が施されたものとして知られているが、この華やかさを陰で支えたのが石見鉄であったのである。

　半製品として販売した鉄が、石見の船乗りたち自身の大切な商売道具として手元に戻ってくるこの循環は、この時代の交通と経済の一つの特色を象徴しているといえよう。

（中安）

参考文献

・柳宗悦『船箪笥』春秋社、一九七四年

・小泉和子『船箪笥の研究』思文閣出版、二〇一一年

参考　割鉄・包丁鉄（雲伯鉄鋼合資会社製品ほか）

●19～20世紀（江戸時代～明治時代）

和鋼博物館

Chapter 2

第2章

近代の夜明け

西洋科学技術による近代交通機関の発達は、やがて日本の交通にも大きな影響を与えていった。ここでは、過渡期にあたる幕末から明治中期頃の様子についてみていく。

幕末、幕府や諸藩は、汽船の購入や、在来の知識・原材料を土台とした研究開発といった形で西洋科学技術を積極的に取り入れた。そして、一八七二年（明治五）に鉄道を開通させ、近代国家としての道を歩み始める。とはいえ、あらゆるものが直ぐさま近代交通機関によって運ばれるようになった訳ではなかった。この時代は、依然として旧来輸送機関も活躍を続ける「共存」の時代であった。

2-1 蒸気動力の登場

◆幕末の対外緊張と西洋技術

一八五三年（嘉永六）のペリー来航は、幕府や諸藩に海防強化が喫緊の課題であることを強く認識させる出来事であった。これを契機として、江戸湾台場（砲台）の建設や洋式船製造の解禁がなされた。

佐賀藩は、独自に大砲や洋式船製造に取り組んだ草分けであった。長崎湾頭警備を担っていた佐賀藩は、台場（砲台）建設のため、西洋技術を積極的に取り入れ、国内ではじめて鉄の溶解炉「反射炉」を作り、大砲鋳造事業を開始した。大砲製造にあたっては、原料に石見の銑鉄《せんてつ》が用いられた。

◆佐賀藩の精煉方《せいれんかた》

佐賀藩一〇代藩主の鍋島直正は、西洋の科学技術研究と殖産興業推進を目的として、幕末の一八五二年（嘉永五）に理化学研究所「精煉方」を設置した。当初、精煉方では反射炉事業のための火薬・弾丸やガラス等の製造研究を行い、一八五四年（嘉永七）頃からは蒸気船製造に着手した。蒸気機関研究の経験が、のちの国産初の実用蒸気船である凌風丸《りょうふうまる》建造に結実する。

32 **佐賀藩精煉方絵図（陣内松齢《じんのうちしょうれい》筆）部分**

●1927年（昭和２）　公益財団法人鍋島報效会／写真提供

精煉方の考証復元図。1855年に行われた蒸気車試運転の様子を描く。
また本画面右端には蒸気船雛形の展示風景も描いている。

33　**蒸気車雛形（佐賀藩製作）**

●1855年（安政２）頃
公益財団法人鍋島報效会／写真提供
［佐賀県重要文化財］

佐賀藩精煉方が蒸気機関研究のために製作したとされる雛形。蒸気車・蒸気船のひな形は、計３点残るが、本作は最初に製作されたものとされる。

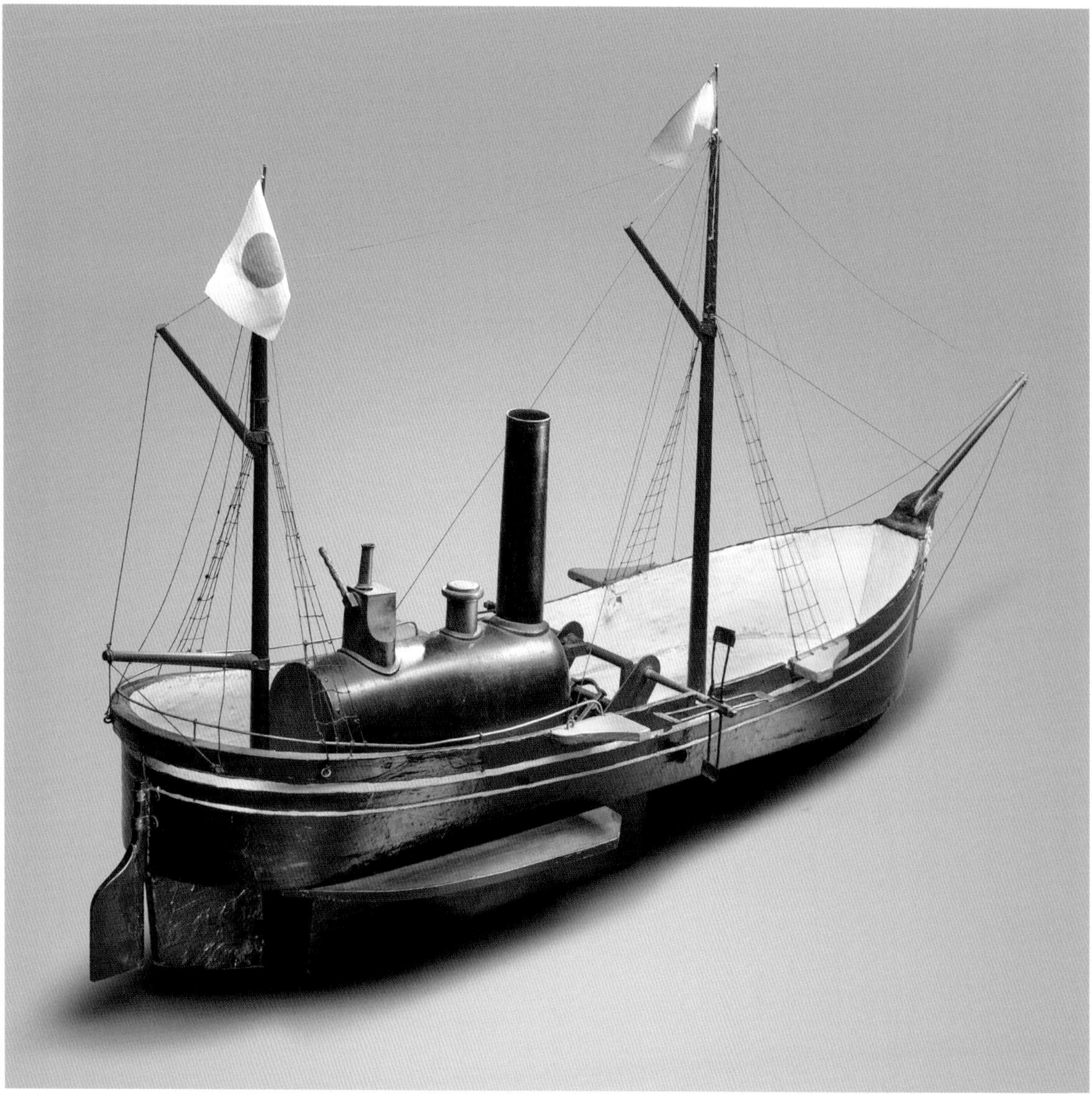

34　**蒸気船雛形（外輪船）（佐賀藩製作）**

●1855年（安政２）頃
公益財団法人鍋島報效会／写真提供
［佐賀県重要文化財］

蒸気車に次いで製作されたと考えられる雛形。蒸気車と比べると、ボイラーが単管式から多管式にかわっており、蒸気機関研究の発展過程がうかがえる。

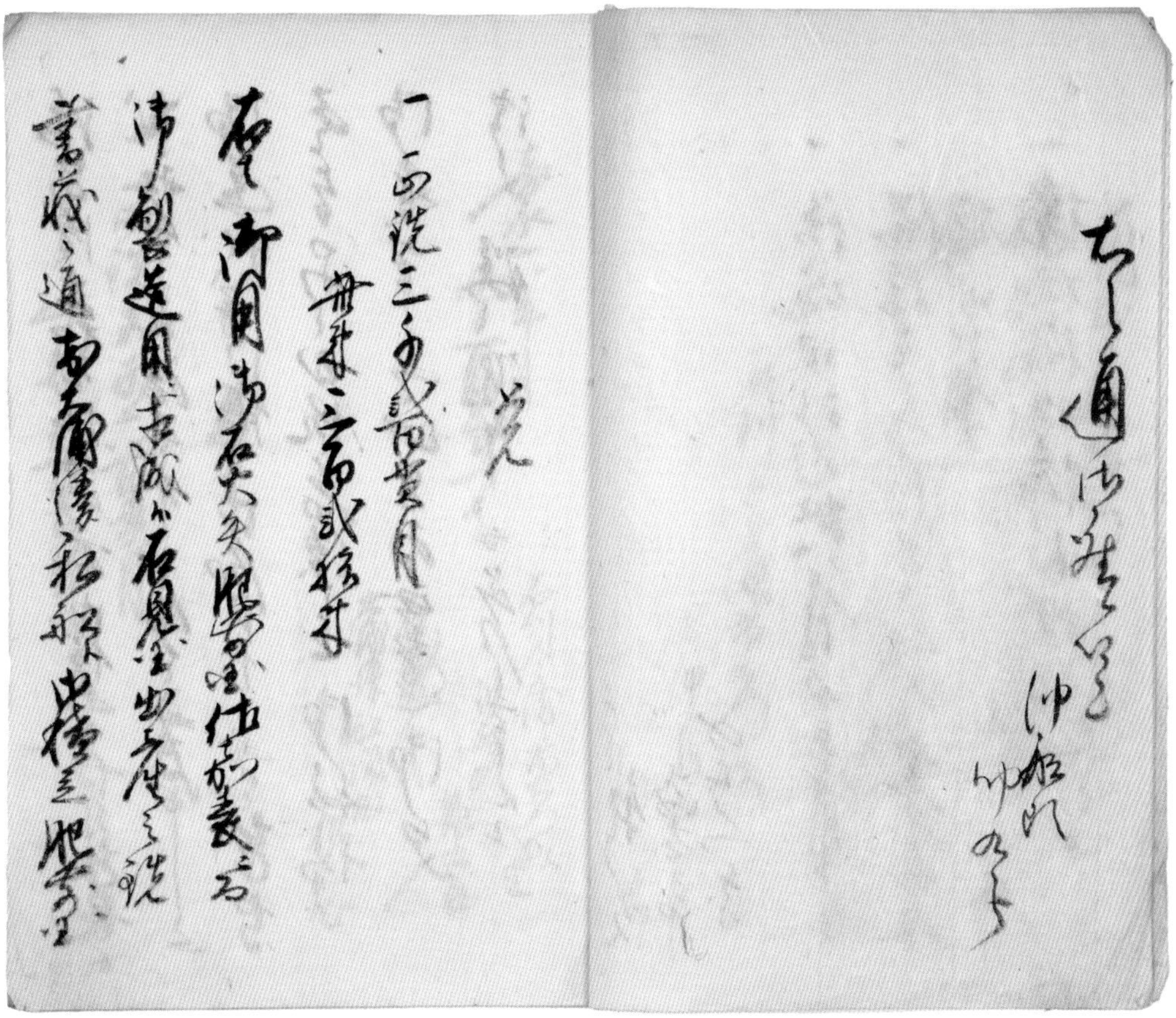

35　**御《お》買《かい》上《あ》ヶ《げ》銑鉄《せんてつ》御《ご》用留《ようどめ》**

●1853年（嘉永６）　島根大学附属図書館

石見産正銑8800貫目（約33トン）を「御用御石火矢」つまり幕府発注の鉄製大砲の製造用に佐賀藩へ送ったことを示す記録。石見の小型廻船２艘で輸送した。積出日の12月は、ペリー来航の半年後、幕府からの大砲発注の４か月後のことであった。（→115頁）

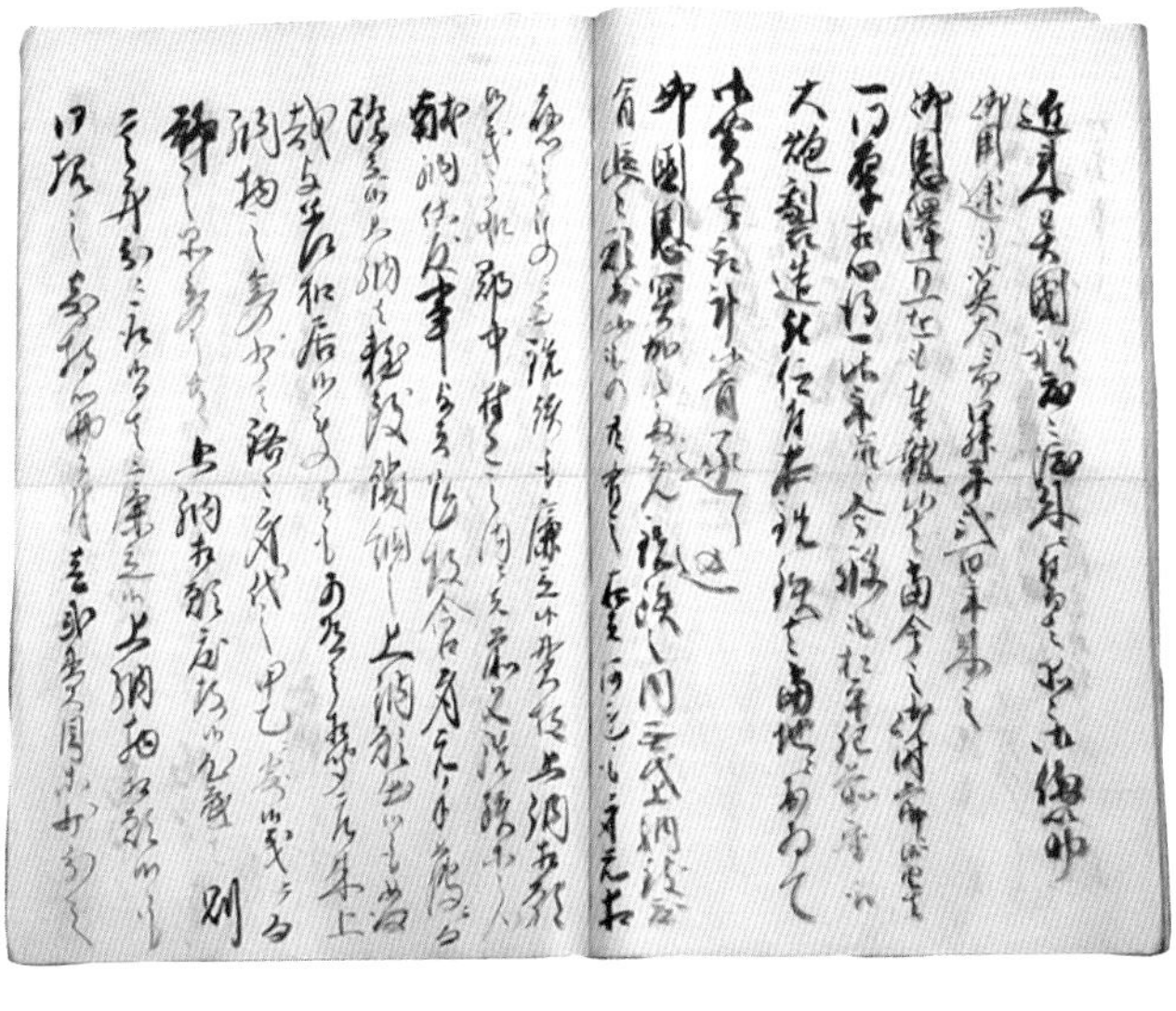

参考　**御用留（佐賀藩精煉方の石見銑御買い上げ）**

●1856年（安政３）
島根大学附属図書館
林家文書（画像一部加工）

佐賀藩は、1854年（安政元）に続きその２年後にも大砲製造の発注を幕府より受けた。その際に行われた石見での銑鉄買い上げの記録。

◆松江藩の軍艦

松江藩もまた、ペリー来航前後より軍事的な改革を進めた藩の一つであった。それが本格化するのは文久期であり、海軍にも注力した。艦船製造の諸外国への委託を幕府が許可したことがきっかけとなり、一八六二年（文久二）、松江藩は長崎でアメリカ人の所有する汽船を購入し、一番八雲丸、二番八雲丸とした。その後、両軍艦は長州征討で活動した。

36 **二番八雲丸**

●年未詳　個人（松江歴史館寄託／写真提供）

アメリカ製の木艦タウタイ号を購入し二番八雲丸とした。船長144フィート（約44m）、船幅21フィート（約6.4m）、大砲４門と小銃30挺を積んだ。

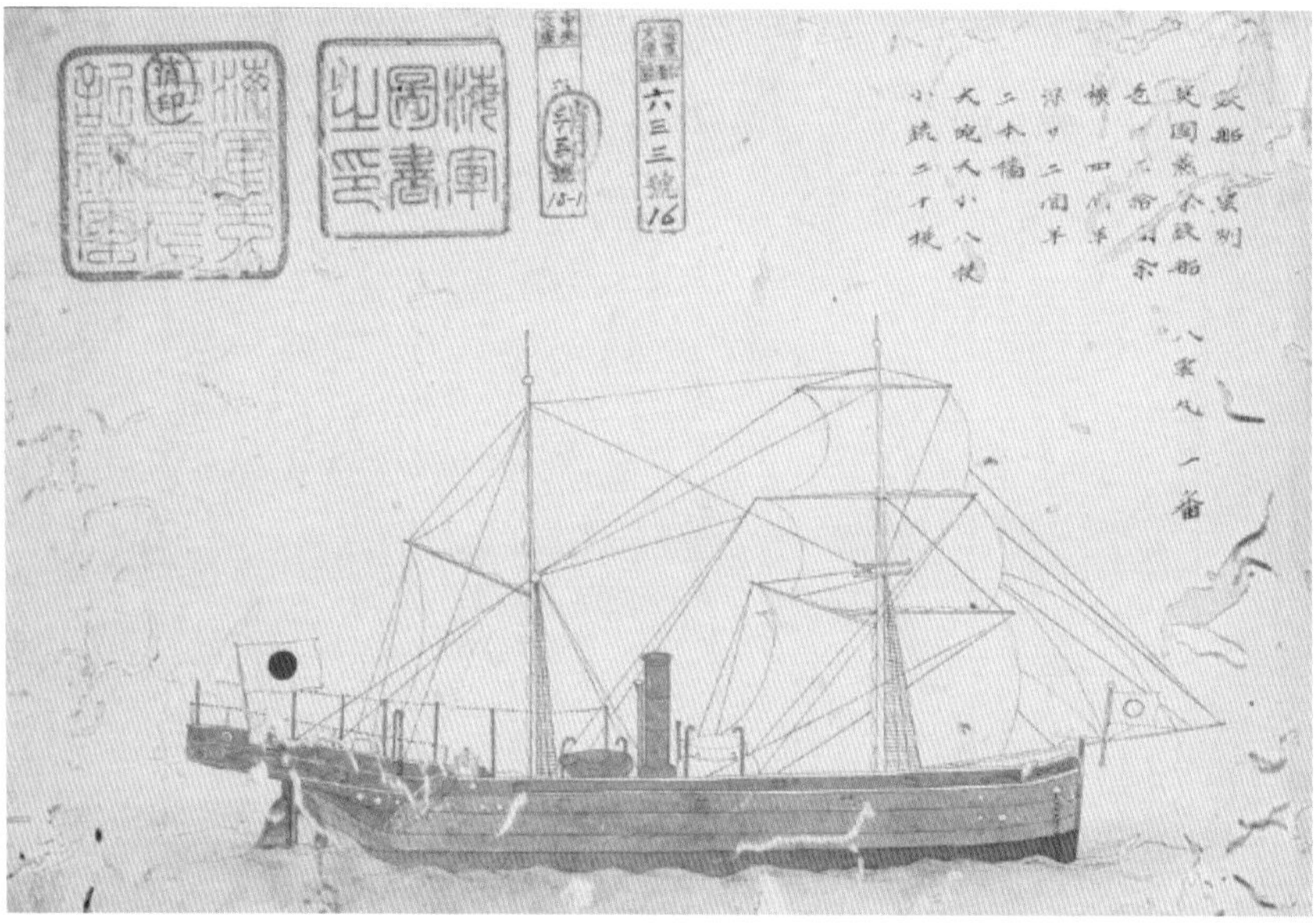

参考 **一番八雲丸（「明治維新当時諸藩艦船図」『大日本海志編纂資料』）**

●東京大学駒場図書館

英国製の汽船ゲゼール号を購入し一番八雲丸とした。船長192フィート（約58m）、船幅27フィート（約8.2m）と、二番八雲丸（タウタイ号）よりも一回り大きい。大砲６門と小銃50挺を積んだ。

2-2 続く帆船の時代

◆北前船とは

北前船《きたまえぶね》の定義は、研究者によっても異なる。本書では近年の見解に倣い、「弁才船を用い蝦夷地の産物を大坂まで運び利益を得た船」とする。北前船は、自ら仕入販売を行いその差額で利益を得る〝買積《かいづみ》〟と呼ばれる経営が特徴で、これにより大きな利益を得ていた。

北前船は一八世紀末頃から北陸地方を中心に台頭し、幕末・明治前期にかけてもっとも隆盛した。島根でも、幕末頃から明治初頭にかけて、一部の廻船が北前船活動を行っていた。

◆和船から西洋型風帆船へ

明治時代に入ると徐々に汽船が普及する。島根では宍道湖・中海を航走する小型汽船や、隠岐と本土を結んだ隠岐汽船が知られる。ただし、島根の場合は西洋型帆船の普及がより特徴的であった。汽船に比べ安価であった西洋型帆船は、一八九〇年代（明治時代中期）頃より、多数の船主が存在した石見地方を中心に普及した。また、和船の船体に西洋型の帆を組合わせた、合《あい》の子船《こぶね》も数多く見られた。明治・大正時代は引き続き帆船が活躍した時代であった。

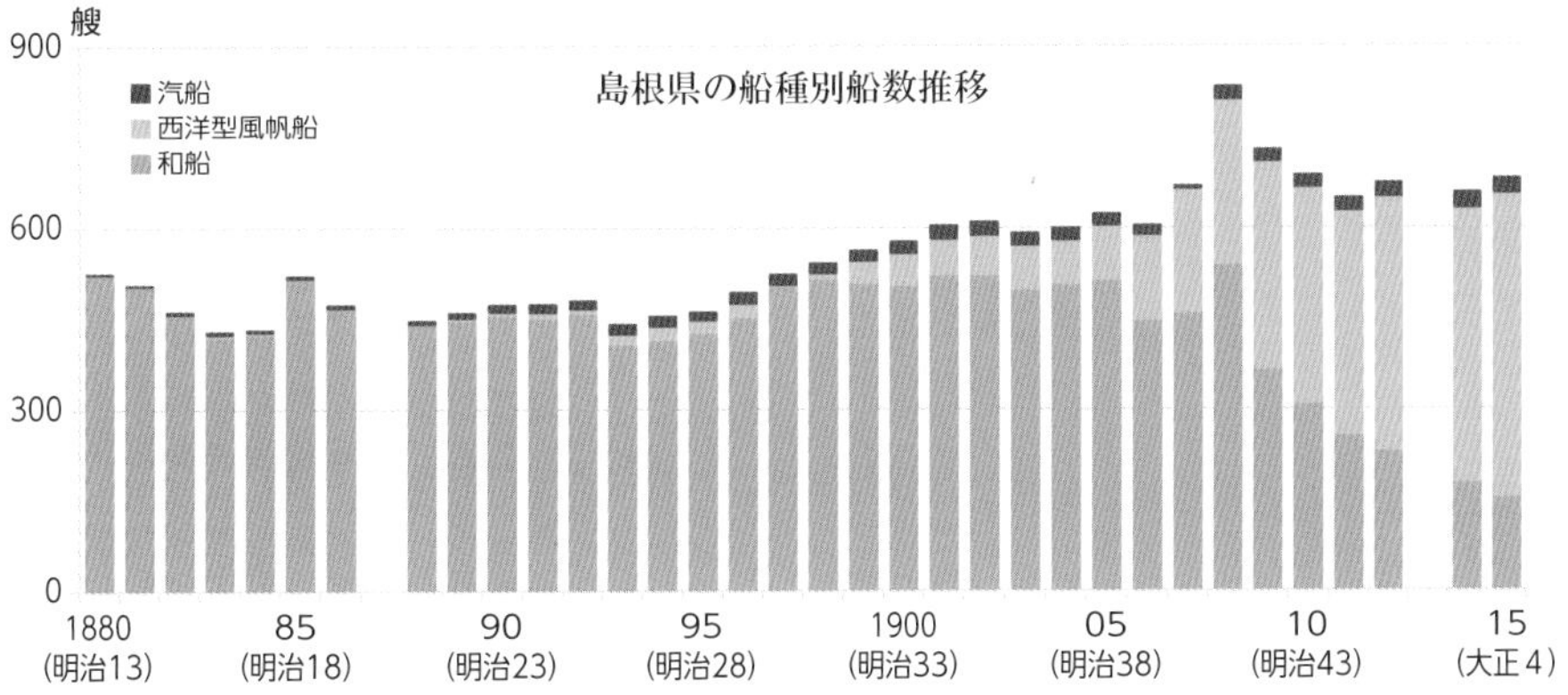

出典）中安恵一「近代における島根県船舶の数量的把握」（『近世近代の交通と地域社会経済』島根県古代文化センター、2023年）

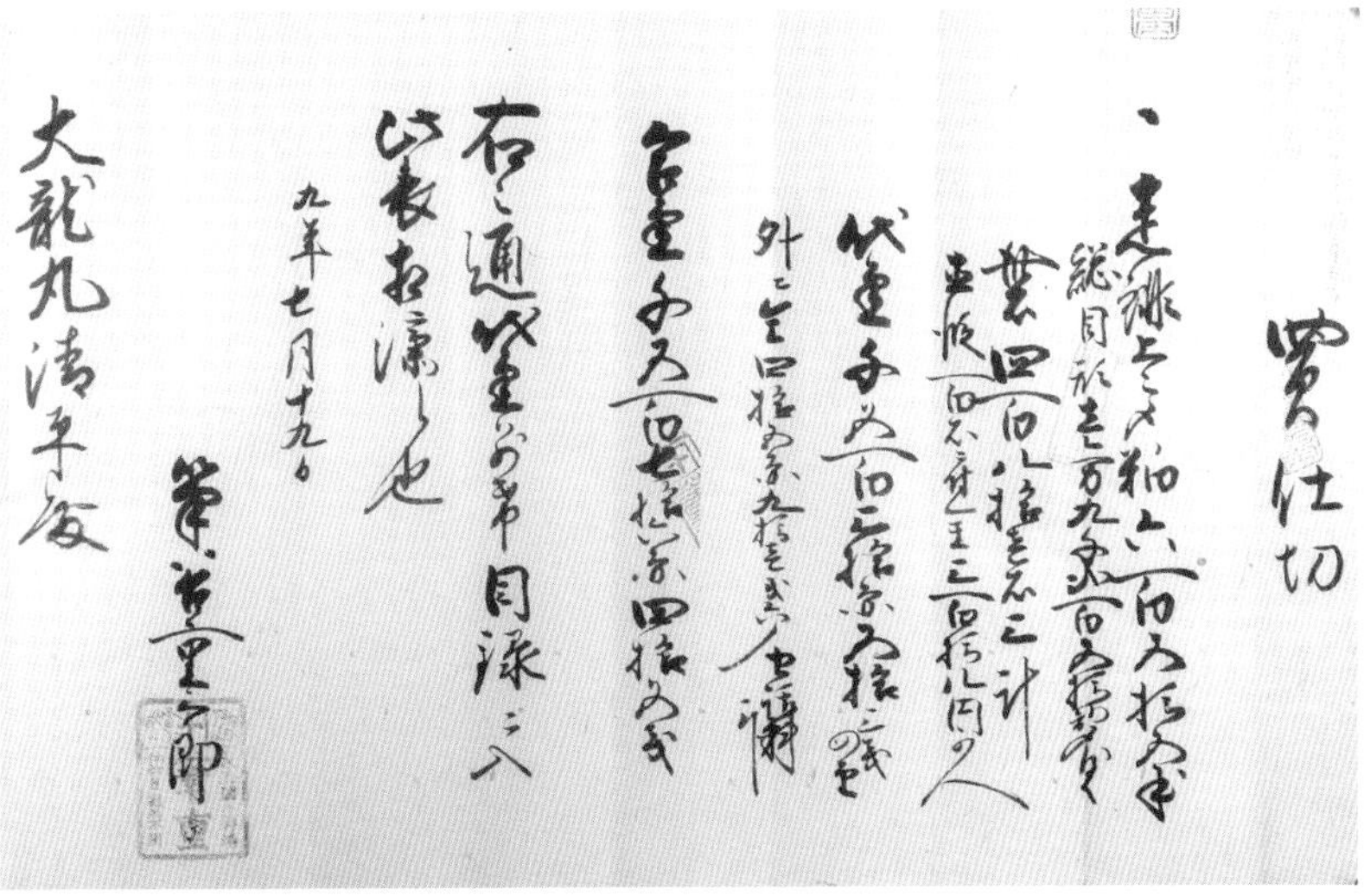

37　買仕切（鯡《にしん》の購入記録）

●1876年（明治9）　石見銀山資料館

後志国《しりべしのくに》（北海道11国の一つ）小樽港の筆谷重三郎が石見の船頭へ発行した、鯡〆粕《にしんしめかす》の購入明細書。石見船主による北前船活動を示すもの。当時、肥料として広く利用された鯡〆粕は北前船の主な積荷であった。なお、文中に見られる「走鯡」とはその年の取れ始めのものを指し、品質の高いものとされる。（→116頁）

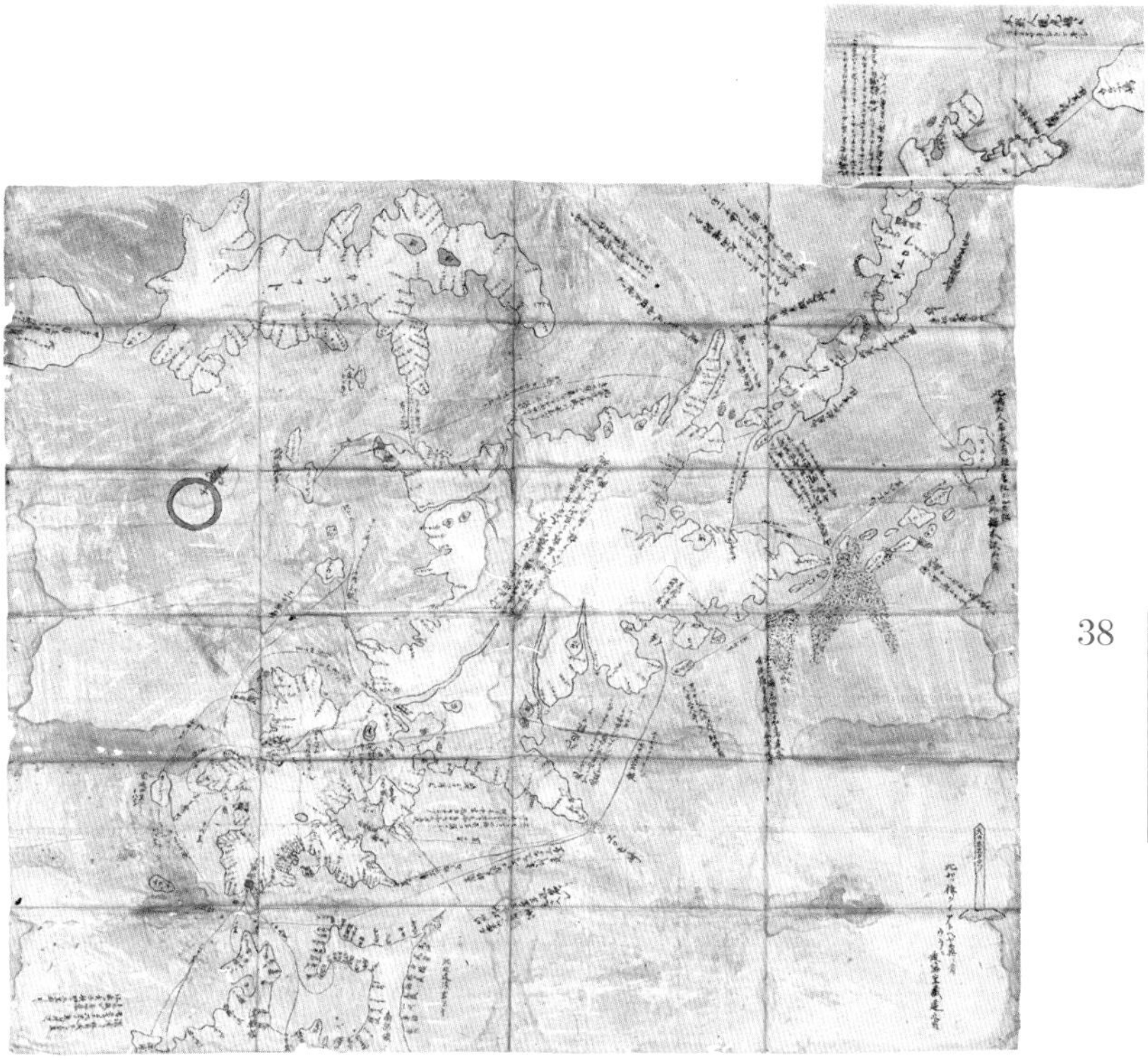

38　**蝦夷地絵図**

●19世紀中頃（江戸時代後期）
当館

蝦夷地を描いた絵図。北前船が積荷とした昆布・鯡の漁場の情報も示されている。裏面には幕末維新期に出雲西部を拠点として蝦夷地まで航海していた“坤厚丸”の印がある。

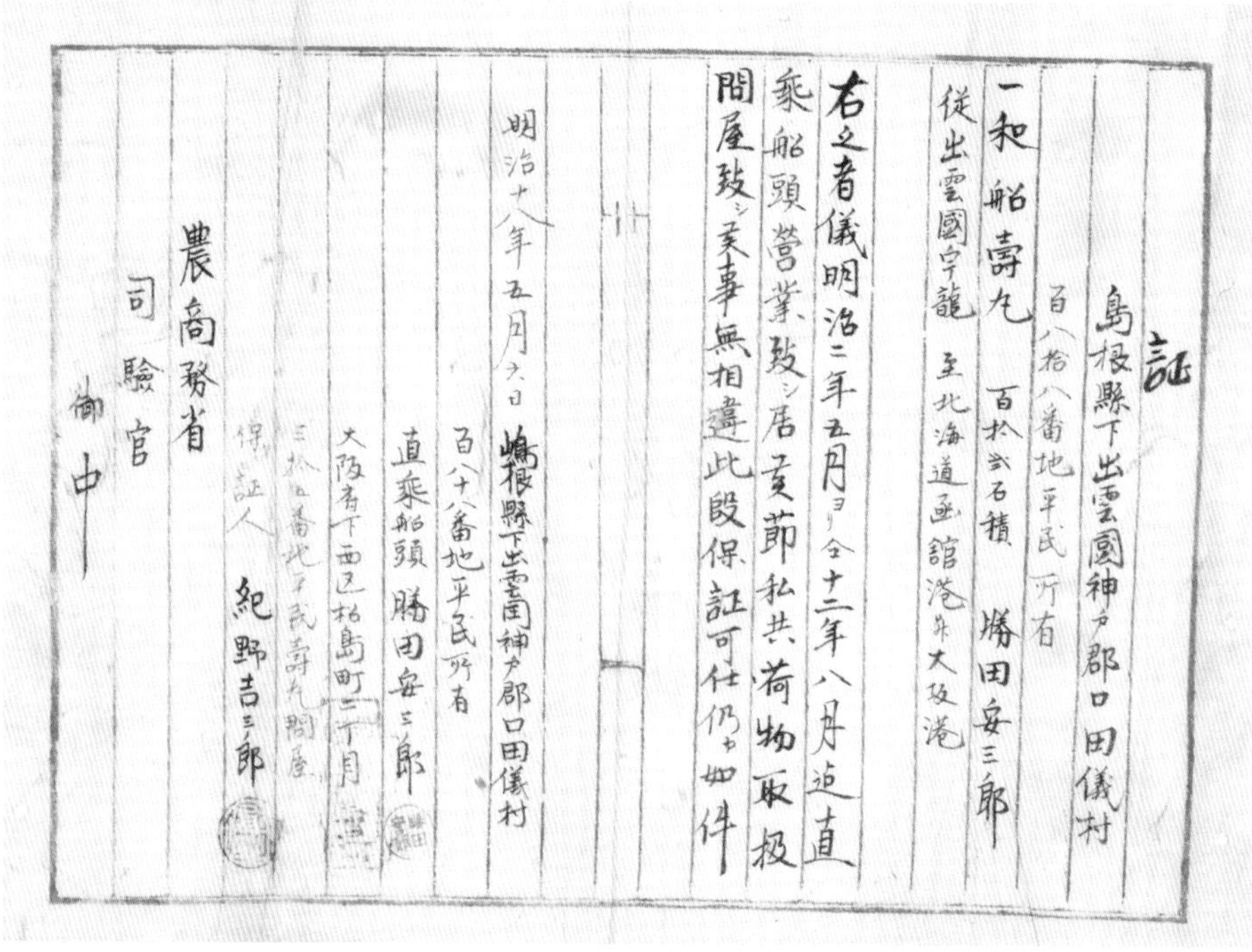

証
島根縣下出雲國神戸郡口田儀村
百八拾八番地平民所有
一和船壽丸　百拾弐石積　勝田安三郎
従出雲國宇龍　至北海道函館港并大坂港
右之者儀明治二年五月ヨリ仝十二年八月迄直
乗船頭営業致シ居候節私共荷物取扱
問屋致シ来事無相違此段保証可仕仍テ如件
明治十八年五月六日
嶋根縣下出雲国神戸郡口田儀村
百八十八番地平民所有
直乗船頭　勝田安三郎
大阪府下西区松島町二丁目
三拾五番地平民寿丸問屋
保証人　紀野吉三郎
農商務省
司験官
御中

39　**証（小型和船の証書）**

●1885年（明治18）　出雲弥生の森博物館／写真提供

大坂（大阪）の廻船問屋が出雲の和船寿丸の積荷をかつて取り扱っていたことを保証した証書。112石積（およそ3人乗）の小型の和船が明治初期に函館から大坂までを航海していたことがわかる。

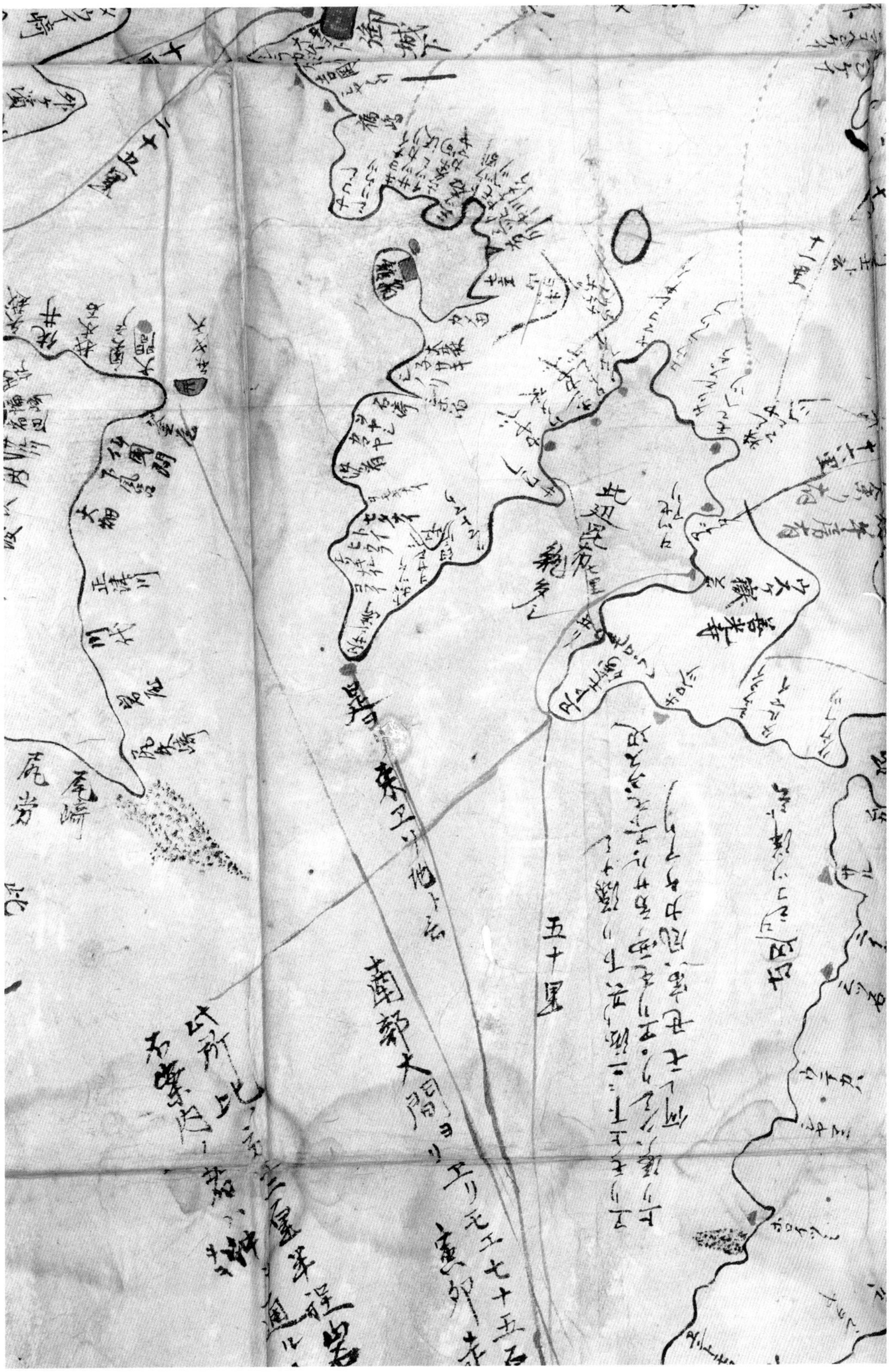

38　拡大

本図上端の赤印が松前城下。左端は下北半島。エトモ崎・エサシ崎に囲まれた内湾（現在の内浦湾）に「此辺昆布・鯡多シ」とある。

40　**船絵馬（合の子船・西洋型風帆船）**

●19世紀後半（明治時代中期）　馬路乙見神社

石見の船主が奉納した絵馬。手前に西洋型風帆船、奥には、弁才船（→22頁、作品番号13）の船体に西洋型の帆を組み合わせた合の子船を描く。

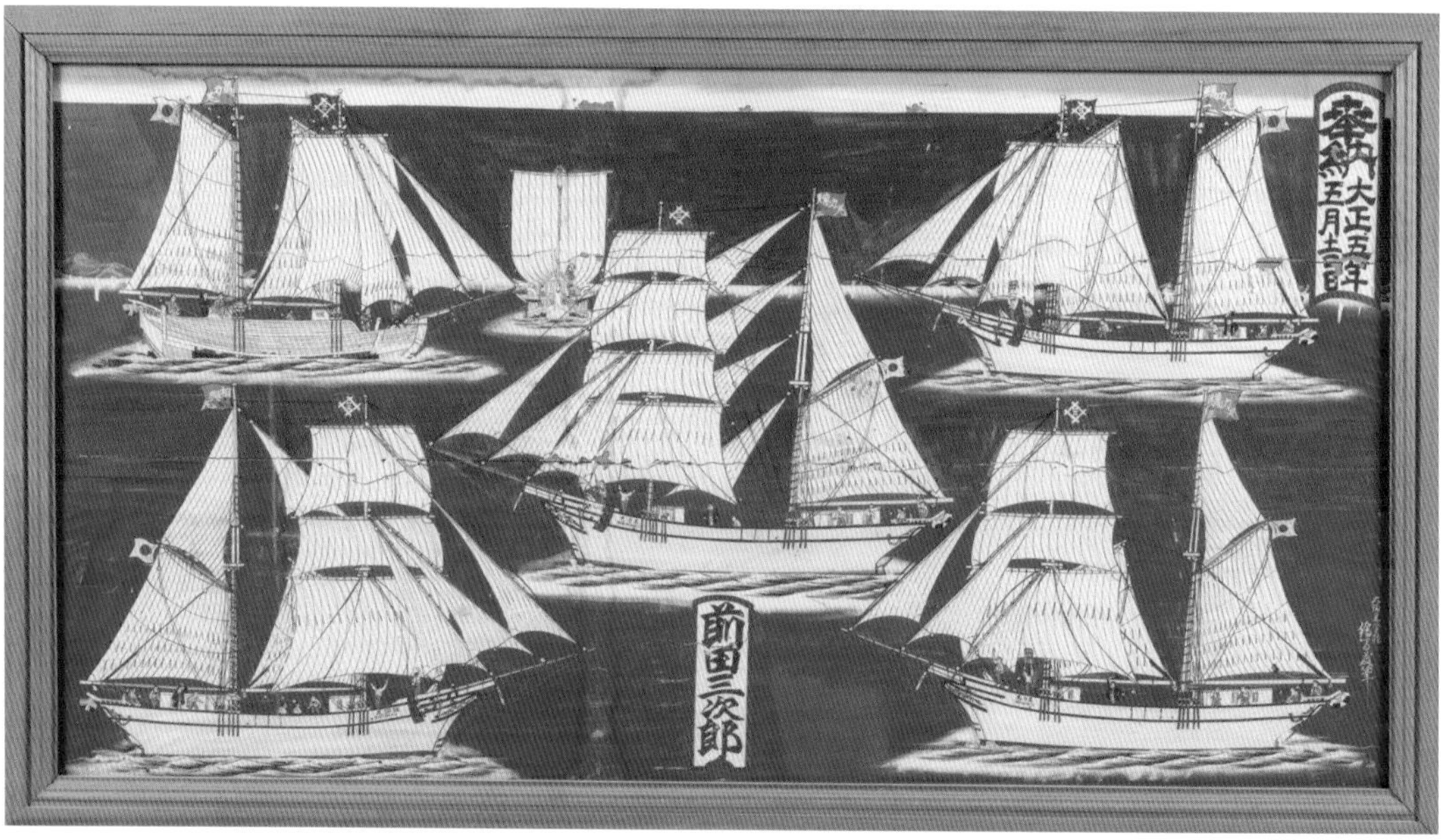

参考　**船絵馬（弁才船・合の子船・西洋型風帆船）**

●1916年（大正５）　龍御前神社

石見の船主が奉納した絵馬。西洋型風帆船４艘と、合の子船１艘、そして画面正面には前を向いた弁才船１艘が見える。

参考　船絵馬（弁才船・合の子船・西洋型風帆船）部分

西洋型風帆船には洋装の船員、弁才船や合の子船には和装の船員、と描き分けられている。

◆朝鮮市場への進出

一八九〇年代後半（明治二〇年代後半）より、日本海海運では朝鮮市場との商品流通が活発になる。外国貿易は、国が指定した許可港「開港場《かいこうじょう》」で行われ、山陰では一八九九年（明治三二）に浜田と境港が指定された。

島根の船主は、西洋型風帆船や合の子船により、釜山をはじめとする朝鮮市場へ山陰特産物を輸送し、朝鮮からは米や大豆を主に輸入した。特産物は、江戸時代の鉄や木綿などに代わり、木材や木炭を多く輸出した。

国内大手汽船会社による朝鮮航路就航に先駆けて行っていたこのような活動は、近代日本の海運における特徴的な動きの一つであった。

また、汽船による運賃積（運賃を収入とする輸送）が主流であったこの時期の海運において、船主自身で仕入・販売を行う買積（↓37頁）によって活動していた朝鮮市場間の商品流通の形態もまた、大きな特徴であった。

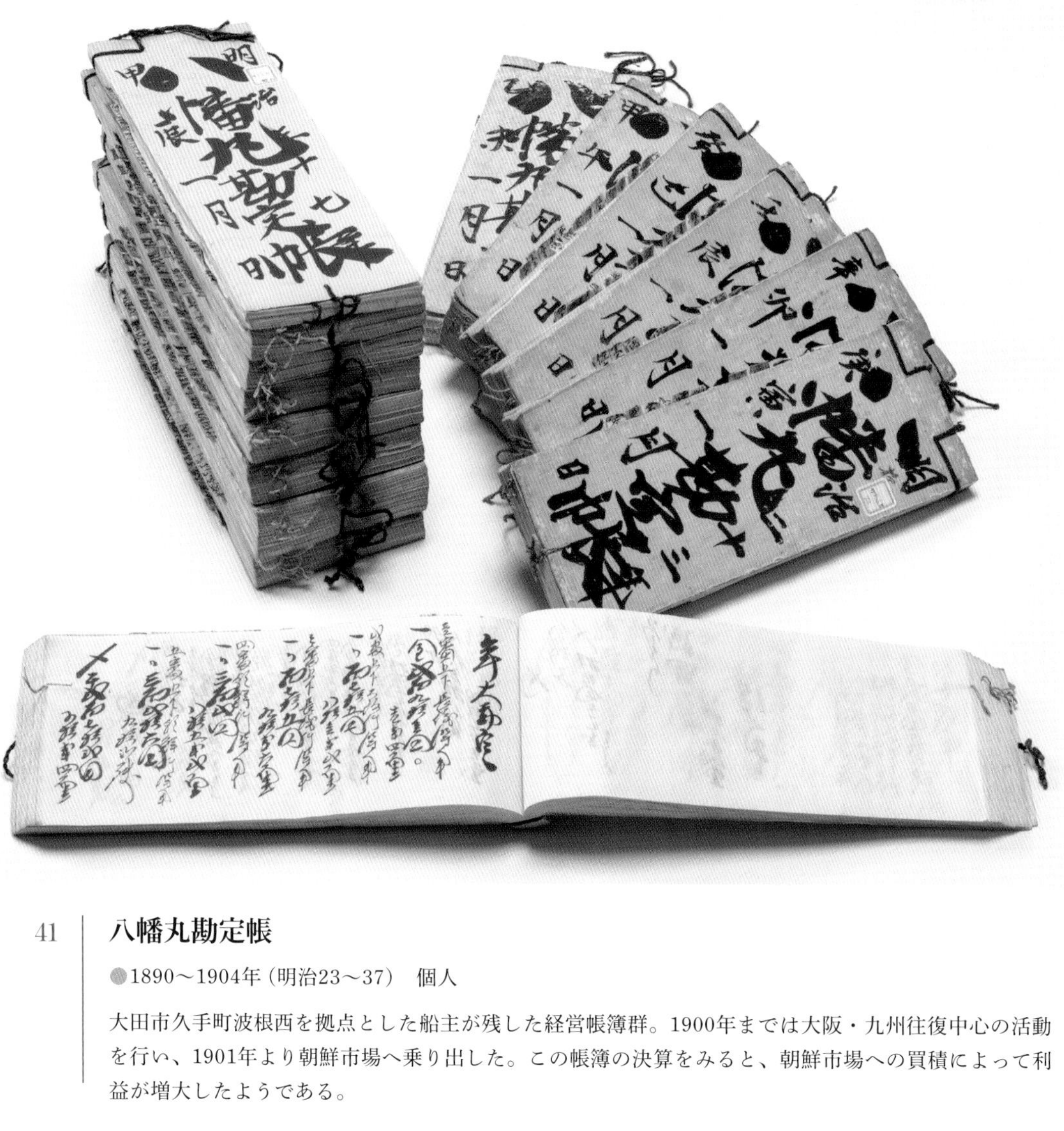

41　**八幡丸勘定帳**

●1890～1904年（明治23～37）　個人

大田市久手町波根西を拠点とした船主が残した経営帳簿群。1900年までは大阪・九州往復中心の活動を行い、1901年より朝鮮市場へ乗り出した。この帳簿の決算をみると、朝鮮市場への買積によって利益が増大したようである。

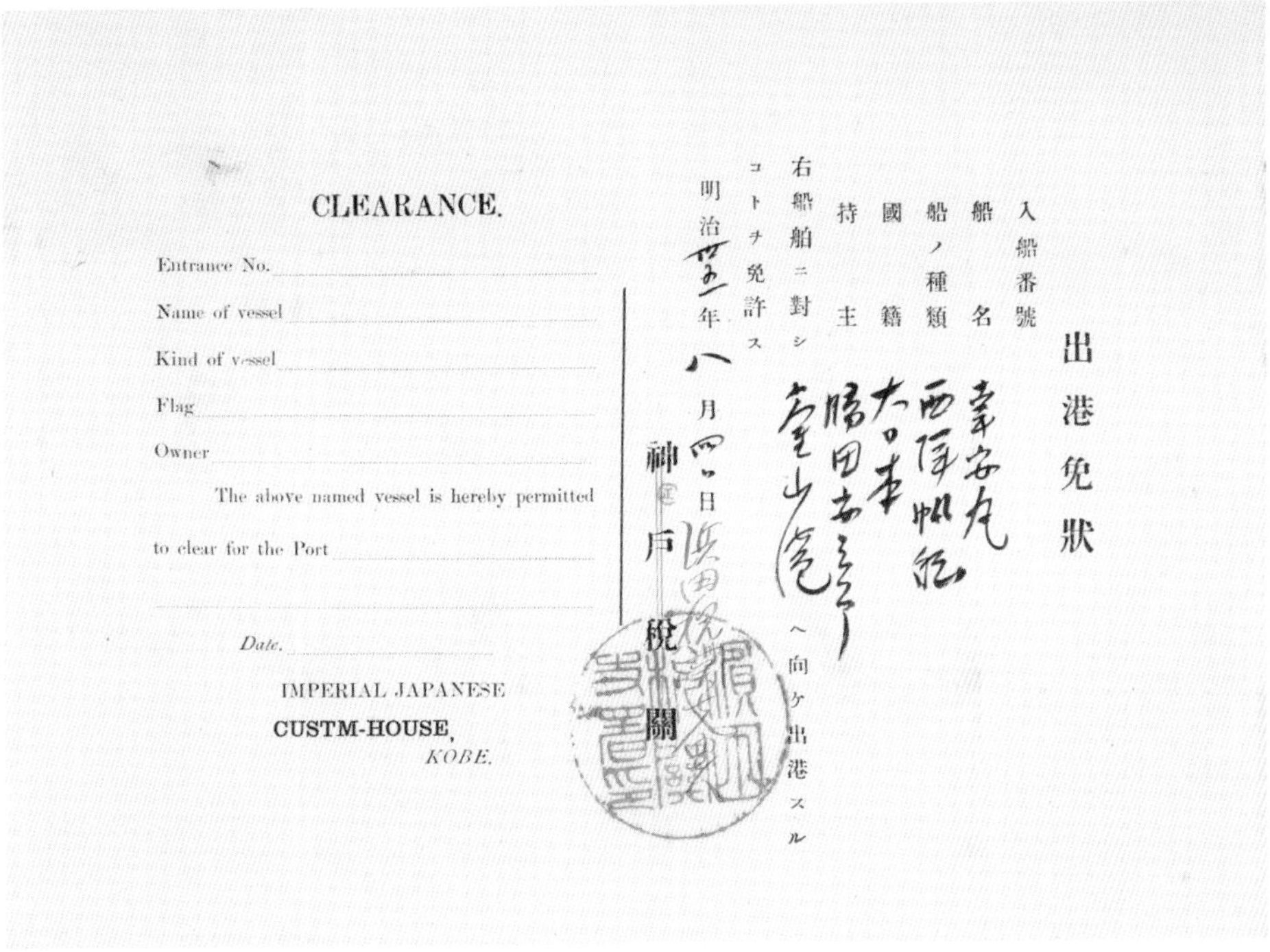

CLEARANCE.

Entrance No.

Name of vessel

Kind of vessel

Flag

Owner

The above named vessel is hereby permitted to clear for the Port

Date.

IMPERIAL JAPANESE
CUSTM-HOUSE,
KOBE.

出港免狀

入船番號

船名　幸安丸

船ノ種類　西洋帆船

國籍　大日本

持主　勝田安三郎

右船舶ニ對シ　釜山港へ向ケ出港スルコトヲ免許ス

明治卅五年八月四日

神戸稅關

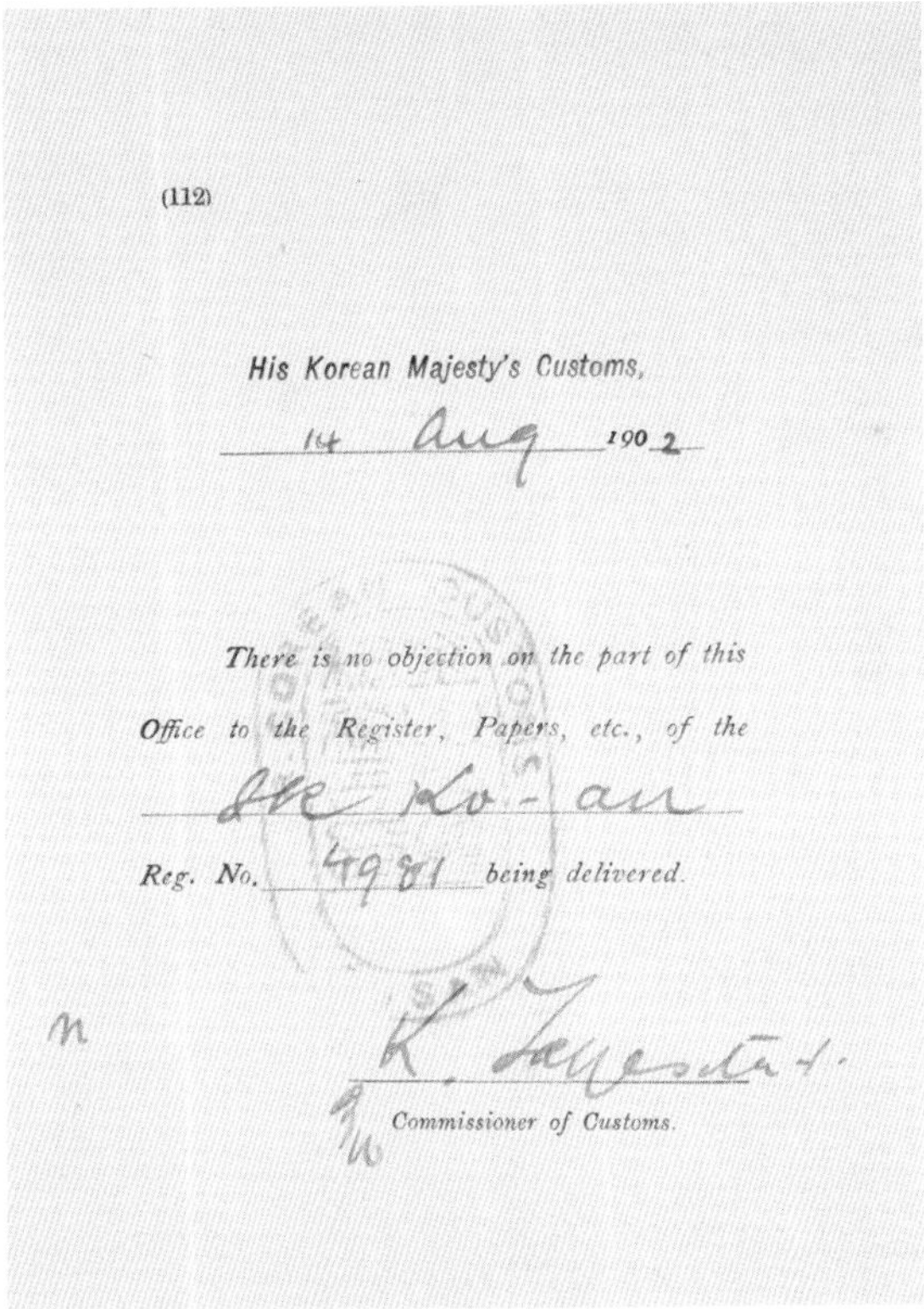

(112)

His Korean Majesty's Customs,

14 Aug 1902

There is no objection on the part of this Office to the Register, Papers, etc., of the Ko-an

Reg. No. 4981 being delivered.

Commissioner of Customs.

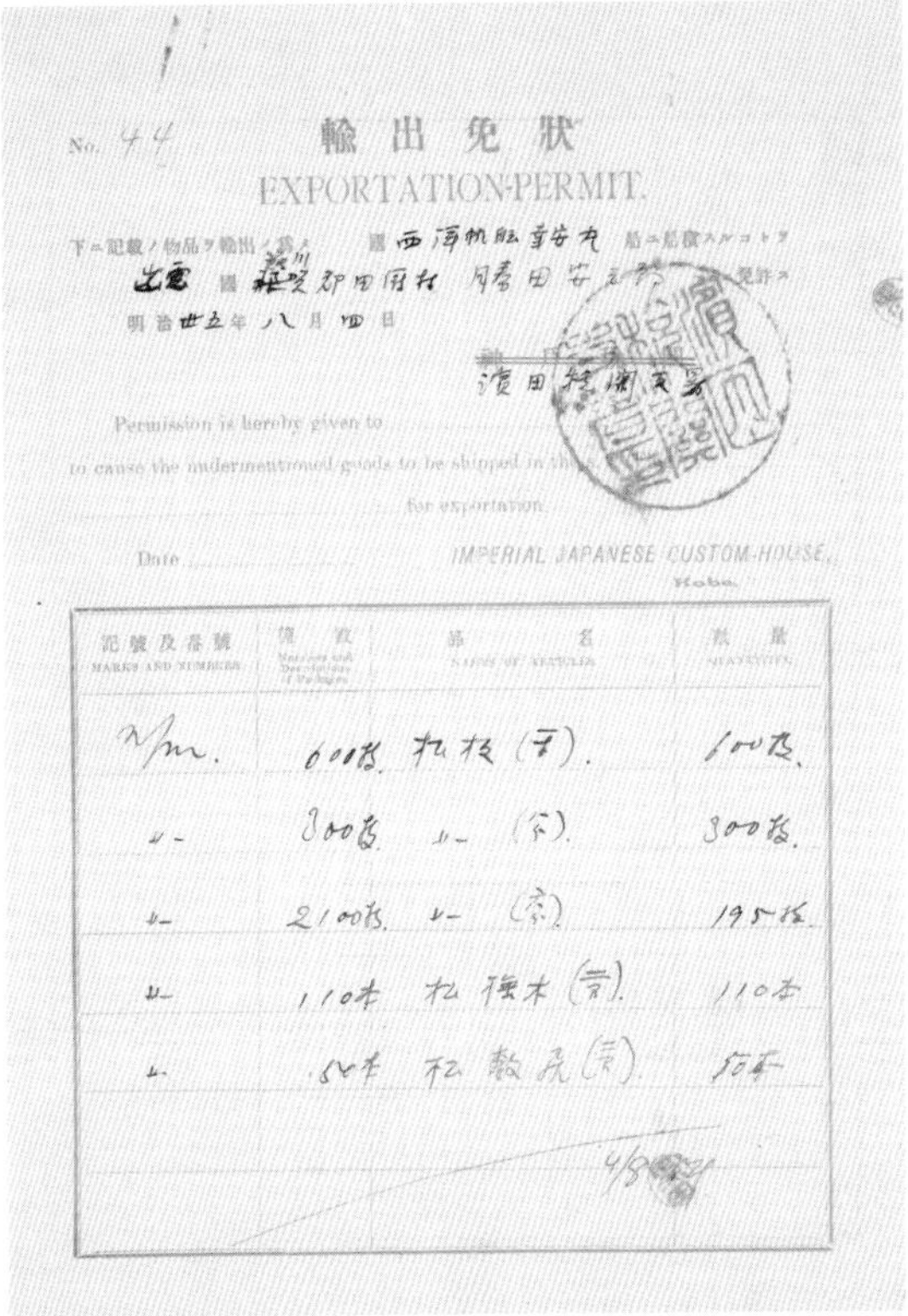

No. 44　輸出免狀

EXPORTATION-PERMIT.

下ニ記載ノ物品ヲ輸出ノ爲メ　國西洋帆船幸安丸　船ニ積載スルコトヲ

出雲　國簸川郡田岡村　勝田安三郎　ニ免許ス

明治卅五年八月四日

濱田稅關支署

Permission is hereby given to

to cause the undermentioned goods to be shipped in the

for exportation.

Date

IMPERIAL JAPANESE CUSTOM-HOUSE,
Kobe.

記號及番號 MARKS AND NUMBERS	個數 Number and Description of Packages	品名 NAMES OF ARTICLES	數量 QUANTITIES
%m.	600枚	松板（下）	600枚
〃	300枚	〃（中）	300枚
〃	2100枚	〃（中）	195枚
〃	110本	松楳木（中）	110本
〃	50本	松敷居（中）	50本

42　**釜山輸出時の証明書**

●1902年（明治35）　出雲弥生の森博物館／写真提供

出雲船籍の西洋型帆船が釜山航海時に発行された証書類。浜田税関発行の釜山港出港の免許状（上）と釜山港へ輸出品の免許状（右下）、釜山税関発行の通行免状（左下）。この航海では木材を輸送している。

コラム2

新たな渡世を求めて

江戸時代にみられた弁才船を用いた廻船業（海運業）は、明治時代に入ってもなお盛んに行われた。

明治一〇年代に入るころから、船主自らが仕入・販売を行ってその価格差を利益とする〝買積《かいづみ》〟商法は、電信の発達などの影響で価格差が生まれにくくなり、徐々に立ちゆかなくなっていった。蝦夷地産物の〝買積〟を主としていた北前船は次第に姿を消し、島根県の買積船主もまた、従来の商法の限界を理由に船を売却している記録がみられる。

ただし、このことは日本海海運自体の衰退とイコールではない。島根県では、明治二〇年代に入り再び海運業に参入する者が登場した。その形態は多様であったと思われるが、西洋型風帆船を新造して荷物輸送の運賃を主な利益とする〝運賃積〟中心の経営を行う船主の登場は、その一つであった。

他方、船を持たず水夫《かこ》（海員）となる者もいた。一例を挙げよう。石見地方で江戸時代から廻船業を営んでいた徳兵衛の家では、明治二〇年代に従来の廻船経営をやめ、当時二〇代半ばであった徳兵衛は太平洋側の港を定繋港《ていけいこう》とする西洋型船の水夫として従事するようになる。

この時代にはすでに「西洋形商船《せいようがたしょうせん》海員雇入雇止規則《かいいんやといいれやといどめきそく》」なる海事法令が政府によって制定されており、徳兵衛はこの規則のもと水夫として契約を結んだ（作品番号43）。この規則は、西洋型商船（一〇〇トン以上の汽船、二〇トン以上の風帆船）の海員を雇い入れたり、雇い止めたりする際には雇用者・被雇用者双方で定約書を交わし、役場の公認を得なければならないとするものであり、雇用期間は最大六ヶ月であった。また、雇い止めの際に発行される証書のほうには、雇用条件に関する記載のほか、「勤惰《きんだ》」や「品行」といった項目もあり、契約期間中の勤務態度も評価された。こうした項目があるのは、船内の規律を守らない場合は違約金や損害賠償などが発生しえた本規則の性格によるところであった。

さて、こうした労使契約を経た徳兵衛は、言わば江戸時代的な廻船稼業から「近代的」な海員に転身し、再び海上に出ることとなった。彼は、主に東京－下関間の太平洋側を航行する西洋型船の海員として、一八九六年（明治二九）から三年弱の間、数ヶ月ごとに契約を更新しながら計四艘の船で従事した。このなかには、五大北前船主と呼ばれ、二〇世紀初頭には個人船主としては日本で最大規模の汽船船主となった廣海二三郎《ひろうみにさぶろう》家の持ち船、加島丸の一等水夫として雇われることもあった。徳兵衛は船頭時代に身につけた帆船航海技術をその後も活かし、海運の仕事を渡世としていったのであった。

（中安）

参考文献

・中安恵一「明治中後期における石見帆船の廻船経営―安濃郡波根西村・竹下家の事例から―」（島根県古代文化センター編『近世近代の交通と地域社会経済』二〇二三年）

・中西聡「北前船主系汽船船主の多角的経営展開：広海二三郎家を事例として」『三田学会雑誌』一一三（二）、慶應義塾経済学会、二〇二〇年

43　**西洋形船海員雇止証書**

●1896年（明治29）　個人

1879年（明治12）公布の「西洋形商船海員雇入雇止規則」にもとづき発行された証書。大阪－品川間を航行する船で従事していたことがわかる。

Chapter 3

第3章

—

島根の交通革命

山陰地方の鉄道開通期、そして自動車普及期にあたる明治後期から昭和前期にかけての様子を「交通革命」期と題して紹介する。一九〇二年（明治三五）、鳥取県の御来屋《みくりや》―境間の開通を皮切りとした山陰線の延伸敷設、そして大正末期頃より胎動する自動車の普及。島根の人々の暮らしに大きな変化が訪れる。

3-1 山陰線と陰陽連絡線

◆陰陽連絡線を望む

山陰の鉄道敷設をめぐって、地元有志らにとって関心が高かったのが、山陰－山陽をむすぶ陰陽連絡の路線であった。島根県内では、先行する鳥取県有志の動向を追うように一九八一年（明治二四）より組織的な動きが見られはじめ、広島－三次－松江間や出雲大社－松江－米子間を結ぶ鉄道会社の創設の出願がなされた。しかし、日清戦争後の恐慌により、こうした運動は一端下火となった。

◆山陰線開通までの道のり

一八九二年（明治二五）に成立した「鉄道敷設法」により、政府による官設予定路線とその第一期（一二年間）に着手する九路線の選定がなされた。結果、陰陽連絡線としては姫路－鳥取－米子－境が採択されたが、優先順位は低く、着工は一九〇〇年まで待たねばならなかった。一九〇二年（明治三五）、右路線の一部、境－米子－御来屋間が山陰最初の路線として開通した。

一九〇六年（明治三九）、法改正により山陰線が第一期線となると、島根県内の敷設も具体化し、一九〇八年（明治四一）に松江、同一〇年に出雲今市、同一五年（大正四）に石見大田、同二一年浜田、同二三年石見益田と順次開通していった。

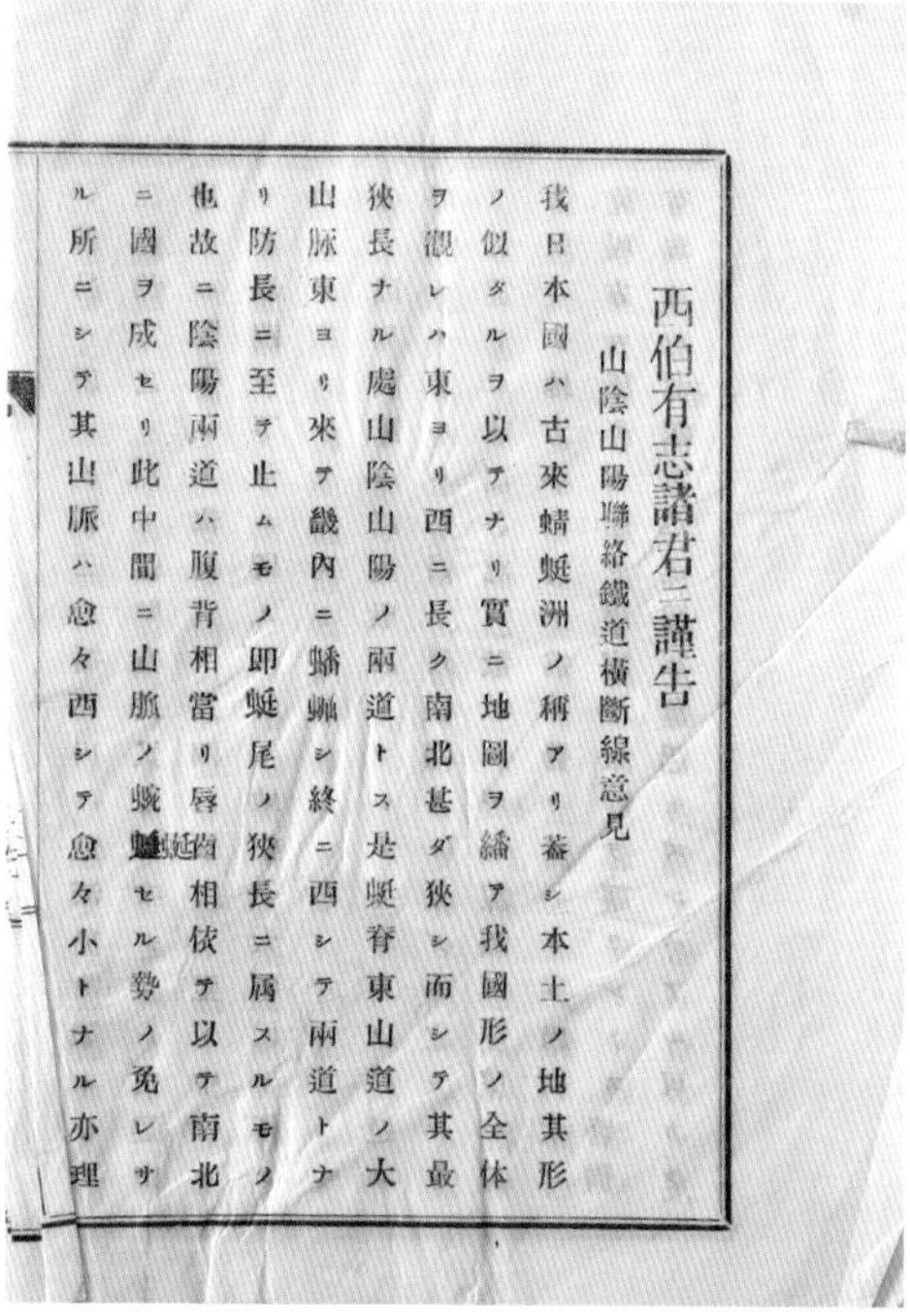

西伯有志諸君ニ謹告

山陰山陽聯絡鐵道横斷線意見

我日本國ハ古來蜻蜓洲ノ稱アリ蓋シ本土ノ地其形ノ似タルヲ以テナリ實ニ地圖ヲ繙テ我國形ノ全体ヲ觀レハ東ヨリ西ニ長ク南北甚ダ狹シ而シテ其最狹長ナル處山陰山陽ノ兩道トス是蜓脊東山道ノ大山脈東ヨリ來テ畿内ニ蟠蜿シ終ニ西シテ兩道トナリ防長ニ至テ止ムモノ即蜓尾ノ狹長ニ属スルモノ也故ニ陰陽兩道ハ腹背相當リ唇歯相依テ以テ南北ニ國ヲ成セリ此中間ニ山脈ノ蜿蜒セル勢ノ免レサル所ニシテ其山脈ハ愈々西シテ愈々小トナル亦理

44｜山陰山陽連絡鉄道横断線意見

●1892年（明治25）　米子市立山陰歴史館

陰陽鉄道日野郡期成会作成の意見書。鉄道敷設法が掲げた第一期官設予定線の候補に①境－米子－倉敷、②境－米子－倉吉－津山－岡山、③境－米子－鳥取－姫路の３線が入ったため、鳥取県内では敷設をめぐって競争が激化した。本資料は、①を支持する同会がその重要性を主張したもの。

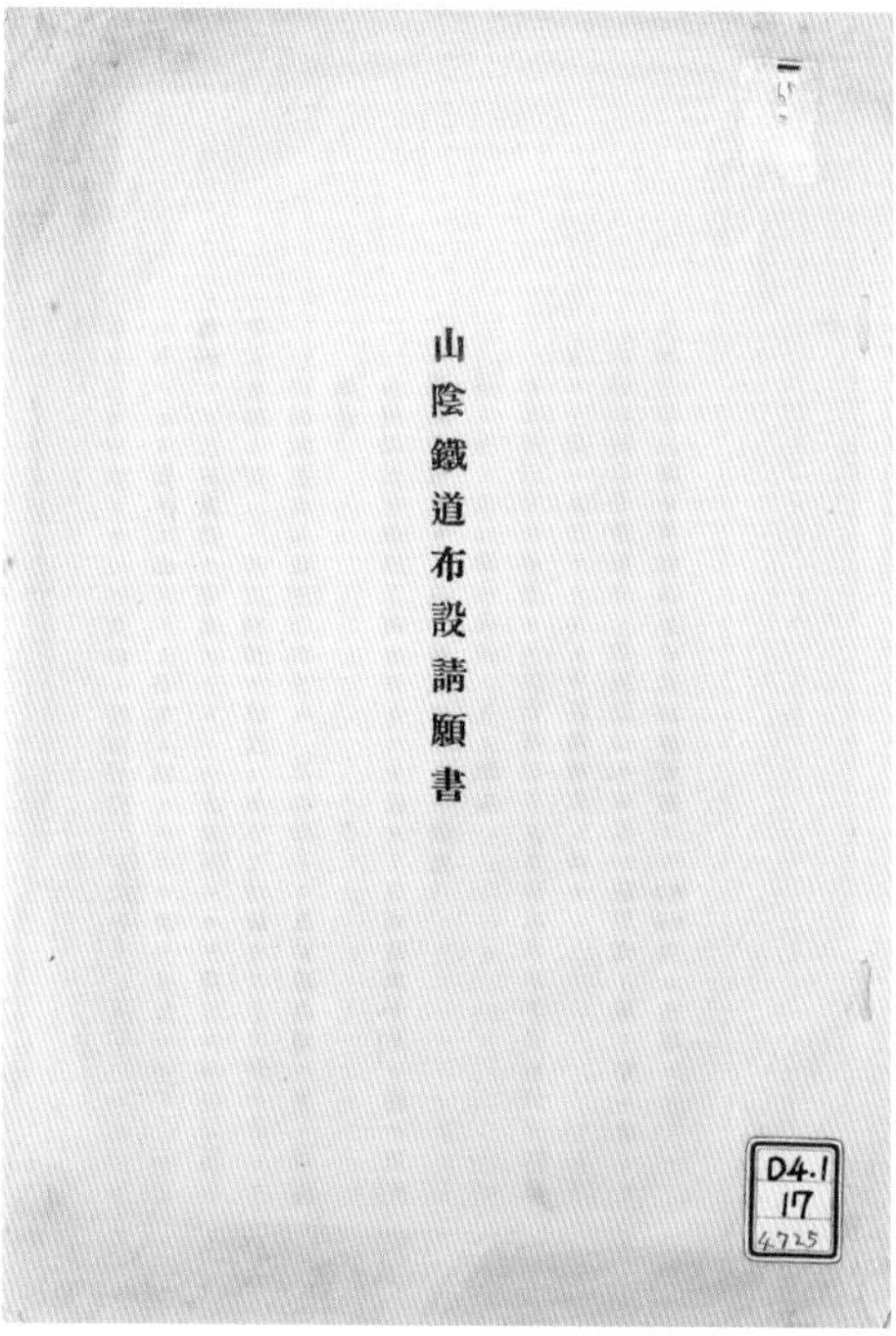

参考｜山陰鉄道布設請願書

●1892年（明治25）　鉄道博物館／写真提供

山陰地域に関わる路線を第一期線に加えることに対する貴族院・衆議院への請願書。海運依存の現状が記され、また地形的な制約による交通の不便が山陰の文化の遅れを生んでいる点を強調している。

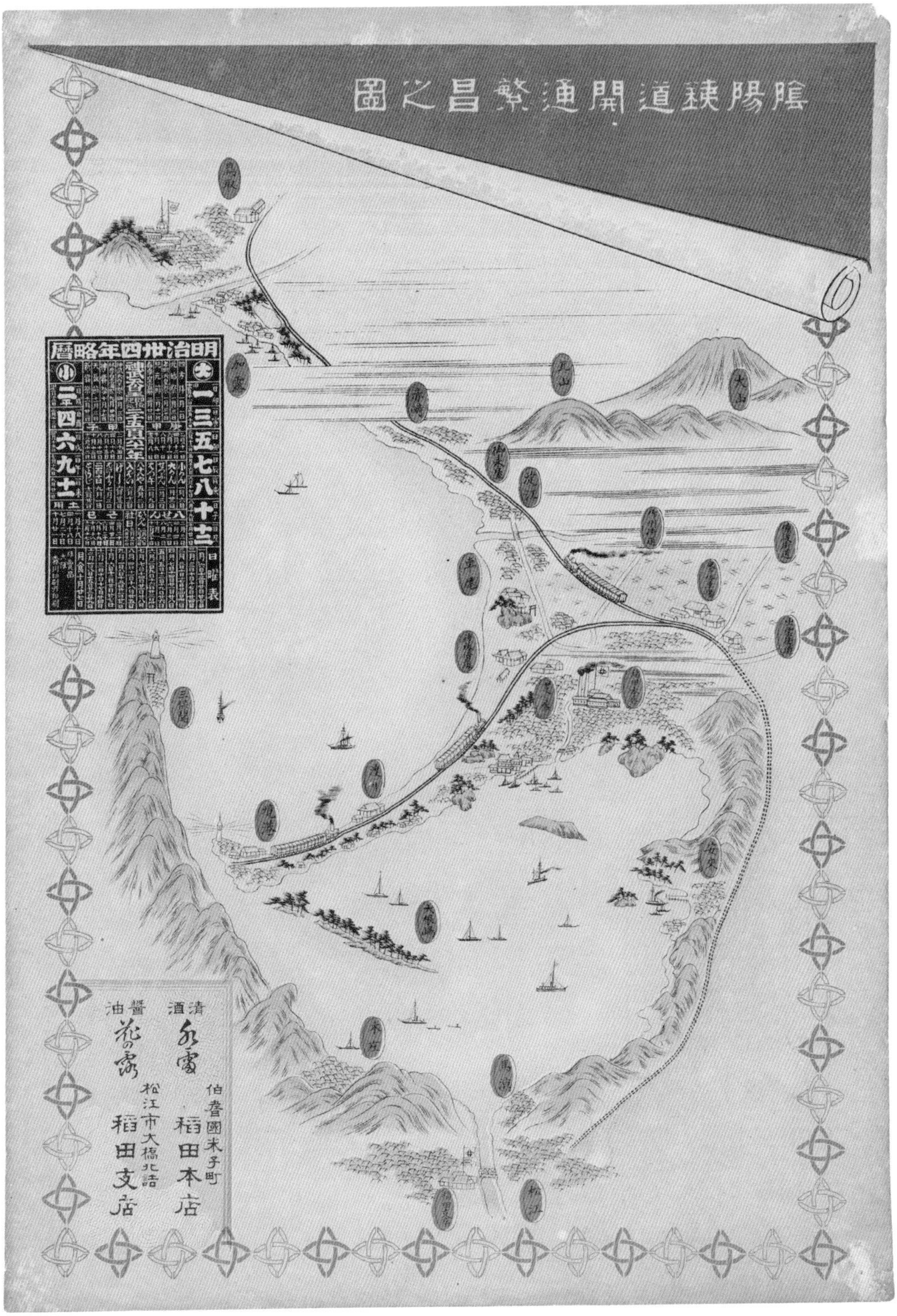

45　**陰陽鉄道開通繁昌之図**

●1901年（明治34）　米子市立山陰歴史館

境−米子−御来屋の開通を描いた引札。開通路線を鉄道が走るとともに、松江までの延伸予定線路も描く。多数の船が中海を航走している描写も当時の様子をよくうかがわせている。

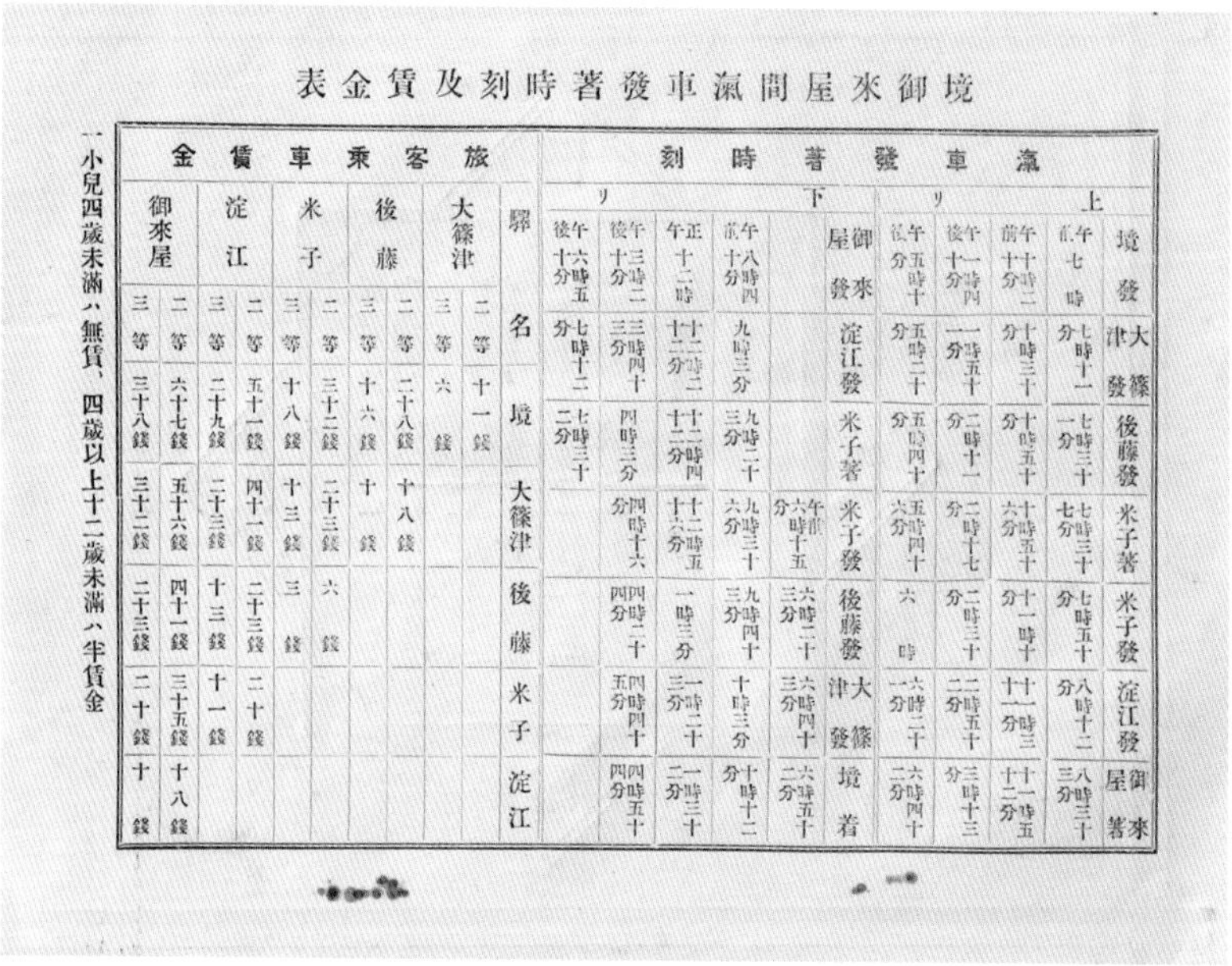

境御來屋間汽車發著時刻及賃金表

汽車發著時刻

上り

驛名				
境發	午前七時	午前十時二十分	午後一時四十分	午後五時十分
大篠津發	七時十一分	十時三十分	一時五十一分	五時二十分
後藤發	七時三十一分	十時五十分	二時十一分	五時四十分
米子著	七時三十七分	十時五十六分	二時十七分	五時四十六分
米子發	七時五十分	十一時十分	二時三十分	六時
淀江發	八時十二分	十一時三十一分	二時五十二分	六時二十一分
御來屋著	八時三十三分	十一時五十二分	三時十三分	六時四十二分

下り

驛名					
御來屋發		午前八時四十分	正午十二時	午後三時二十分	午後六時五十分
淀江發		九時三分	十二時二十二分	三時四十三分	七時十二分
米子著		九時二十三分	十二時四十二分	四時三分	七時三十二分
米子發	午前六時十五分	九時三十六分	十二時五十六分	四時十六分	
後藤發	六時二十三分	九時四十三分	一時三分	四時二十四分	
大篠津發	六時四十三分	十時三分	一時二十三分	四時四十五分	
境着	六時五十二分	十時十二分	一時三十二分	四時五十四分	

旅客乘車賃金

驛名	大篠津 二等	大篠津 三等	後藤 二等	後藤 三等	米子 二等	米子 三等	淀江 二等	淀江 三等	御來屋 二等	御來屋 三等
境	十一錢	六錢	二十八錢	十六錢	三十二錢	十八錢	五十一錢	二十九錢	六十七錢	三十八錢
大篠津			十八錢	十錢	二十三錢	十三錢	四十一錢	二十三錢	五十六錢	三十二錢
後藤					六錢	三錢	二十三錢	十三錢	四十一錢	二十三錢
米子							二十錢	十一錢	三十五錢	二十錢
淀江									十八錢	十錢

一小兒四歳未滿ハ無賃、四歳以上十二歳未滿ハ半賃金

46 境・御来屋間汽車発着時刻及賃金表

●1902年（明治35） 米子市立山陰歴史館

鉄道開通時の時刻表。午前6時15分、米子から境行きの下り列車を始発として、1日に上り下り各4本走った。境－御来屋間は90分を要した。

47 鉄道連絡記念物産共進会絵葉書

●1912年（明治45） 当館

山陰線の京都－出雲今市全通を記念して開かれた物産共進会の記念絵葉書。おもな会場は松江城大手前であった。

参考 米子駅設置の祝賀大アーチ

●1902年（明治35）
米子市立山陰歴史館／写真提供

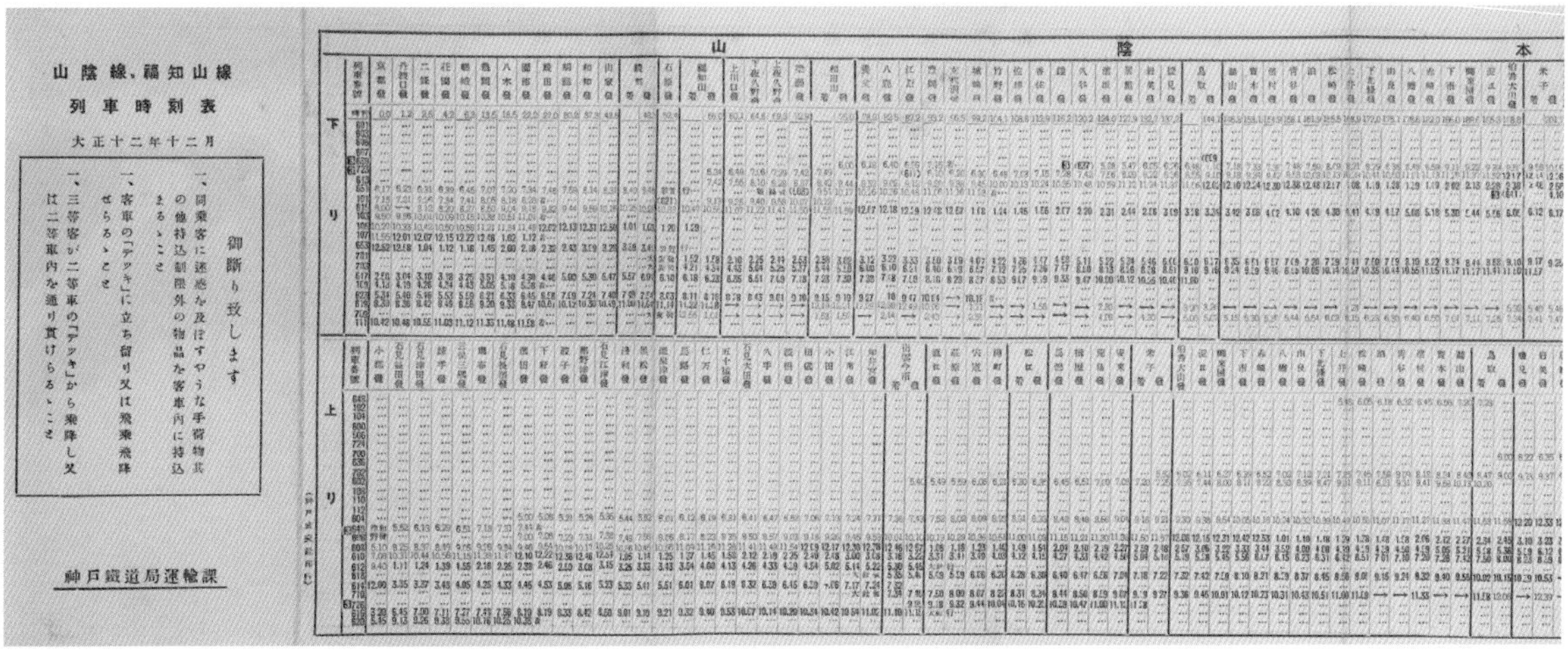
山陰線、福知山線
列車時刻表
大正十二年十二月
御断り致します
一、同乗客に迷惑を及ぼすやうな手荷物其の他持込制限外の物品を客車内に持込まるゝこと
一、客車の「デッキ」に立ち留り又は飛乗飛降せらるゝこと
一、三等客が二等車の「デッキ」から乗降し又は二等車内を通り貫けらるゝこと
神戸鐵道局運輸課

49　**山陰線・福知山線列車時刻表**

●1923年（大正12）　南部町祐生出会いの館

神戸鉄道局発行。山陰線が石見益田まで開通し、また山口線との連絡が実現した時期の時刻表。松江−益田間を６時間弱で結んだ。

48　**新設の浜田駅（写真）**

●1921年（大正10）
浜田市教育委員会

50　**山陰鉄道全通ポスター**

●1923年（大正12）　南部町祐生出会いの館

松江市発行。中央には櫛稲田姫を描く。浜田−益田−津和野−山口と続く路線図からわかるように、ここで言う「山陰鉄道全通」とは、1933年（昭和８）の山陰線（京都−幡生）の全通ではなく、山陰線と山口線が接続した1923年末を指している。石見地方にとってこの全通は、山陽・九州と連絡した点で大きな画期となった。

参考　**米子駅**

●1924年（大正13）頃
米子市立山陰歴史館／写真提供

52　**旧米子駅舎の鬼瓦**

●1902年（明治35）頃　米子市立山陰歴史館

米子駅開業当初の駅舎に葺かれた鬼瓦。石州瓦の特徴である来待釉が施される。石州産の施釉瓦は当時、鳥取県に多く流通していた。

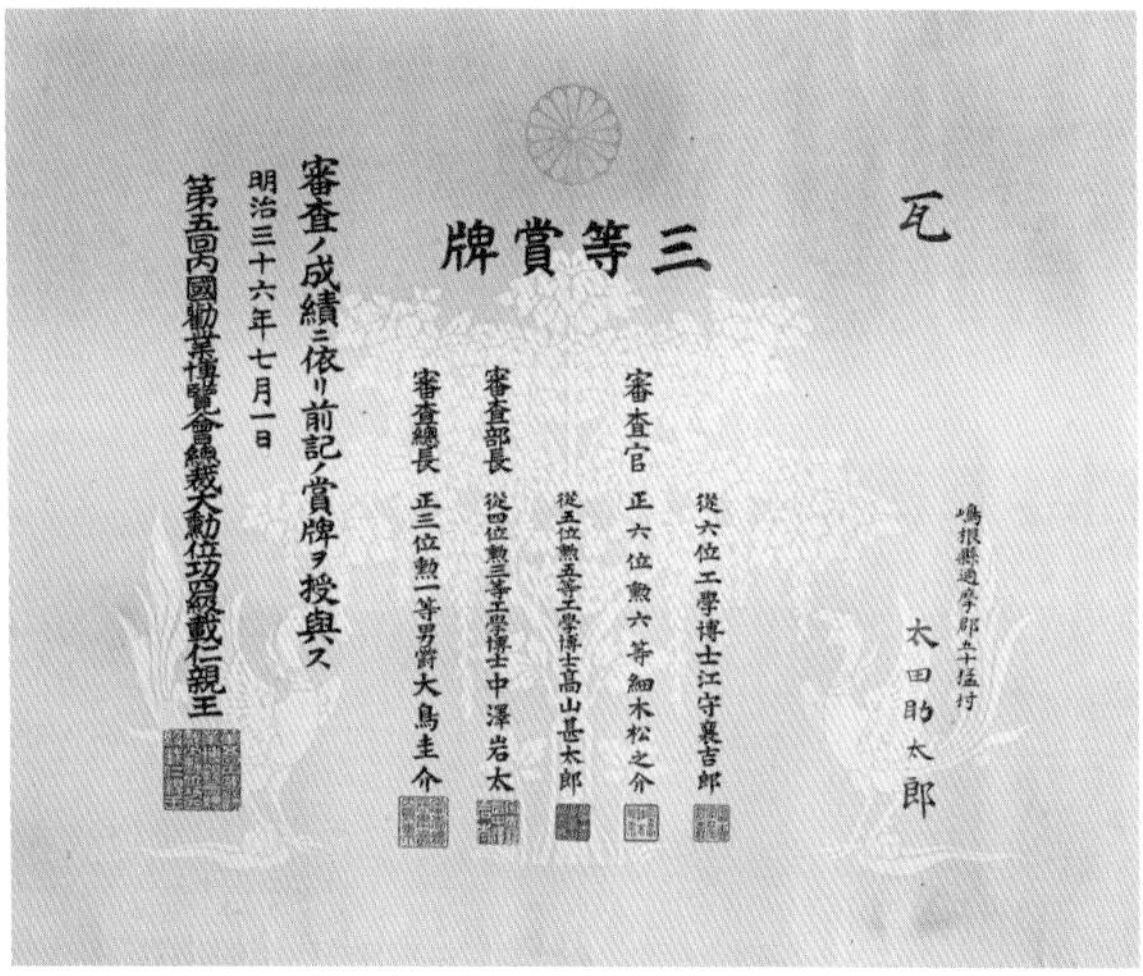

瓦

島根縣邇摩郡五十猛村
太田助太郎

三等賞牌

審査官
従六位工學博士江守榮吉郎
正六位勲六等細木松之介
従五位勲五等工學博士高山甚太郎

審査部長
従四位勲三等工學博士中澤岩太

審査總長
正三位勲一等男爵大鳥圭介

審査ノ成績ニ依リ前記ノ賞牌ヲ授與ス
明治三十六年七月一日
第五回内國勧業博覧會總裁大勲位功四級載仁親王

53　**内国勧業博覧会褒状（瓦）**

●1903年（明治36）　当館

大阪で開催された第五回内国勧業博覧会で授与されたもの。邇摩郡五十猛村（現・大田市）の太田助太郎は、瓦製造・廻漕業など多角経営を行い、製造した瓦を山陰地方へ広く販売していた。

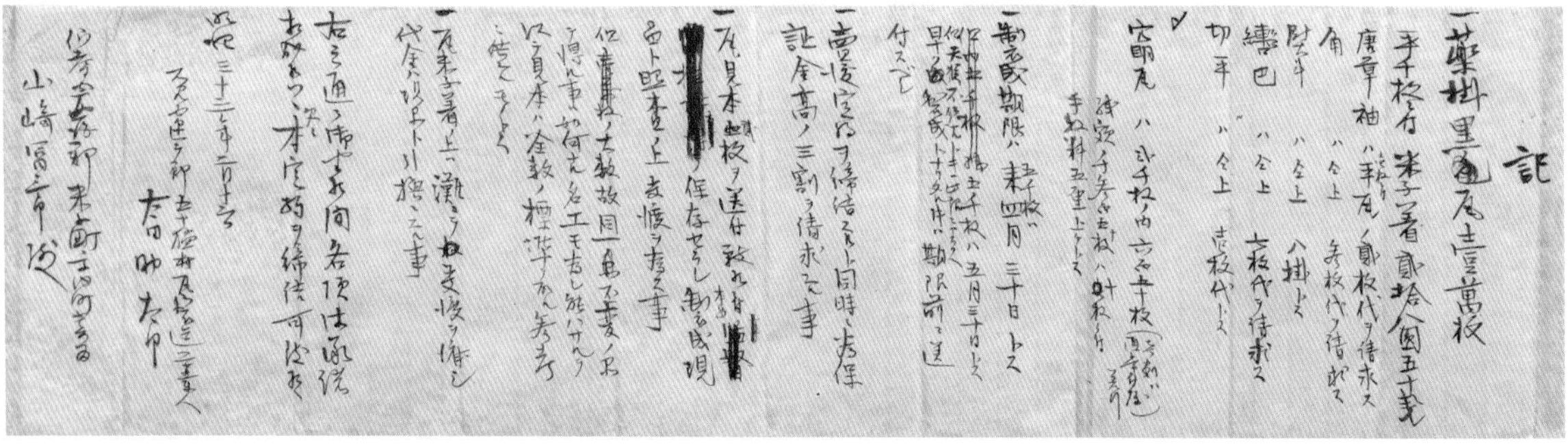

54　**記（米子中学校屋根瓦注文書）**

●1900年（明治33）　当館

「米子中学校」（現在の米子東高校か）建築のための石州瓦の注文書。施釉黒瓦１万枚が太田助太郎の窯へ発注された。五《い》十《そ》猛《たけ》からは汽船で運ばれたとみられる。

◆軽便《けいべん》鉄道法と地方路線

一九一〇年（明治四三）、地方鉄道の普及を促すために「軽便鉄道法」が公布された。これにより簡易設計による私設鉄道が認められ、島根県内でもこれを契機として官設鉄道（山陰線）路線から取り残された地域を中心に計画が立ちあがった。簸上《ひかみ》鉄道や一畑軽便鉄道は、こうした潮流の中で生まれたものであった。

山陰東西を縦貫する山陰線を幹線として、これと接続する路線は、前述のほかにも官設大社線（出雲今市−大社）や、私設の広瀬鉄道（荒島−広瀬）、伯陽電鉄（米子−法勝寺、母里）など各地で作られた。

56　**簸上鉄道線路略図**

●1915年（大正４）頃　島根県立図書館

当初計画の路線図を描く。この略図では大東駅が支線となっている。この計画は大正4年に変更され、最終的には宍道−木次間が一本で結ばれた。

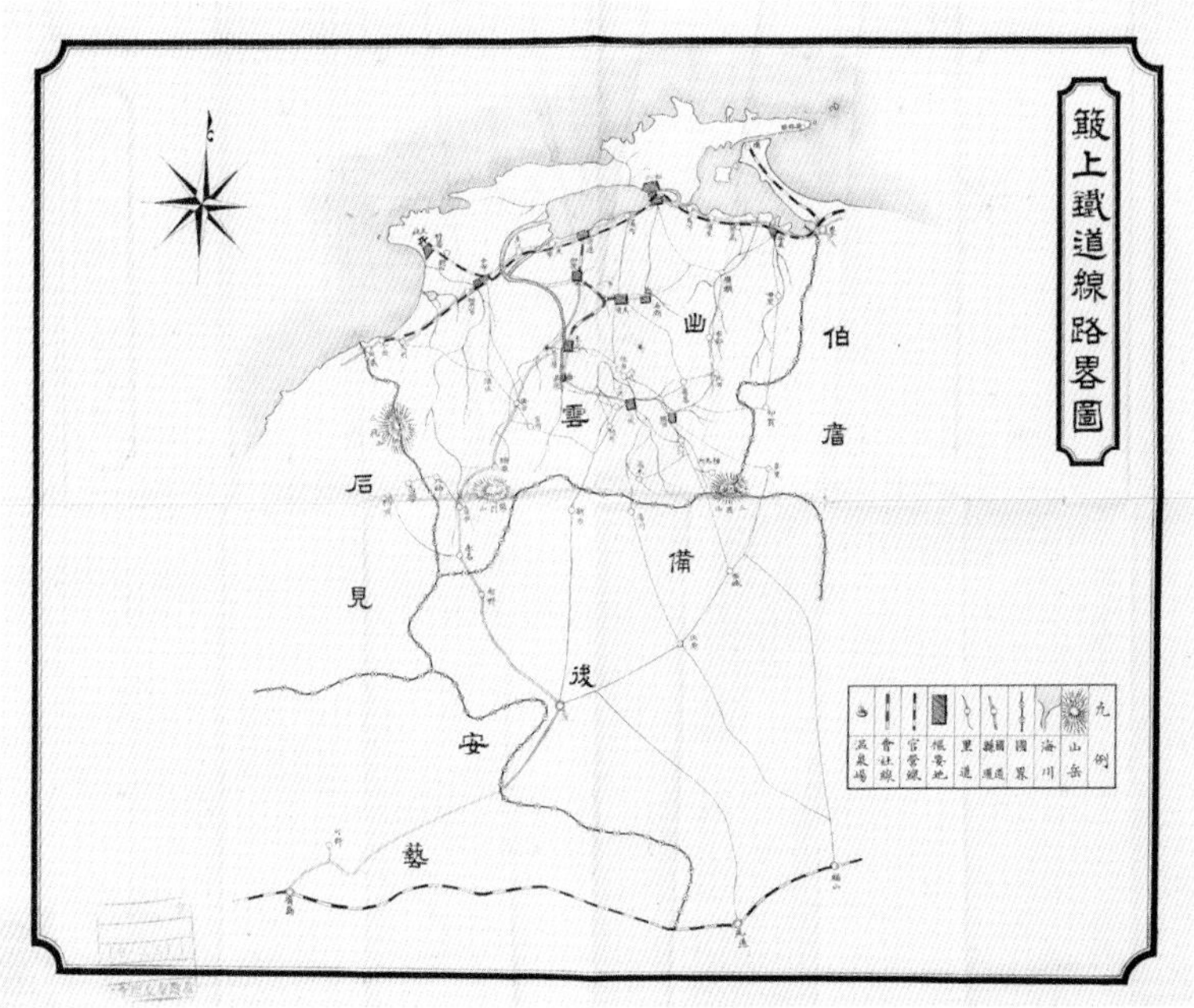

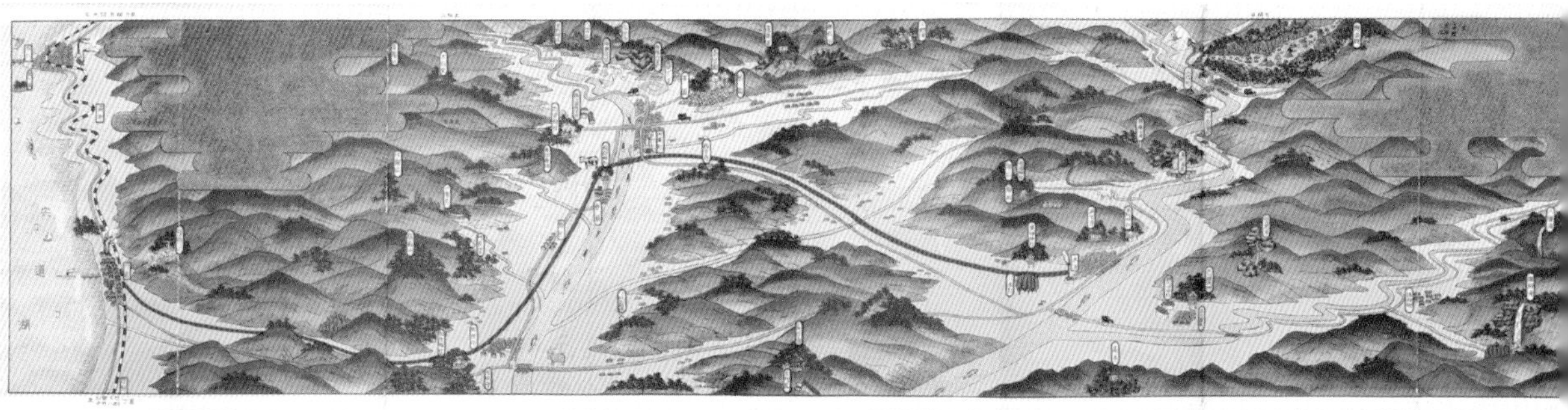

55　**簸上鉄道沿線名所案内**

●20世紀（大正時代頃）　島根県立図書館

簸上鉄道は、絲原武太郎を創立委員長として1916年（大正５）に開業。木材・木炭・米・鉄・牛といった雲南地方の地域資源の輸送力拡大に期待が寄せられた。画面左の宍道駅には、官設鉄道（鉄道省）の駅とともに汽船の発着場がみえる。宍道まで運ばれた貨物は、官設線、汽船いずれかに積み替えられた。

57 **簸上鉄道記念写真帖**
（簸上鉄道国有化時の社員寄せ書き）

●1934年（昭和９）　島根県立図書館

1934年（昭和９）に、簸上鉄道が鉄道省へ買収され国有化した際の、当時の社員らによる寄せ書き。「ホタルの大東で一年半」「腰弁拾五年四ヶ月」「十七時間勤務」などこれまでの仕事を振り返る言葉や、「永遠に活かせよ我社を」「お手々つないでやりませう」「買収で末は涙か喜か」といった今後を案ずる言葉など、様々な思いが寄せられる。なお、運輸・保線等の職員78名は大阪鉄道局へ移った。

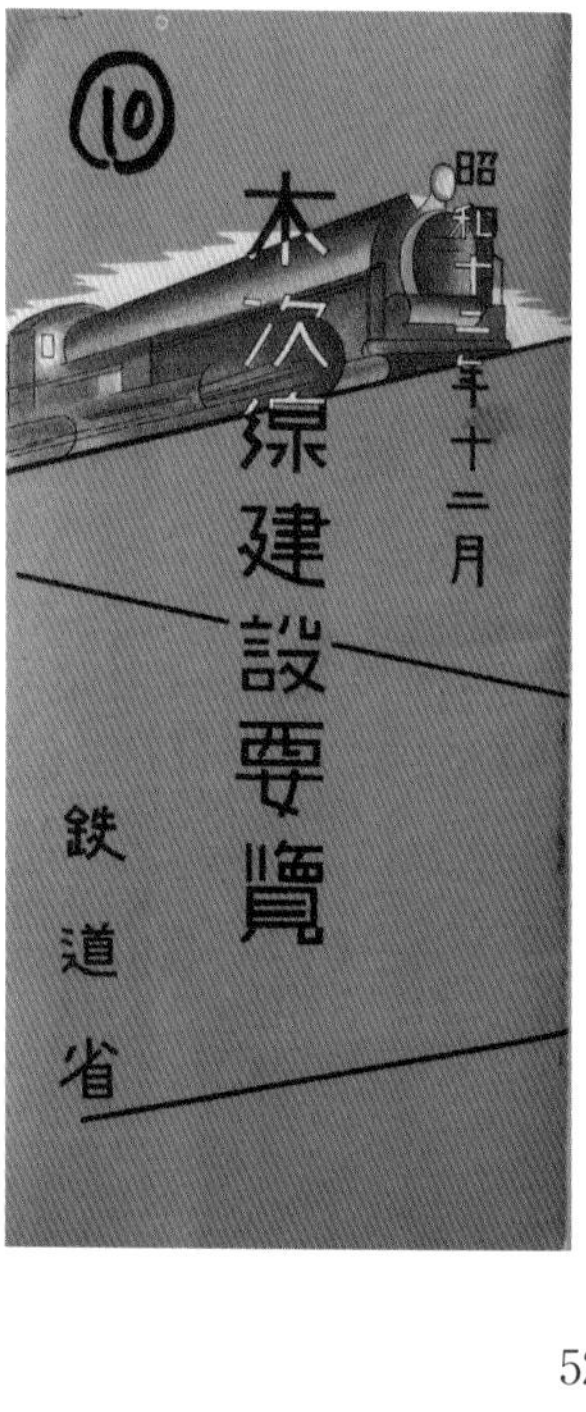

58 **木次線建設要覧**

●1937年（昭和12）　米子市立山陰歴史館

木次−備後落合の工事を終え木次線全通の際に発行されたもの。これによれば同区間の建設費総額は約708万円であった。

59　法勝寺鉄道電車時刻表

●1924年（大正13）　南部町祐生出会いの館

法勝寺鉄道は、1924年（大正13）に米子−法勝寺間を結んだ鉄道路線。当時両区間を約40分で結んでいた。

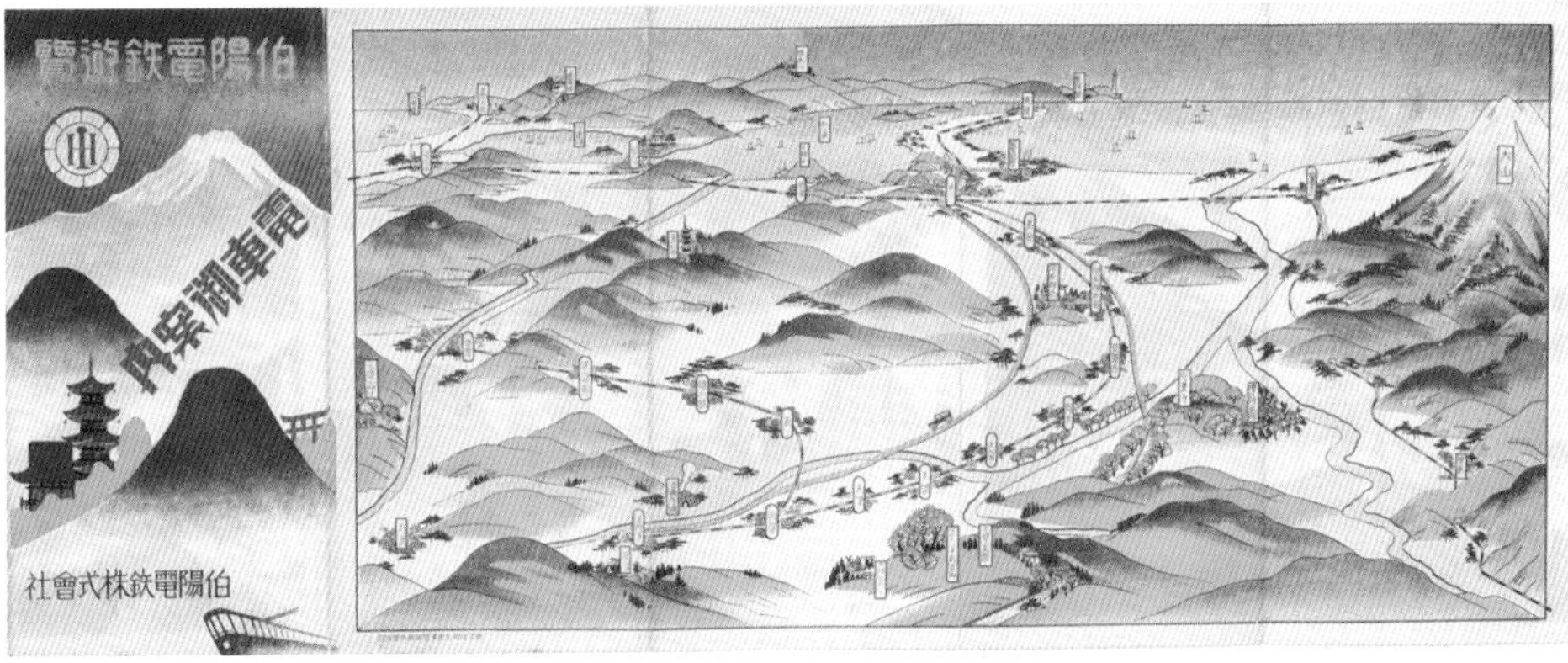

60　伯陽電鉄遊覧

●1930年（昭和５）頃　南部町祐生出会いの館

1925年（大正14）、法勝寺鉄道は伯陽電鉄株式会社に社名を変更した。1930年（昭和５）に支線母里線が開業し、島根県域も含む路線となったが、母里線は1944年（昭和19）戦時体制下の中で休止となり、戦後そのまま廃線となった。

61　広瀬電気鉄道ポスター

●1928年（昭和３）頃
南部町祐生出会いの館

広瀬鉄道の荒島−出雲廣瀬間開通記念ポスター。路線とともに、山中鹿之助と廿原堤《はたちばらつつみ》神社の祭神小那《こな》姫《ひめ》（堀尾吉晴の次女）を描く。当時は、さらに奥部の横田までの延伸構想もあった。1954年（昭和29）の吸収合併により、一畑電鉄の路線となった。

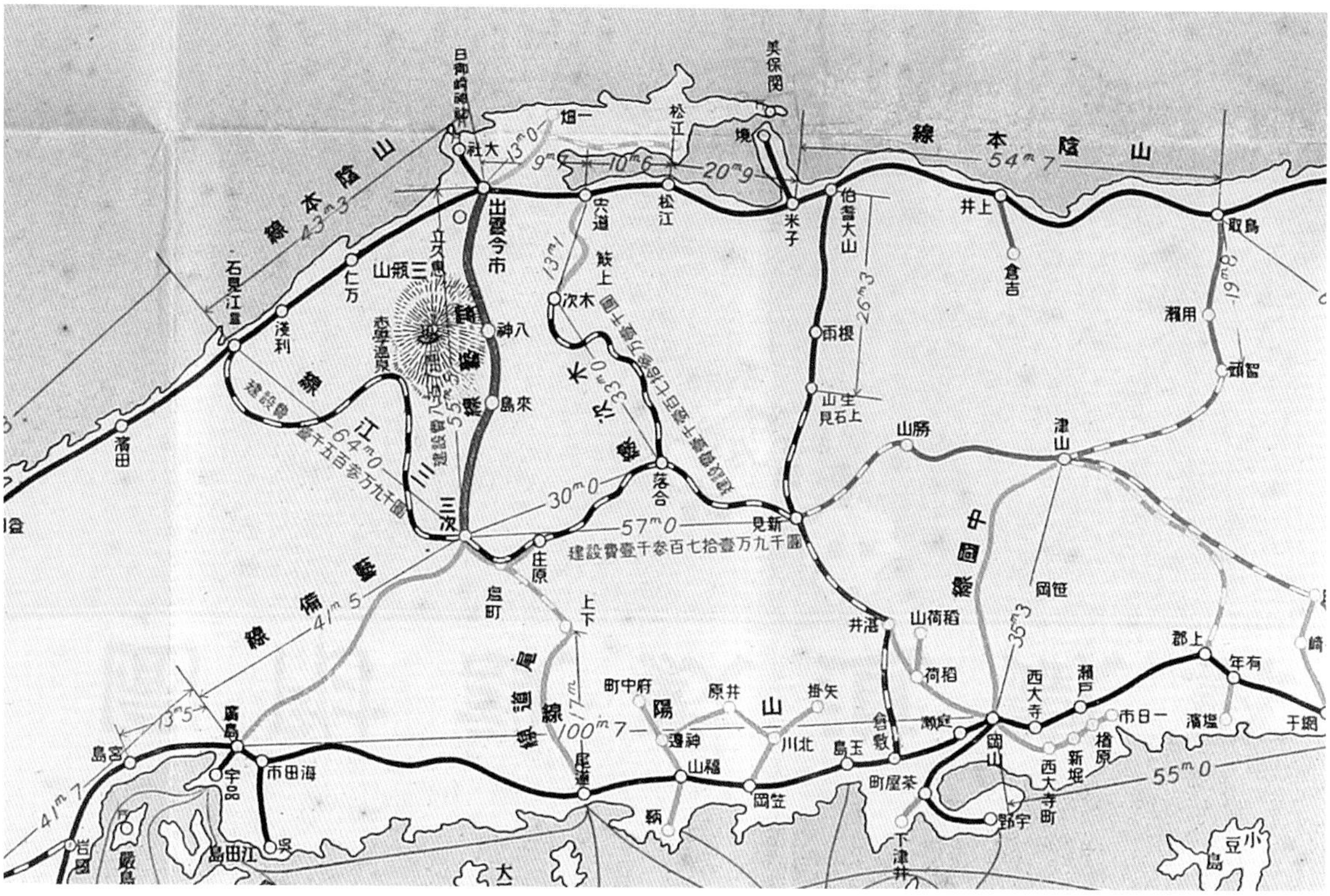

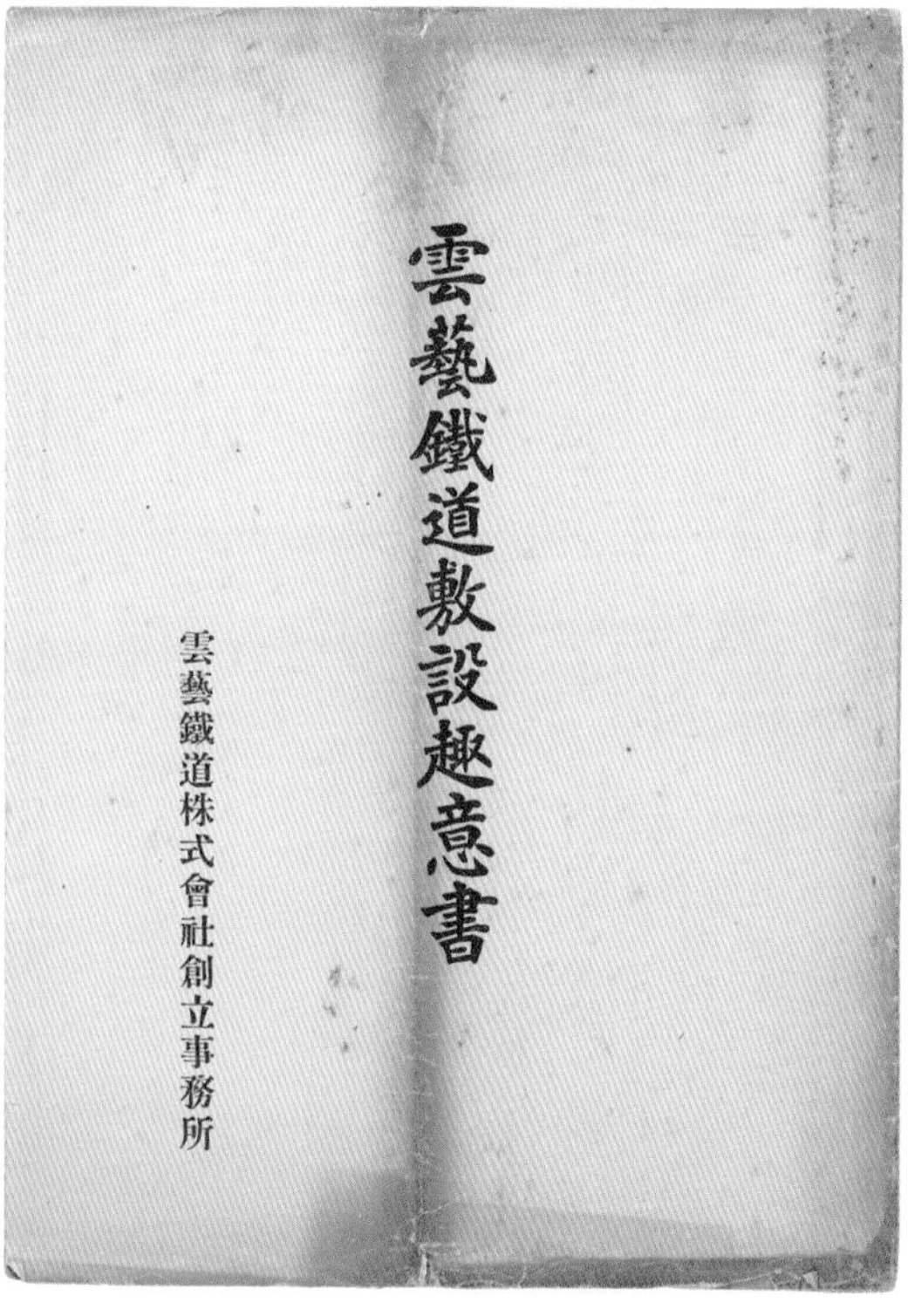

62

雲芸鉄道敷設趣意書と附図

●1924年（大正13）頃　当館

雲芸鉄道は、出雲今市−三次間89㎞の敷設を目指した私設鉄道。芸備鉄道（広島−三次間）と大社線（大社−出雲今市）それぞれに接続することで、出雲大社と宮島厳島神社の連絡を目論んだ。本趣意書には、敷設の目的として、沿線地域の資源開発、観光客誘致（三瓶山・志学温泉・スキー）、出雲大社・厳島神社参詣客の輸送等を掲げ、参詣・観光を強調する文言が並ぶ。1924年（大正13）、敷設免許が下付され、1932年（昭和７）に出雲今市−出雲須佐間が開通した。ただしその後延伸することはなく、1954年（昭和29）に一畑電気鉄道に合併され同社立久恵線となったのち、1965年（昭和40）に廃止となった。（→116頁）

3-2 自動車の普及

島根県では一九一一年（明治四四）頃より乗合自動車の営業が登場する。具体的に知られているこの頃の営業としては、一九一三年（大正二）開業の内国通運会社による今市－浜田間があった。

一九一八年（大正七）九月末の調査では、乗合自動車が一〇台あり、大田－浜田間、浜田－津和野間、浜田－可部（広島県）間など鉄道未敷設区間中心に営業が行われた。

また、三葉自動車による木次－三次（広島県）間連絡線は、官設鉄道（松江－宍道間）と簸上鉄道（宍道－木次間）を乗り継ぎ木次から本線を利用することで、三次まで三時間の乗車を経て、広島まで松江より八時間で到着できたという。なお、この時期はまだ自家用車はなかった。

大正末年頃より、松江駅前の一文字屋旅館をはじめ、松江市内でも乗合自動車の開業が相次いだ。統合などを経て、一九二九年（昭和四）には松江市営乗合自動車が開業し、バス一三台で七路線を組み、日中戦争までは一日平均二〇〇〇人の乗客があったという。

普及初期の乗合自動車は、馬車や人力車に代わる存在として、また鉄道を補う存在として普及し、交通網を綿密にしていった。

63 **A型フォード**

●1931年（昭和６）　福山自動車時計博物館／写真提供

世界初の大衆車とされ1927年まで19年間生産されたT型フォードの後継車。A型モデルは1927年から同31年にかけて生産された。右ハンドルのこの車体は横浜工場で組み立てられたものと考えられる。

昭和初期になると、庶民の間にも自家用車が徐々に普及し始める。一九一九年（大正八）に二台であった松江市の自動車は、一九二九年（昭和四）に八〇台、一九四〇年に一五九台と、道路の整備とともに飛躍的に増加していった。

自動車の営業店や修繕販売店の出店も相次ぎ、たとえば美保関の三代亀太郎は一九二八年（昭和三）、乗合自動車業とともにフォード自動車販売店「旭自動車商会」を松江駅前と浜田に開業した。

参考　**旭自動車商会松江店**

●松江歴史館／写真提供

65　**ヘッドライト・値下げ札・レンチ**

●1928年（昭和３）頃　個人

64　**商標**

●1928年（昭和３）頃　個人

66　**フォード特売会の写真**

●1928年（昭和３）頃　個人

旭自動車商会時代のもの。ヘンリーフォードの肖像を描いた商標（右上）、ヘッドライト・安売りのPOP・「FORD MODEL」を刻むレンチ（左上）、1928年（昭和３）頃に浜田市殿町で行ったT型フォード特売会の様子を写した写真（左、現在の殿町交差点付近から南を写す）。

特別寄稿

三井高公が見た山陰道

下向井　紀彦

67　**中国地方自動車旅行映像（三井高公）**

●1933年（昭和８）
公益財団法人三井文庫

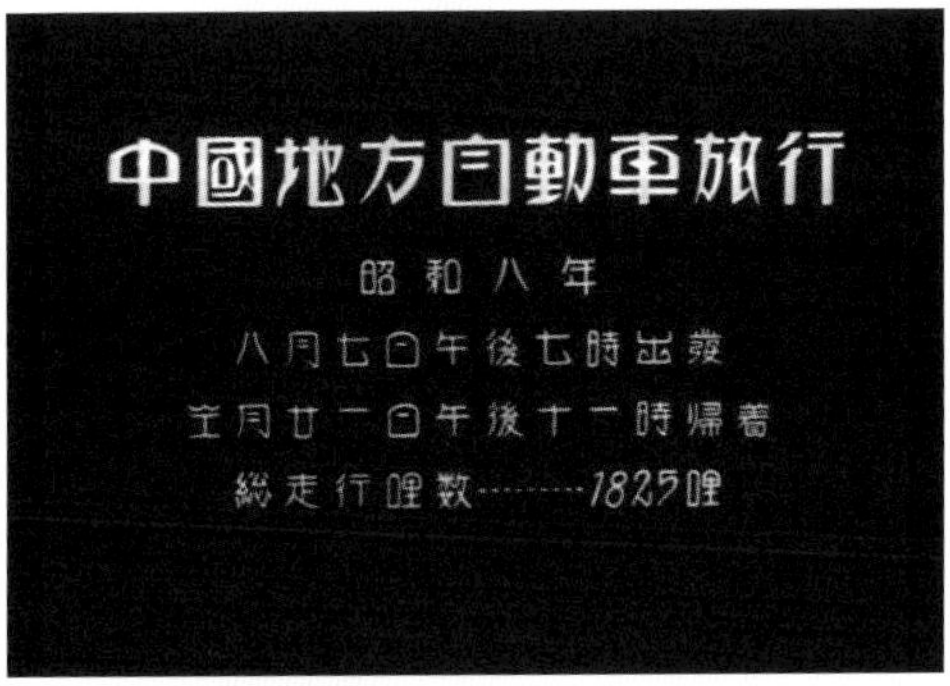

惣郷川橋梁（山口県阿武郡阿武町）付近

益田市土田付近

三井高公《みついたかきみ》（一八九五〜一九九二）は三井総領家（北家《きたけ》）第一一代当主である。高公一番の趣味は自動車であったといわれるほどの自動車愛好家で、昭和十年代には十数台の外国製自動車を所有し、自らハンドルをとって自家用車で全国をドライブしていた。

一九三三年（昭和八）八月七日から二十一日にかけて、高公は自動車愛好家仲間の松平康邦（妻の兄）・榊邦彦（医師）とともに、中国地方一周旅行を敢行した。使用車両は“Morris Oxford（1930Model 5-Seater Fabric Saloon）”である。七日夜に東京を出発して八日に京都に到着し、九日に京都を出発して琵琶湖西岸を北上して日本海側に出て、反時計回りに中国地方を一周して十七日に京都に戻り、諏訪方面を経由して二十一日深夜に東京に戻った。総走行距離は約二八八二・三三㎞、所要時間は一三四時間一一分（停車時間含む）、燃料消費量は約六六三リットルであった。

高公らは、この旅行の経由地・通過日時・区間距離・平均時速・道路概況などを記録し、旅行後に印刷・製本して小冊子としてまとめた。特に、ルート上の経由地を細かく設定し、区間の路面状況を、舗装の有無、凹凸、道幅、屈曲などの条件を勘案してA〜Eの五等級で評価し、場所によってはコメントを付していた。さらに、旅の様子を撮影した映像も残っている（写真も撮影していたようだが、現時点で三井文庫所蔵史料にこのときの旅行写真は確認できない）。以下、これらの資料から、戦前山陰地方の道路の様子と、自家用自動車旅行を概観しよう。

まず路面状況である。昭和八年段階で、山陰地方のルート上にアスファルト舗装道路（A判定）と大悪路（E判定）は無かった。おおむね「快走しえる良道」（B判定）と「普通に走行しえる道」（C判定）で、一部に「走行困難な悪路」（D判定）があった。島根県内でD判定は市原（現・益田市）から飯浦（同上）までで、「幅

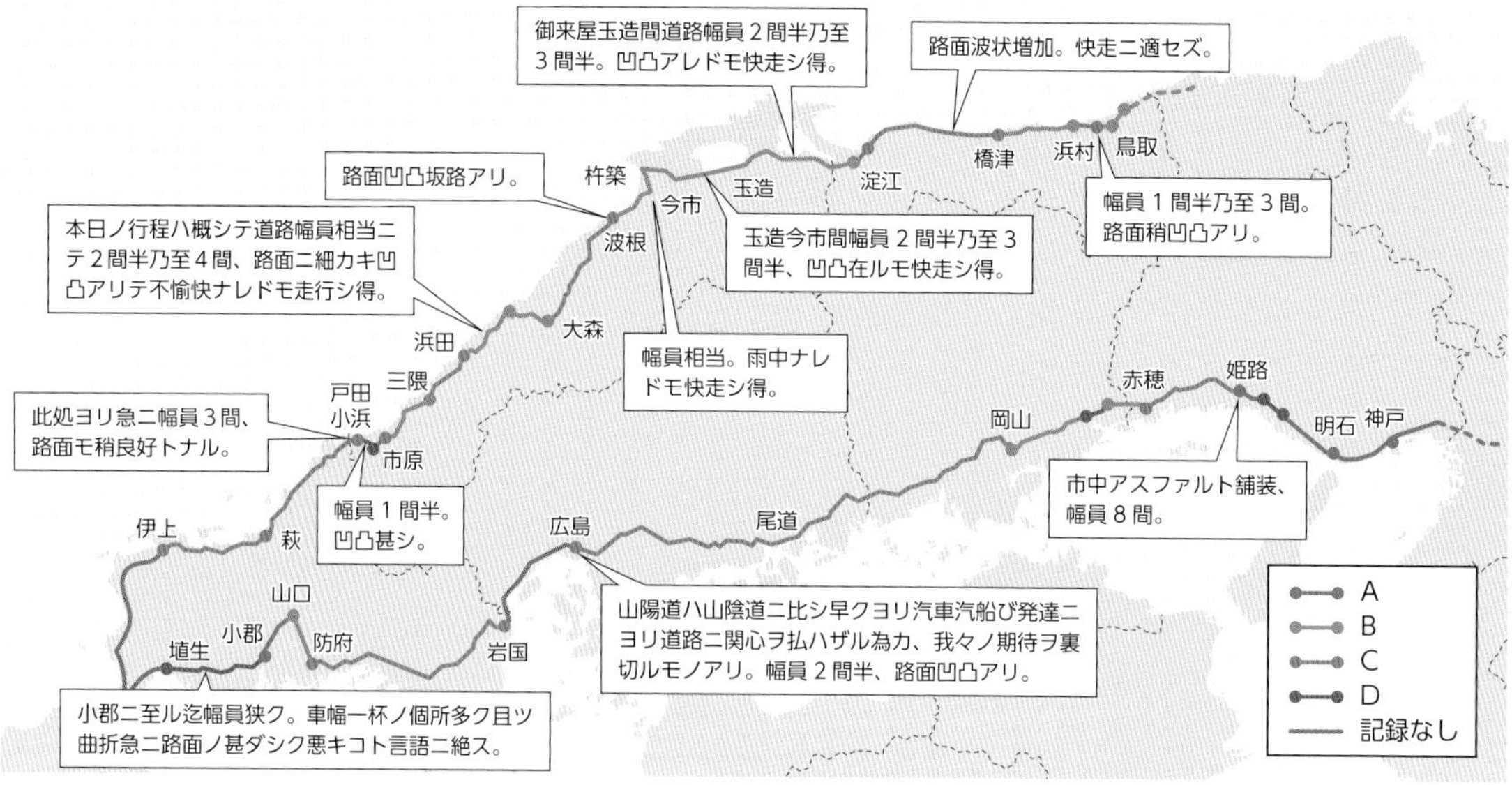

三井高公が走行した中国地方各道路の評価（1933年〈昭和８〉）

員一間半（約二・七二m、筆者註）、凹凸甚シ」という道路であった。しかし、浜田から約七四km、県境をこえると「急ニ幅員三間、路面モ稍良好」となったと記す。島根県から山口県に入った途端、道幅が倍になったのである。県ごとの道路整備の差は戦前からあったらしい。

ところで、掲載地図の「記録なし」部分は記録漏れではない。ここは下関要塞地帯・広島湾要塞地帯にあたるため、意図的に記録しなかった区間である。軍事機密に配慮しながらの国内旅行は、戦前期と現在の大きな違いであろう。

さて、彼らの旅行の目的は自家用車の長距離運転で、観光や名所巡りは副次的なものだった。それでも、日本海側では、天橋立（現・京都府宮津市）、名和神社（現・鳥取県西伯郡）、出雲大社（現・島根県出雲市）、大谷天然水族館（現・山口県萩市）などに寄っている。むしろ、休憩や車両整備などで停車することが多く、給油・パンク修理・ラジエーター水補充など頻繁に行っている。そのため、停車地点で撮られた映像がいくつか残されている。天橋立・玉造温泉・出雲大社のほか、小浜（現・福井県小浜市）付近の海岸、春来峠（兵庫・鳥取の県境）、山陰道各所（島根県の土田海岸附近・喜阿弥附近の峠道・飯浦附近、山口県の惣郷川橋梁）などである。普通の観光旅行では撮影されないであろう風景であり、往時の道路状況や景観などを垣間見られる。撮影地のいくつかは、特徴的な地形や建造物などから今昔比較も可能であり、例えば旅行前年に完成したばかりの山陰本線の惣郷川橋梁は、現在と同じ姿で映っている。

また、同行者の松平康邦は、この旅行の小冊子末尾に「山陰、山陽ノ旅ヲ終リテ」と題した旅行総括を寄稿している。彼らの旅行は夜間運転・長時間運転・悪路運転の連続で、自動車の運転から修理まで自分たちで行うなど、体力・根気・注意を要するものだったという。自家用車で二週間走り続ける旅行は、現在の感覚でもかなり大変だが、当時としてもかなり過酷な旅だったようだ。

（三井文庫主任研究員）

Chapter 4

第4章

—

制度の近代化、暮らしの近代化

近代に新しく生まれた交通や旅と関わる制度として、陸上輸送と学校教育を取り上げ、島根で見られた近代化の一端を紹介する。

江戸時代に飛脚が担っていた小荷物や書簡類の運送は、近代になり、再編された新たな組織によって行われる。松江藩政下に城下で飛脚業を営んでいた原家を取り上げ、現在の日本通運松江支店まで続く流れを紹介する。

学校教育は、旅行や観光のあり方を変えた制度でもあった。明治時代以降、人生の節目の旅行として行われたのが修学旅行である。近代学校制度により成立した修学旅行は、江戸時代とは異なる一種の通過儀礼としての役目を果たし、また交通の発展とともに多様化していった。

4-1 小荷物運送の近代化
―飛脚業から日通松江支店へ

◆松江藩の飛脚

飛脚は、江戸時代の運送制度としてよく知られているが、幕府の公用文書を江戸から主要都市間に送達する継《つぎ》飛《ひ》脚《きゃく》をはじめ、諸大名が江戸藩邸と国元との通信を行うために整備した大名飛脚、民間経営の町飛脚と、複数存在した。

松江藩領内には「七《しち》里《り》飛《び》脚《きゃく》」と「三《さん》度《ど》飛《び》脚《きゃく》」があった。七里飛脚は松江藩の大名飛脚で、江戸と国元松江間の街道沿いにおおよそ七里（約二七km）ごとに専用の飛脚を設置し、書状や荷物を継ぎ送った。これに対し三度飛脚とは、松江と上方（大坂・京都）間の運送を担う民間の町飛脚であり、藩や民間の文書や小荷物を請け負った。

◆民間の町飛脚「三度飛脚」

三度飛脚の呼称は、月に三度往復することに由来している。三度飛脚は独占的な営業権をもった複数の飛脚屋による仲間組織であり、彼らは経営的には独立しつつも、協同で運営した。領内では松江城下の白潟に存在していたことが知られている。

民間の人々による遠方との定期的な通信や荷物運送を可能にした三度飛脚は、江戸時代後期の地方の経済・文化の発展に少なからず寄与し、またその需要は幕末にかけてますます高まっていった。

◆飛脚業から日通松江支店へ

明治維新を迎え、飛脚に変わる存在となったのが、内国通運会社である。松江城下の三度飛脚に加入していた原家は、明治に入ると同社松江分社を設立し、運送業を引き続き行った。その後も、汽船を購入しての運送や、開業した松江駅に乗り入れて小運送業を行うなど、交通機関の近代化とともに、業務形態を変えながら代々運送業を営んだ。昭和になると、松江合同運送株式会社や日本通運松江支店の経営を行った。

68 | 三度飛脚定書

●1842年（天保13）　越智小百合氏（松江歴史館寄託）［松江市指定文化財］

三度飛脚仲間の取り決め書。藩の法令を遵守し他国への移出禁止品を取り締まること、藩や藩士、寺社、村・町からの荷物を当番が定日に運送すること、京・大坂への運送については病気や道中での支障があったとしても定日を厳守すること、運賃の増徴や減額などを行わないこと、などが取り決められた。原家は、これより10年前の1832年（天保3）より三度飛脚に加入していた。（→117頁）

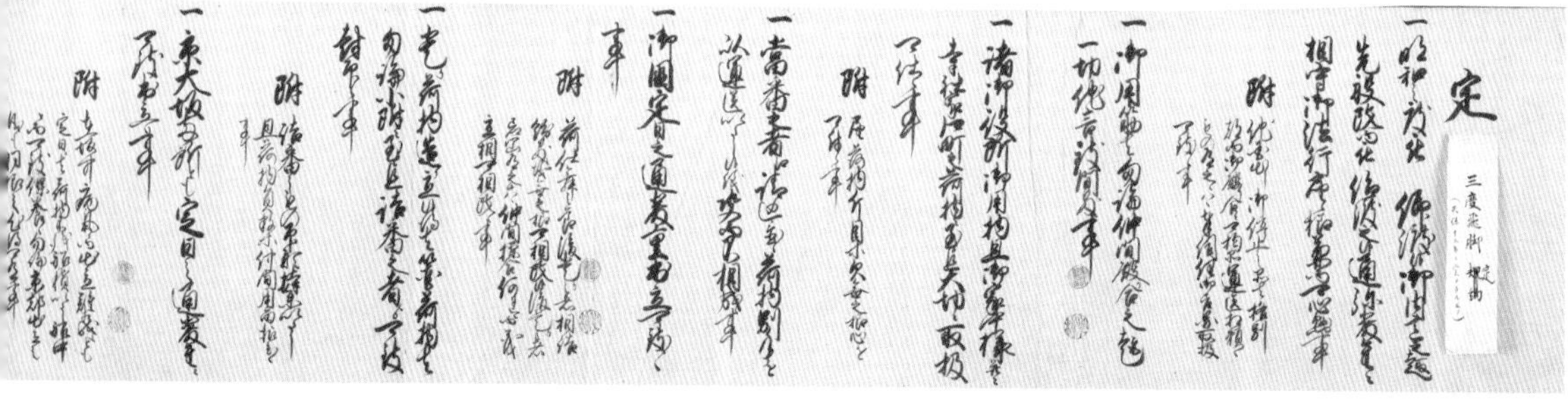

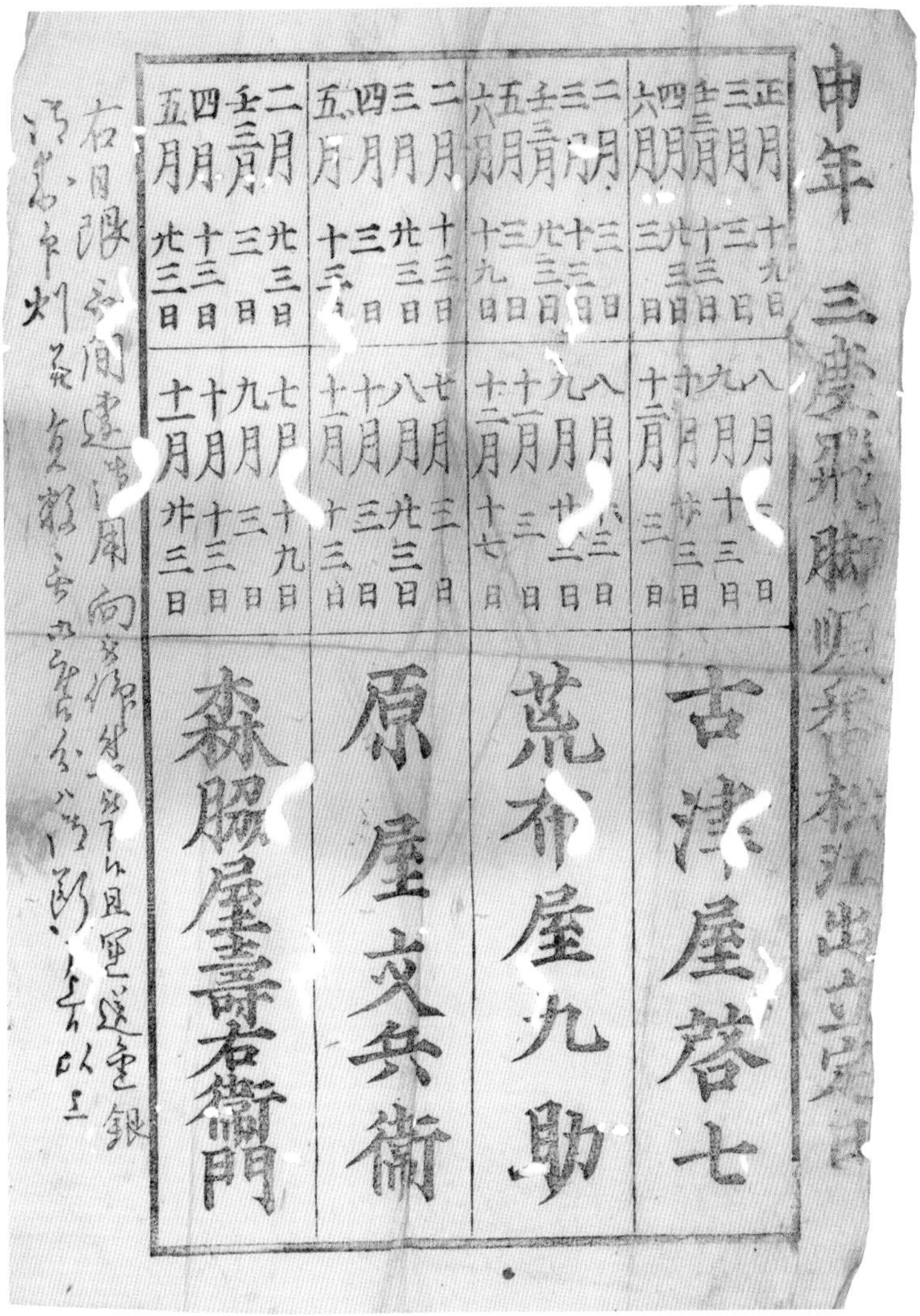

69　**三度飛脚の引札**

●1860年（万延元）　須我神社

飛脚屋ごとの松江の出立日を記載した引札（広告チラシ）。当時の運送間隔や出立の順番などを知ることができる。日付を見ると、出立日は、毎月3日、13日、23日と3の付く日を原則としており、これを古津屋→荒布屋→原屋→森脇屋の順番で回していることがわかる。この出立定日が例年の慣行であったとすれば、12月17日の次は年明け正月19日となり、年末年始は約1ヶ月間上方方面への出立がないことになる。このあたり、実態はどうだったのであろうか。白潟だけでなく末次にも同様の組織が存在していた可能性もあるが、今のところ詳細は不明である。

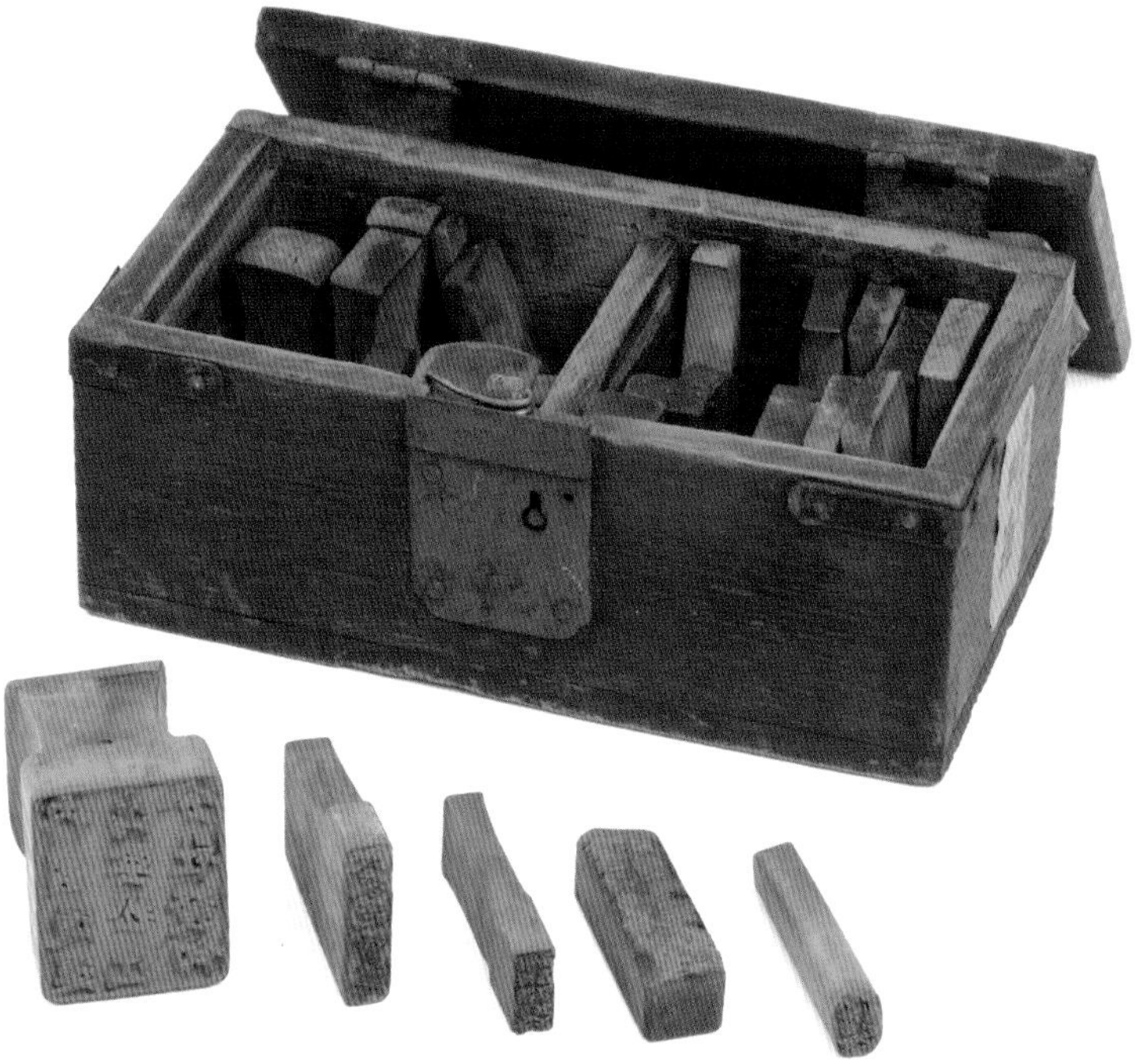

70 **印判箱（印判入）**

●19世紀後半（明治時代前期）　越智小百合氏（松江歴史館寄託）［松江市指定文化財］

内国通運会社松江分社時代の印判。社印のほか「大阪ヨリ蒸気積」など帳簿押印用の印判も見られる。

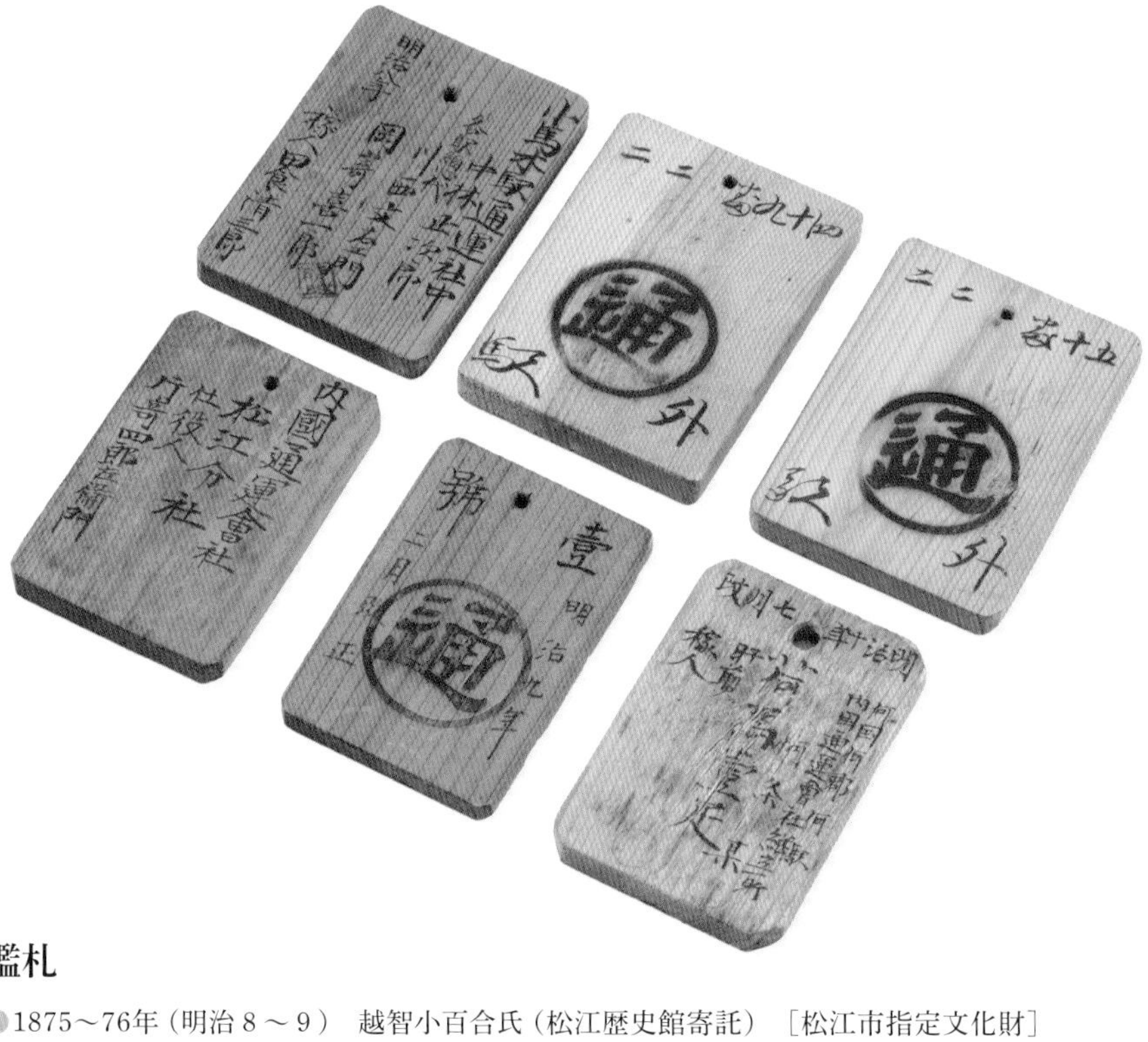

71 **鑑札**

●1875〜76年（明治８〜９）　越智小百合氏（松江歴史館寄託）［松江市指定文化財］

内国通運会社の人馬であることや、同松江分社社員であることを示した鑑札（証明書）。

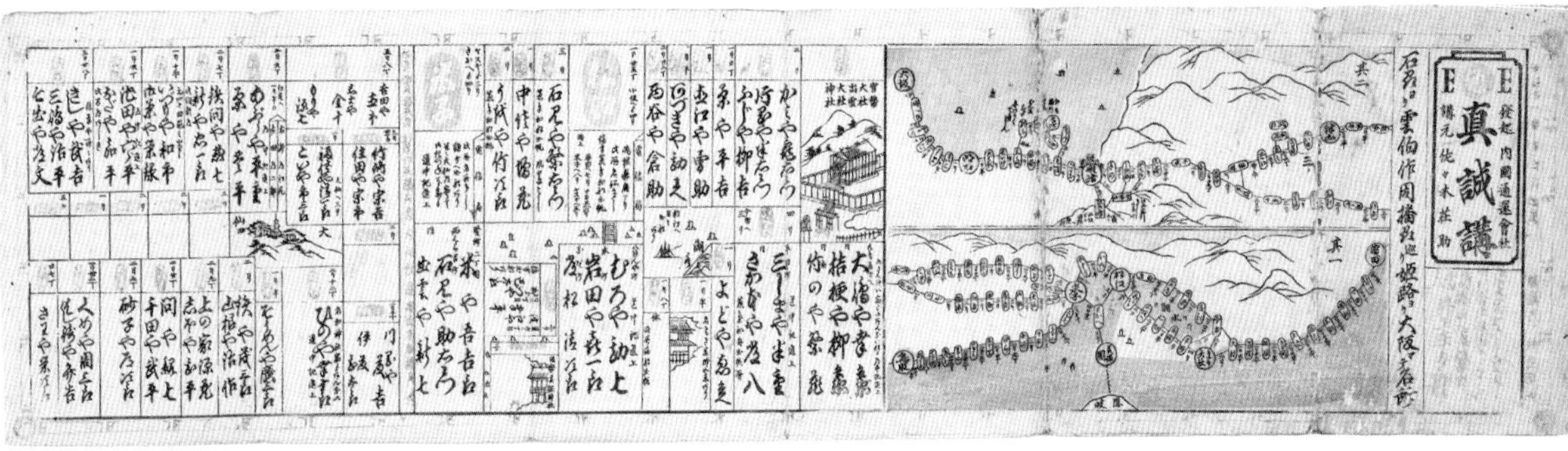

72　**真誠講《しんせいこう》旅行案内**

●19世紀後半（明治時代前期）　越智小百合氏（松江歴史館寄託）［松江市指定文化財］

真誠講とは内国通運会社発起の旅宿組合である。旅行案内宿として、手荷物の継ぎ送りなども行うなど、江戸時代の御師（→78頁）にかわる役割も担った。

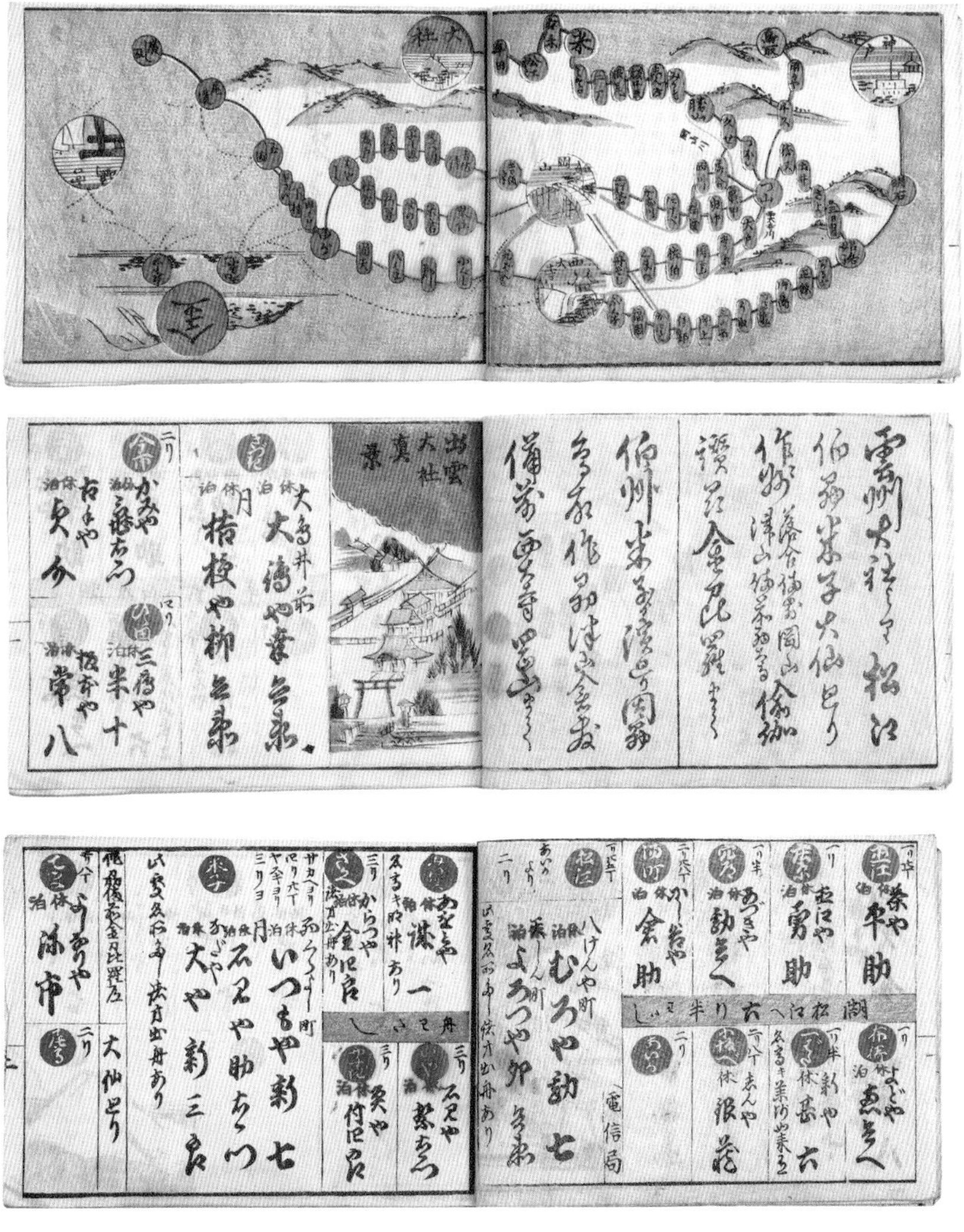

73　**真誠講案内**

●1883年（明治16）頃
当館

杵築－米子間には、松江のほか今市・平田・直江・庄原・宍道・湯町・布崎・揖屋・安来・美保関に真誠講加入の休泊宿があったことがわかる。

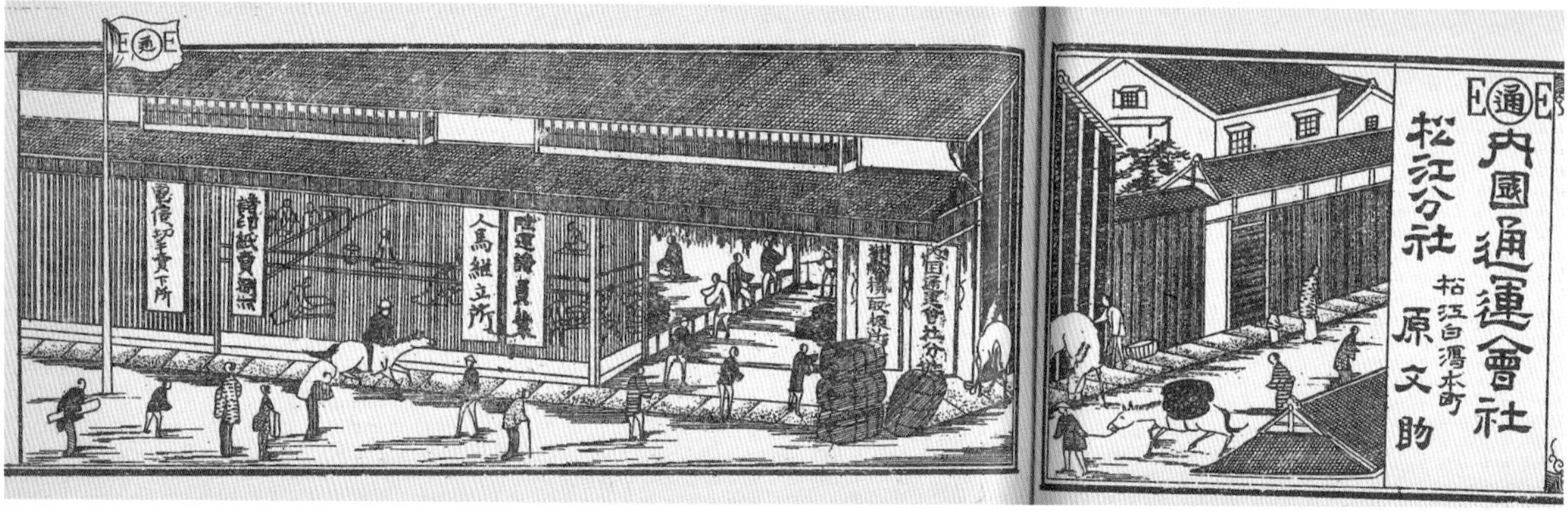

参考　『山陰道商工便覧』（復刻版）

●1887年（明治20）初版　島根県古代文化センター写真提供

「内国通運会社分社」「陸運請負業」「人馬継立所」「諸印紙売捌所」「電信切手売下所」の看板がみえる。

74　内国通運会社松江派出所看板

●1885年（明治18）頃
越智小百合氏（松江歴史館寄託）［松江市指定文化財］

松江派出所時代の看板。郵便御用業務はそれまで内国通運本社から委託を受けた分社（原家）の業務であったが、この頃になり、本社は直営化するため現地に派出所を設置した。

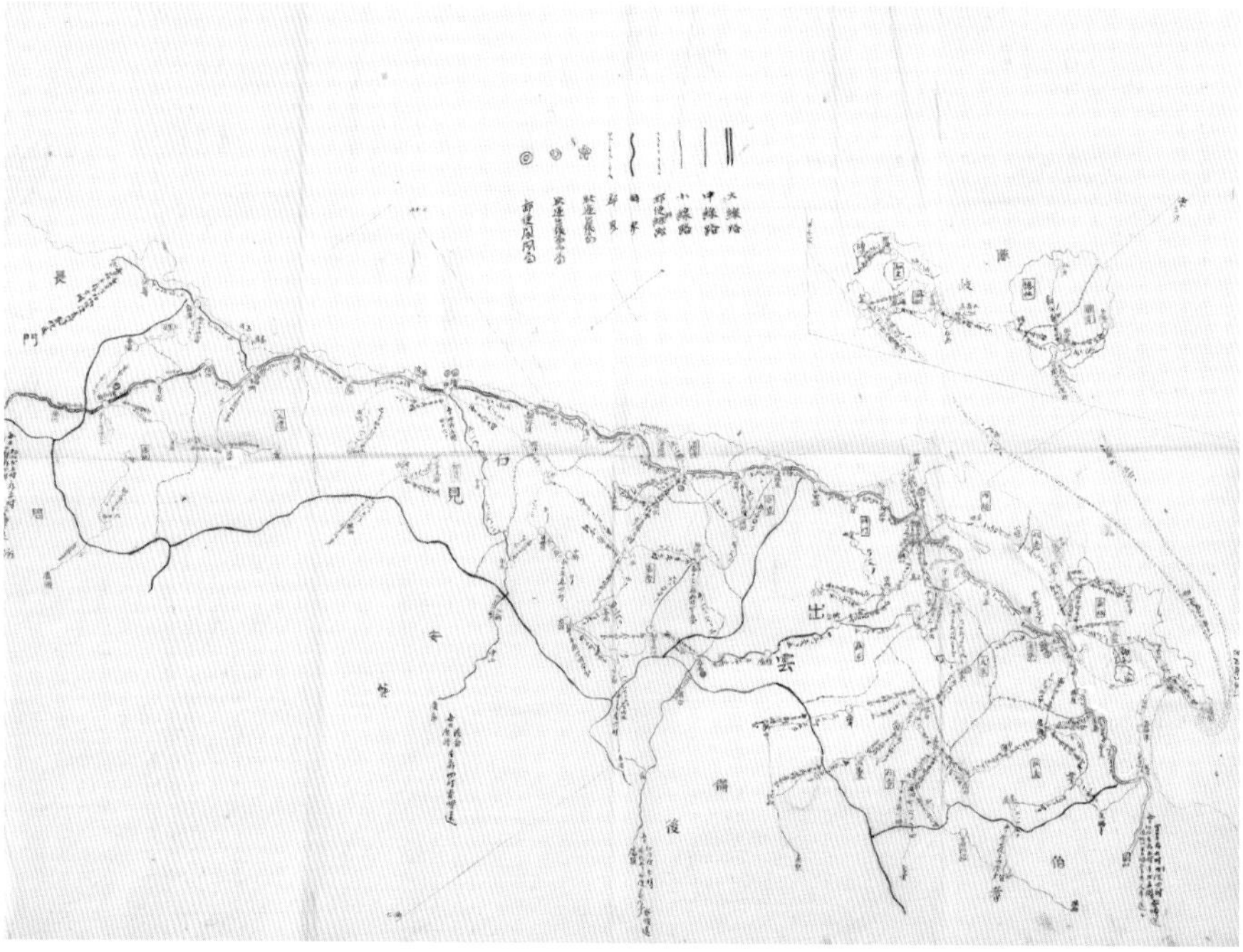

75　郵便線路図

●1885年（明治18）頃　越智小百合氏（松江歴史館寄託）［松江市指定文化財］

郵便の線路とともに、出立の日時・間隔が記されており、当時の郵便配達事情がよくわかる。

参考

原文運送店写真

●（上）1909年（明治42）、（下）1912年（明治45）　個人（松江歴史館寄託／写真提供）

上は、松江駅開業直後に、駅前に開設した原文運送出張所を写す。写真の裏書によれば、ここに写る荷物は布志名焼高麗筒火鉢、襤褸《ぼろ》（ボロ切れ）などであるという。下は、本家（向かって右側）を新たに建設した際の写真。右端には「内国通運株式会社取引店」「鉄道院小荷物手荷物配達取扱所」「鉄道院速達便貨物取扱所」の看板が映る。

76　**原文運送ハッピ**

●1937年（昭和12）以前
越智小百合氏（松江歴史館寄託）
［松江市指定文化財］

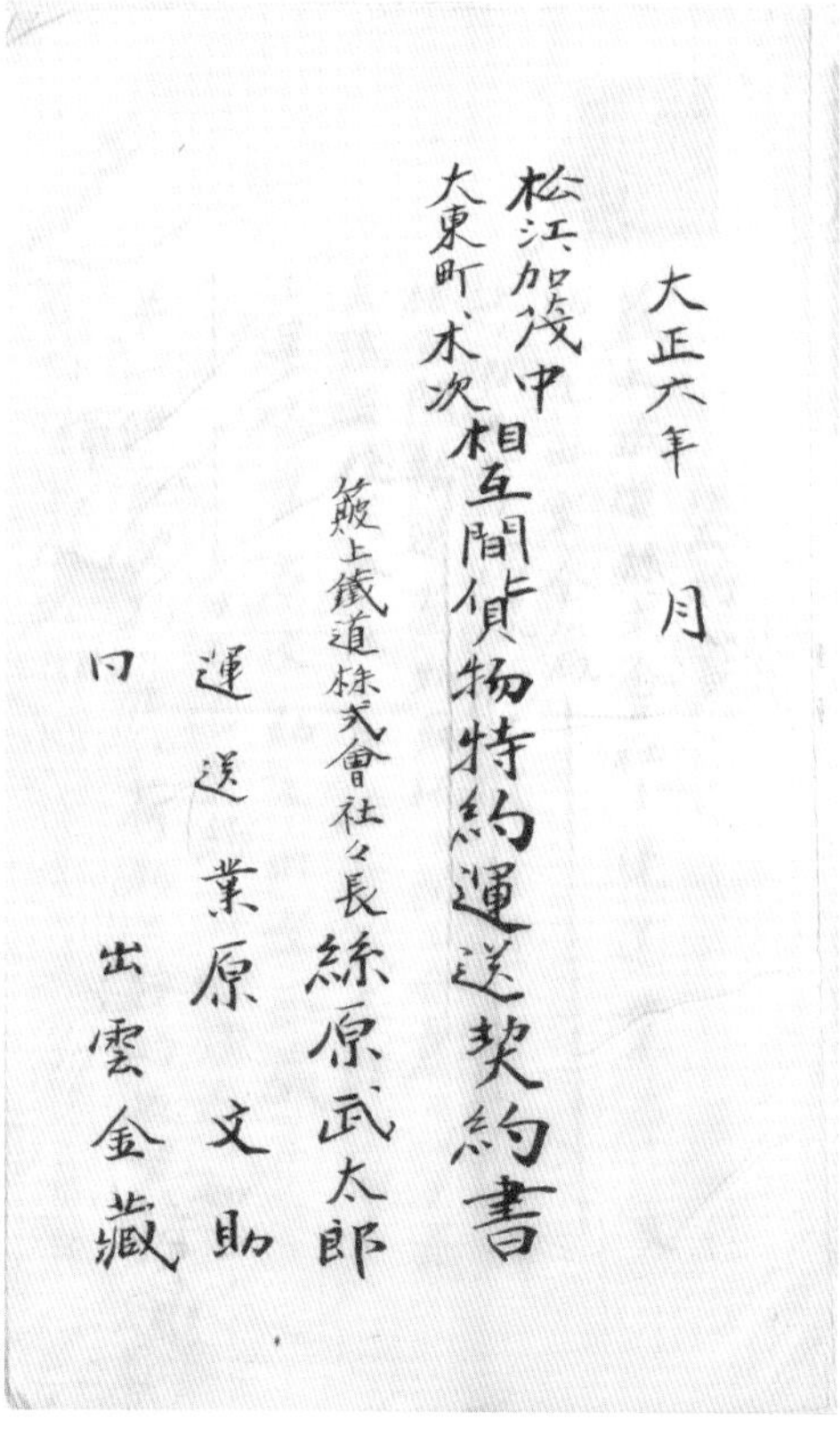
大正六年　月
松江、加茂中
大東町、木次
相互間貨物特約運送契約書
簸上鐵道株式會社々長　絲原武太郎
運送業　原　文助
同　出雲金藏

77　**松江・加茂中・大東町・木次 相互間貨物特約運送契約書**

●1917年（大正６）　個人（松江歴史館寄託）

松江の運送業者（原文助・出雲金藏）と簸上鉄道株式会社との間で結ばれた松江－木次間運送の特約契約書。松江－宍道間の官設鉄道路線に簸上鉄道の貨物車を貸切扱いで連結し、原・出雲両家の集荷した荷物を簸上鉄道名義で運送しようとするもの。松江－宍道間を湖上汽船・和船で運ぶという旧態の運送効率の悪い形態を改善する試みであった。ただし、この契約は、上り（簸上鉄道沿線での集荷）荷物が十分集まらず、また官設鉄道路線貸切運賃代も嵩んだことにより、一年ほどで解消されたという。鉄道開通後も運賃等の問題から依然として舟運が利用されていたことなど、当時の貨物運送の実態がうかがえる事例である。

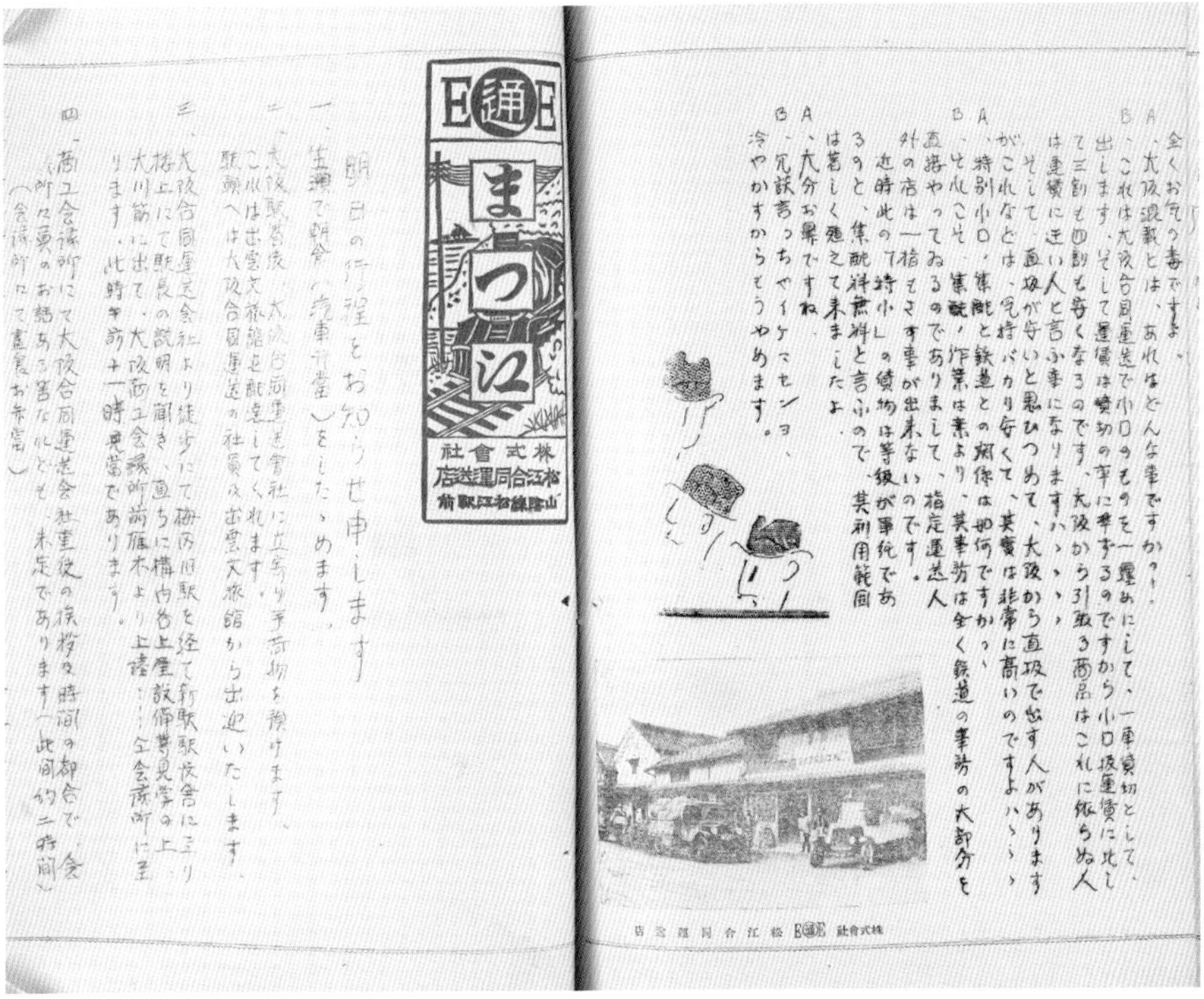

78

合同運送参宮旅行案内

●１９２９年（昭和４）　個人（松江歴史館寄託）

松江合同運送店が企画した松江商工業者らの団体旅行で配布されたもの。大阪での商工見学と伊勢参宮をセットで行うもので、当時流行していた団体旅行の一形態といえる。大阪では、商工会議所・ゼネラルモーター社・大阪毎日新聞社見学が予定された。旅程だけでなく「車中会話」と題して合同運送の仕組みなどについても説明しており、趣向を凝らしている。（→117頁）

79

日本通運株式会社指定店看板

●１９３７～４３年（昭和12～18）頃　個人（松江歴史館寄託）

日本通運株式会社時代（１９３７年〈昭和12〉以降）のもの。鉄道省は１９２０年（大正９）より１９４３年（昭和18）まで存在していた。

4-2 通過儀礼の近代化
—伊勢参りの流行と修学旅行の登場

◆庶民の旅と伊勢参り

江戸時代は、庶民による社寺参詣の旅が隆盛を迎えた時代である。庶民の旅では講が組まれ代参《だいさん》が行われた。旅の講とは村などにおいて同じ信仰を持つ人々による集団のことであり、また代参とは講で積み立てた資金を預かり代表で参詣する行為である。

中でも伊勢参りは「一生に一度はお伊勢さん」と言われ、全国で伊勢講が結成されて多くの参詣者が訪れた。伊勢参りの目的は、信仰の旅にとどまらず、諸国周遊により見聞を広げる意味合いもあった。参詣者は御利益とともに、旅先で得た多くの知見を村へ持ち帰った。

◆島根から行く伊勢参り

県内に残る旅日記も、多くが伊勢参宮を目的としたものである。彼らは、伊勢参りとセットで京・大坂見物や、西国三十三所巡礼も行った。一八世紀後半頃から目立つのが、伊勢参宮の前後に讃岐金刀比羅宮や安芸宮島へも訪れるパターンである。大坂発金刀比羅行の渡海船は毎日出航し、また行き交う商船（廻船）も増えるなど、この傾向は、当時の交通の発展とも深く関係しているとみられる。中には島根から廻船に便乗して長期の旅に出る者も確認できる。

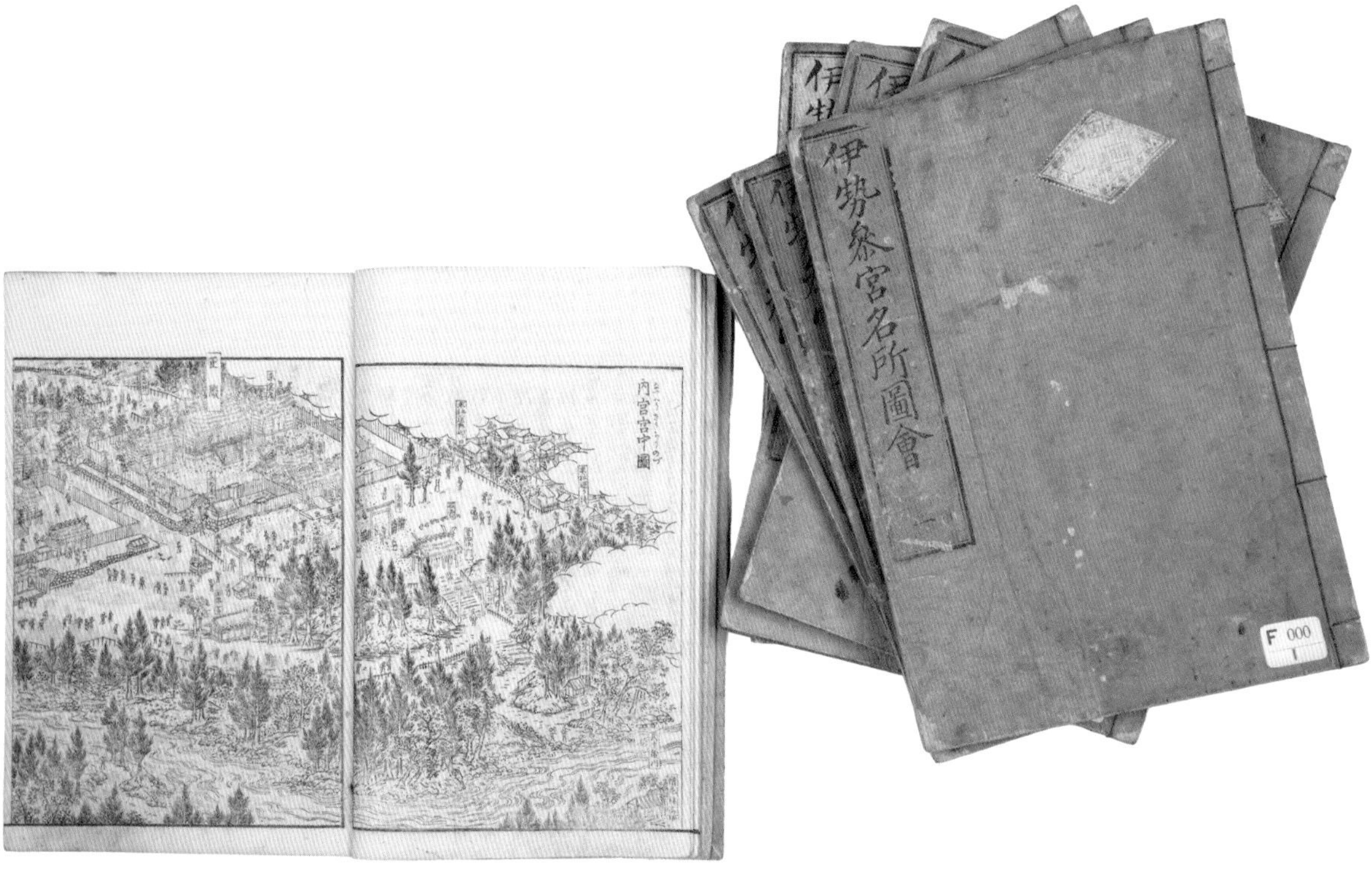

80 **伊勢参宮名所図会**

●1797年（寛政９） 当館

18世紀末には、諸国の地理案内書が数多く出版された。本作品もその一つで、京都の三条大橋から伊勢までの街道の様子や祭礼等を、多数の挿絵とともに紹介する。伊勢参りは江戸時代の庶民の旅の代表的存在で全国で盛んに行われた。島根にも18世紀以降の伊勢参宮の旅日記が多数残っている。

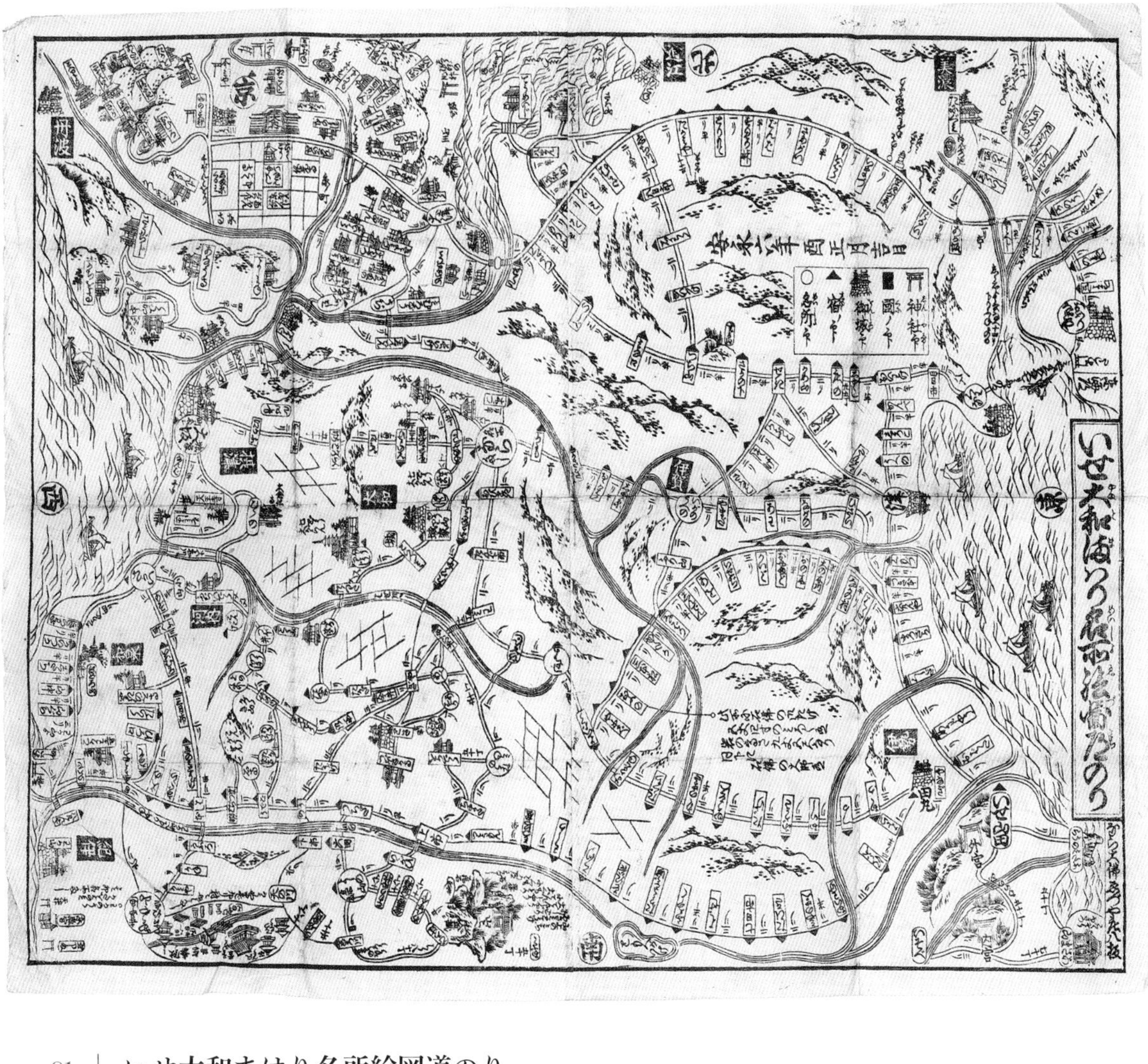

81　**いせ大和まはり名所絵図道のり**

●1777年（安永６）　個人（当館寄託）

畿内から伊勢にかけての道と名所・神社・宿などを示した絵図。旅行者は、こうした絵図のほか「道中記」と呼ばれる道中の宿場、里数、名所旧跡、旅宿などを記した旅行案内書を携行した。

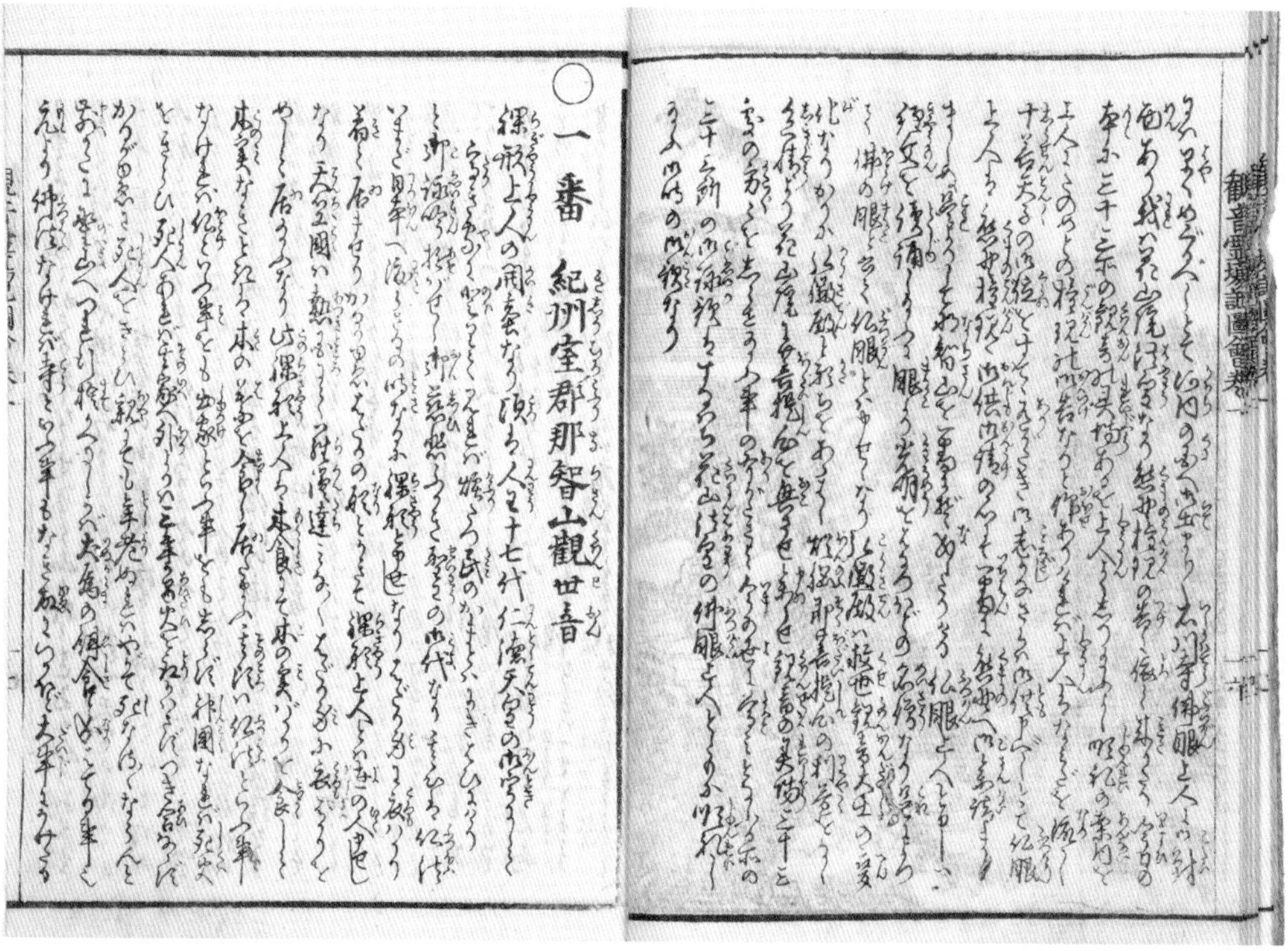

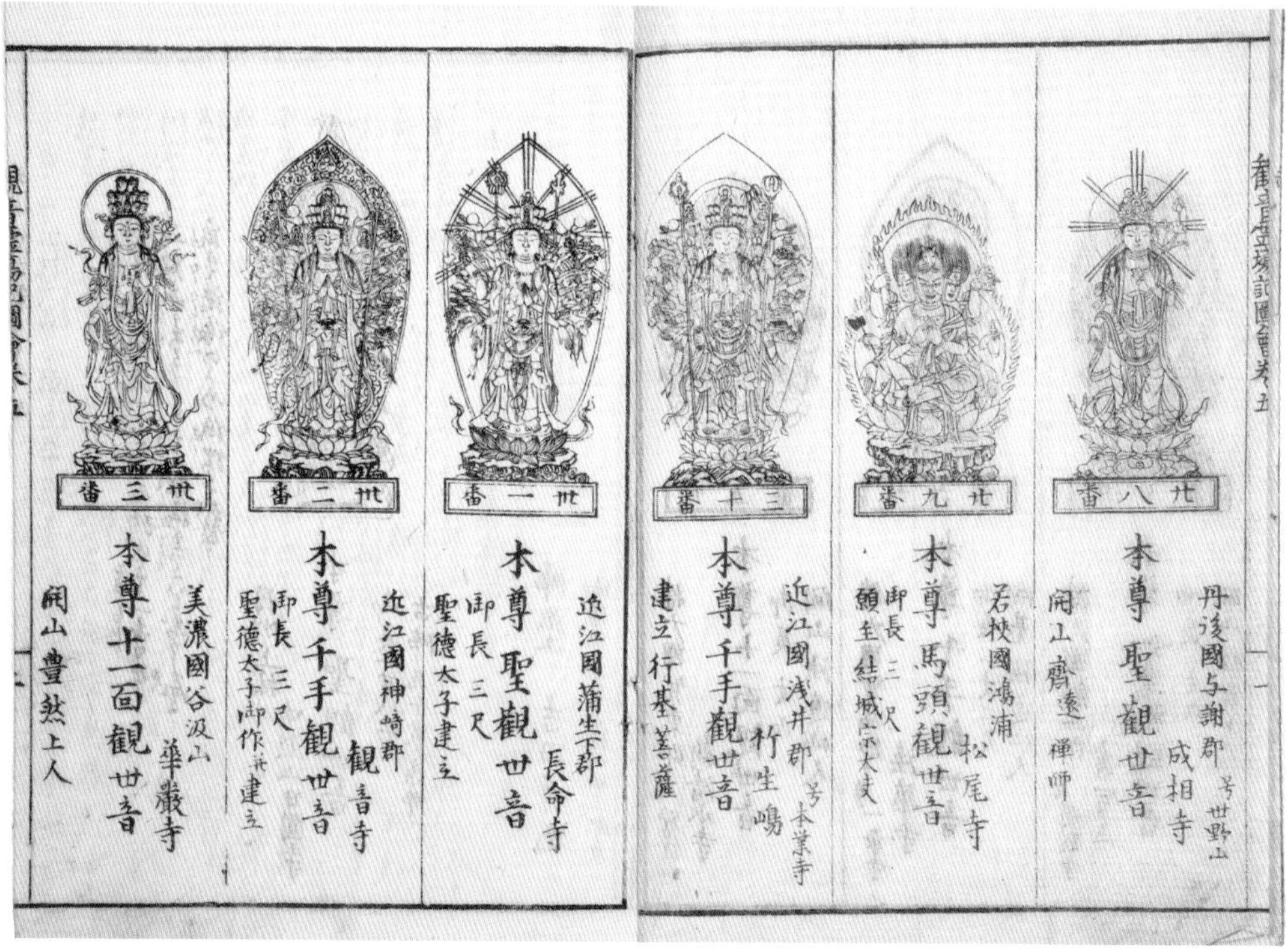

82　**西国三十三所観音霊場記図絵**

●1845年（弘化2）　当館

西国三十三所（畿内と美濃の33ヶ所の観音霊場）の縁起集。平安末期に出現した西国三十三所巡りは、各地の名所もあわせて見物できたため、近世、特に後期の西国においては伊勢参りに次いで人気が高かった。

◆出雲札《ふだ》の流行

江戸時代の出雲では、出雲国内三十三所の霊場を巡る「出雲札」が行われた。その成立は定かではなく、今のところ一六四六年（正保三）の記録が最も古い。一八世紀後半頃より巡礼路の整備が付近の村人らによってなされていったという。

ところで、江戸時代後期、松江藩は領民の他国参詣を禁止した。参詣にともなう物見遊山や富興行への参加を取り締まるためであった。この禁令は少なくとも一八〇五年（文化二）から約三〇年間の長期にわたった。

この時期に流行したのが出雲札であった。出雲札は、禁止された他国参詣に代わる行為として盛んになったと考えられる。また、出雲国外からの巡礼者も数多くみられた。

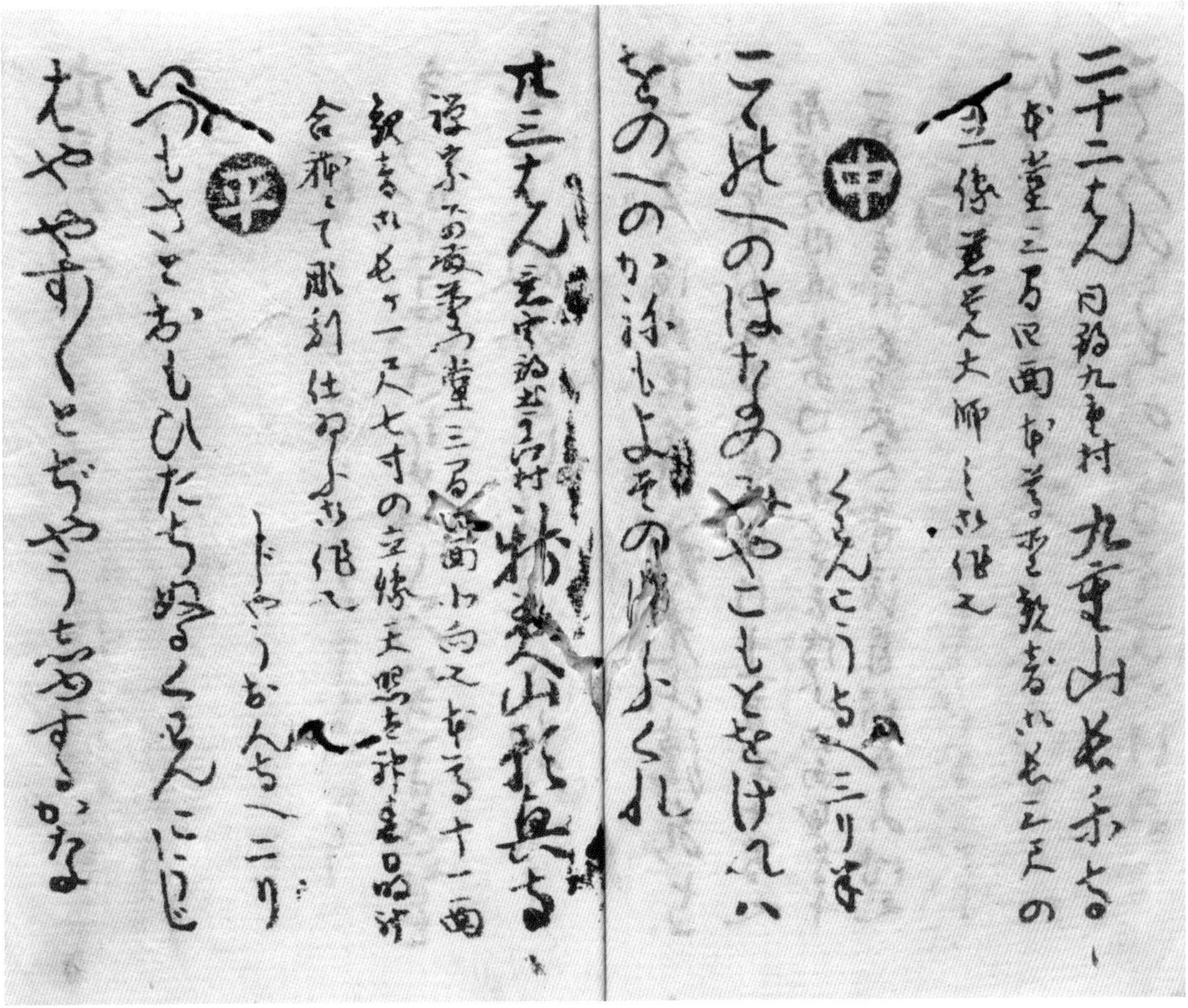

84　**出雲国三十三所札所めぐり**

●1824年（文政７）　当館

出雲札三十三所の所在、山号・寺名、観音堂の規模、路程の距離などを紹介する。携帯に便利で実用的な、手のひらに収まるコンパクトな案内本。

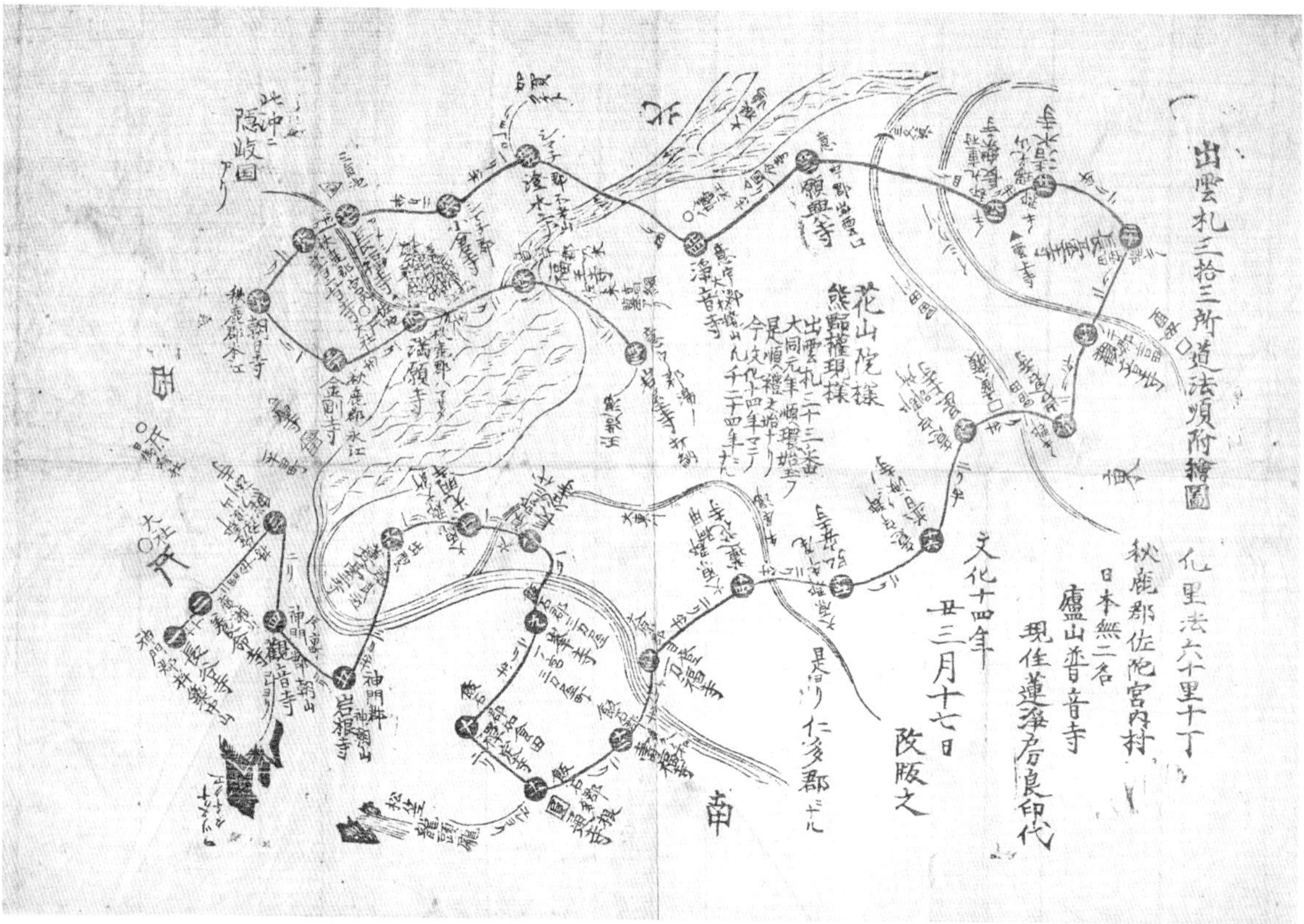

83 | **出雲札三拾三所道法《みちのり》順附絵図**

●1817年（文化14）　当館

出雲札三十三所の順路図。大まかに描いた地形に、順路沿いの名所旧跡を記す。本図作者の蓮浄坊良印は、当時佐陀宮内（松江市鹿島町）にあった旧第28番普音寺の僧。

◆鉄道による旅の変化

明治時代に入り鉄道が広がってもなお、庶民の旅の内容そのものは江戸時代からさほど変わらず、例えば旅のルートは徒歩に限られた時代と概ね同じであった。

他方、移動時間の短縮や、発着時刻に規定される行動などは、鉄道がもたらした変化であった。また、団体旅行も近代交通機関が生み出した新たな旅の形態として、大きな展開をみせた。

◆通過儀礼の近代化

団体旅行の代表的な存在が修学旅行である。近代教育制度の中で生まれた修学旅行は、江戸時代以来の旅のあり方を大きく変えた。子どもたちは、修学旅行によって初めて郷里を離れ、知らない文化や文明を体験した。汽船や鉄道もまた単なる移動手段ではなく、そうした体験の一つとして彼らの心に刻まれた。江戸時代の代参が一つの通過儀礼的な意味を含んだとすれば、修学旅行は近代的な通過儀礼であったともいえる。

◆島根修学旅行史

島根県内の修学旅行は、尋常師範学校にはじまった。一八八九年（明治二二）の事例が最も早く、当初は「気質鍛錬」の醸成を目指す軍事教練・行軍型の旅行であった。尋常小学校でも同様に、軍人体験や演習実見が行われた。

一九〇一年（明治三四）の文部省令により修学旅行からこうした要素が分離したこと、そして山陰ではその翌年から鉄道延伸が進んだことにより、島根県内の修学旅行は、この頃より京阪神などの先進地への見学を目的とする旅行へと移り変わっていった。

鉄道の利用は、体力的に困難だった女学生や低学年の子どもたちの県外旅行をも可能にした。たとえば、山陽側へ向かう場合、県東部からであれば徒歩二日を要する難所四十曲《しじゅうまがり》峠を越える必要がなくなった。

大正時代後半には、伊勢参宮や伏見桃山御陵巡礼、満韓行きなどが登場し多様化する。日中戦争以降に規模縮小されるまでの修学旅行は、学生らの代えがたい経験を得る機会となっていた。

85　新式旅行案内　旅のしるべ

1909年（明治42）　米子市立山陰歴史館

大阪毎日新聞社発行の付録。鉄道の利用規則をはじめ、日本全国の鉄道路線の発着時間や料金表、乗り継ぎを掲載した、「新式」旅行のための案内書。当時、類似の案内書は多数刊行され、江戸時代に多く作られた道中記に代わる存在として普及していった。

86

修学旅行日記

●1893年（明治26）
島根県立大学松江キャンパス図書館

島根県尋常師範学校２年生が行った修学旅行の体験日記。６泊７日で三瓶原の軍事演習の見学を兼ねたもので、一日に30㎞以上歩く過酷な旅程であった。修学旅行黎明期によく見られた形態といえる。所感には「今回ノ修学旅行ハ、始ヨリ期スル如ク、許多《あまた》ノ難儀ニ遭遇シ、数多ノ辛苦ヲ嘗《な》メ、毎日ノ行程ハ八九里以上（帰休日ハ除ク）ニシテ、着宿ハ多クハ夜ニ入リ就褥《しゅうじょく》遅ク、起床早ク昼間ノ疲労ヲ治スルコト能《あた》ハス」と過酷な日程に相当疲労困憊《こんぱい》した気持ちが綴られている。なお、筆者は当時20才だった奥原碧雲（→75頁）。

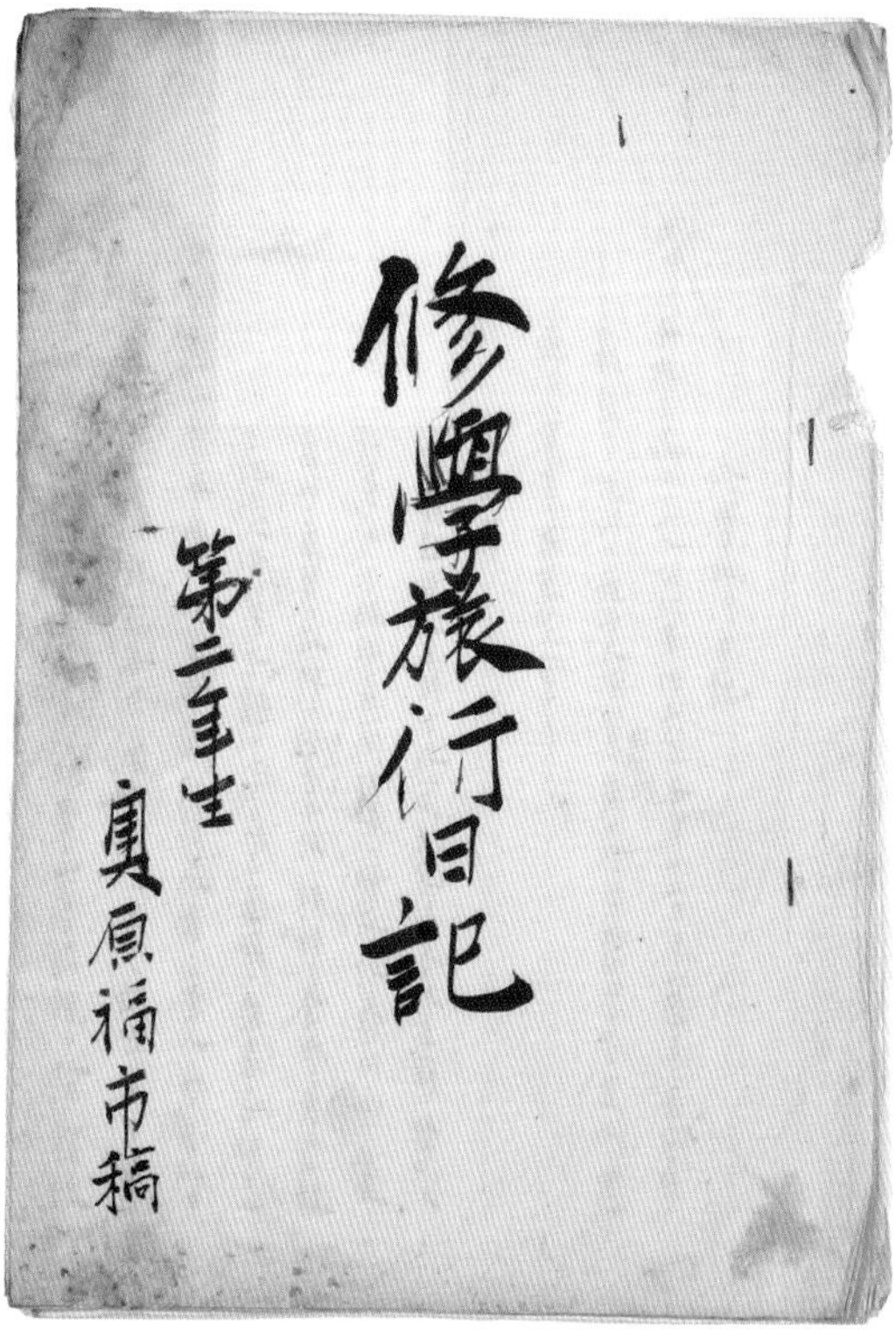

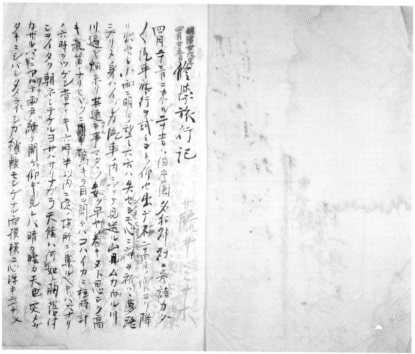

87

鳥取県名和神社参拝旅行記

●1903年（明治36）　松江市

松江高等女学校の女学生による修学旅行記。行き先は名和神社（鳥取県）。汽船と前年に開通したばかりの鉄道を乗り継ぐ日帰り旅行であった。初めて鉄道に乗車する14歳の気持ちが綴られる。（→118頁）

◆旅行・観光と教育者

奥原碧雲《おくはらへきうん》（一八七三―一九三五）は松江市秋鹿《あいか》町出身の詩文家・教育者・郷土史家。早くから『明星』をはじめとする文芸誌に短歌や紀行文を投じるなど、明治期の山陰文壇を代表する存在として知られる。

他方、碧雲は小学校校長などを歴任した教育者でもあり、また郷土史家としても精力的に活動した人物でもあった。

島根県尋常師範学校卒業後、教員となった碧雲は、学校経営に活かそうと、さまざまな視察巡見を行っている。郷土の地理や歴史の調査にも力を注ぎ、こうした活動のなかで、地誌や観光案内を数多く執筆した。これらは主に、観光客ら県内来訪者の便宜を図ることを目的とするものであった。

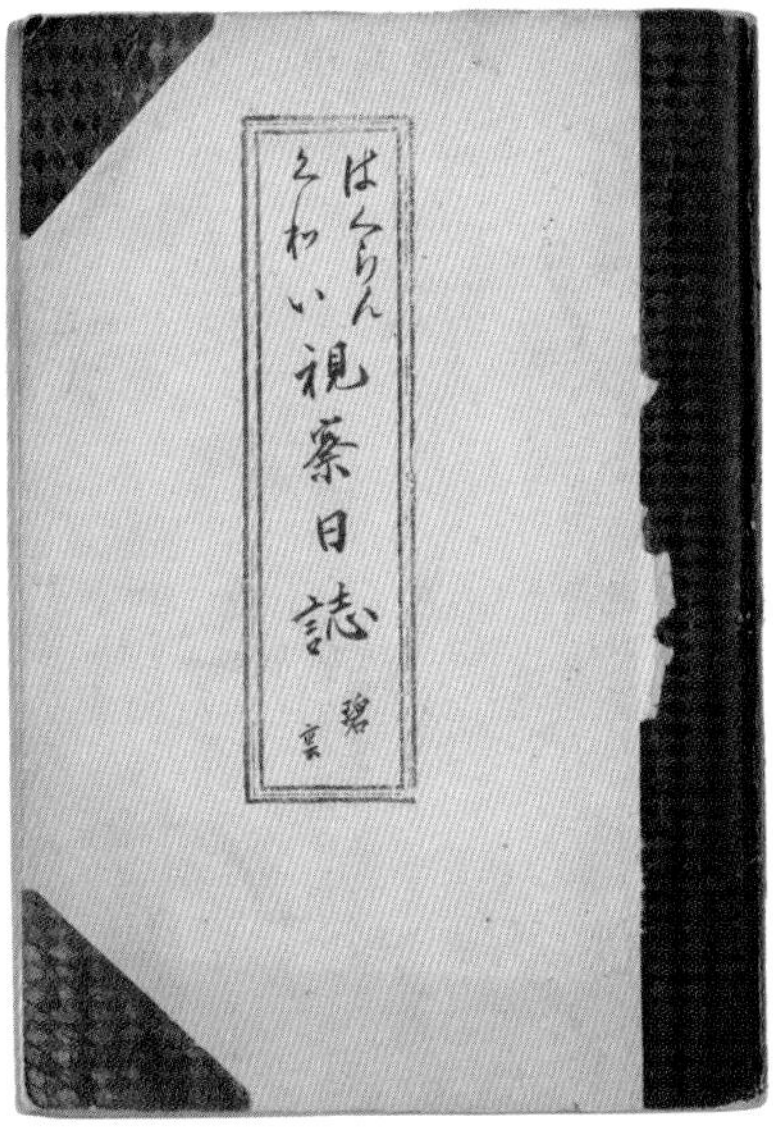

88　**はくらんくわい視察日誌**

●1903年（明治36）頃　中西良幸氏

尋常高等小学校校長時代の博覧会視察日誌。２週間の旅程で大阪で開かれた第五回内国勧業博覧会などを視察した。往路には舞鶴−境航路（→82頁）を利用した。

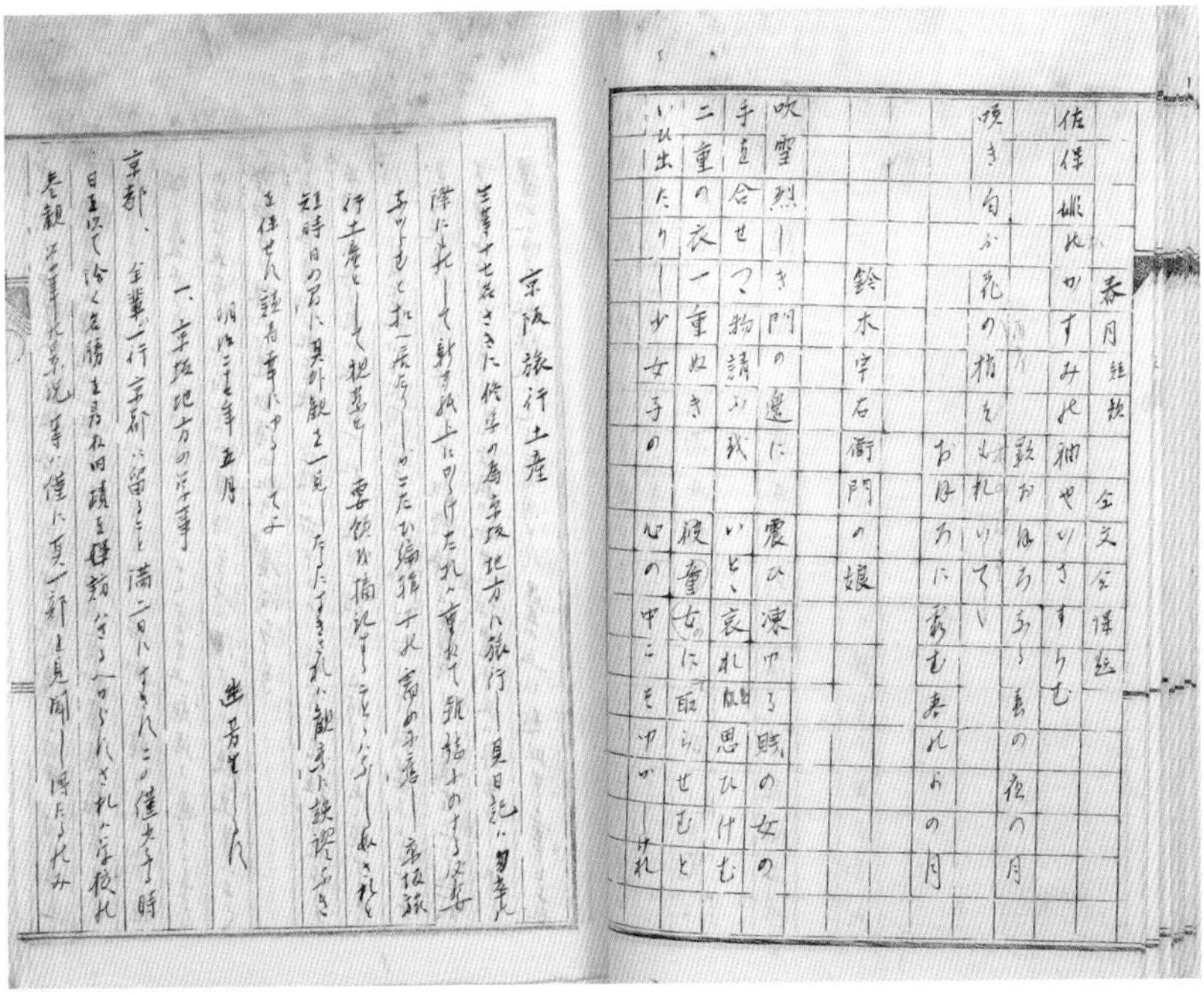

89　**京阪旅行土産**

●1894年（明治27）　島根県立大学松江キャンパス図書館

教育者として初めての研修旅行。京阪各地の学校を見学し、島根県の実態との比較を書き記す。

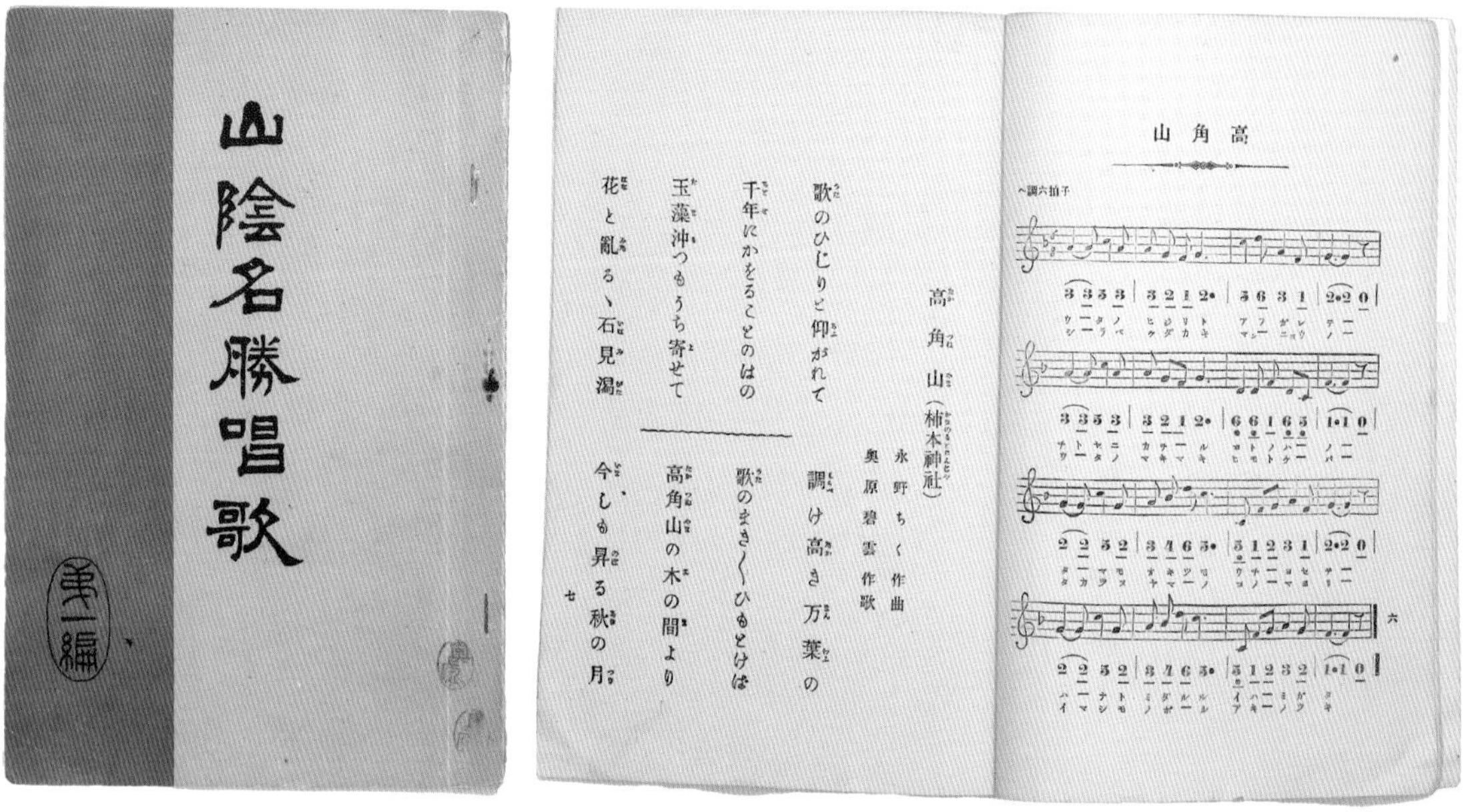

90 **山陰名勝唱歌（第一編・第二編）**

●1908～09年（明治41～42）　島根県立大学松江キャンパス図書館

山陰名勝地を歌った唱歌集全二編。松江・美保関・富田城址・出雲大社・三瓶山・高角山（柿本神社）など収録唱歌のほとんどが奥原碧雲作歌である。碧雲は児童向けの唱歌や校歌を多く手がけた。

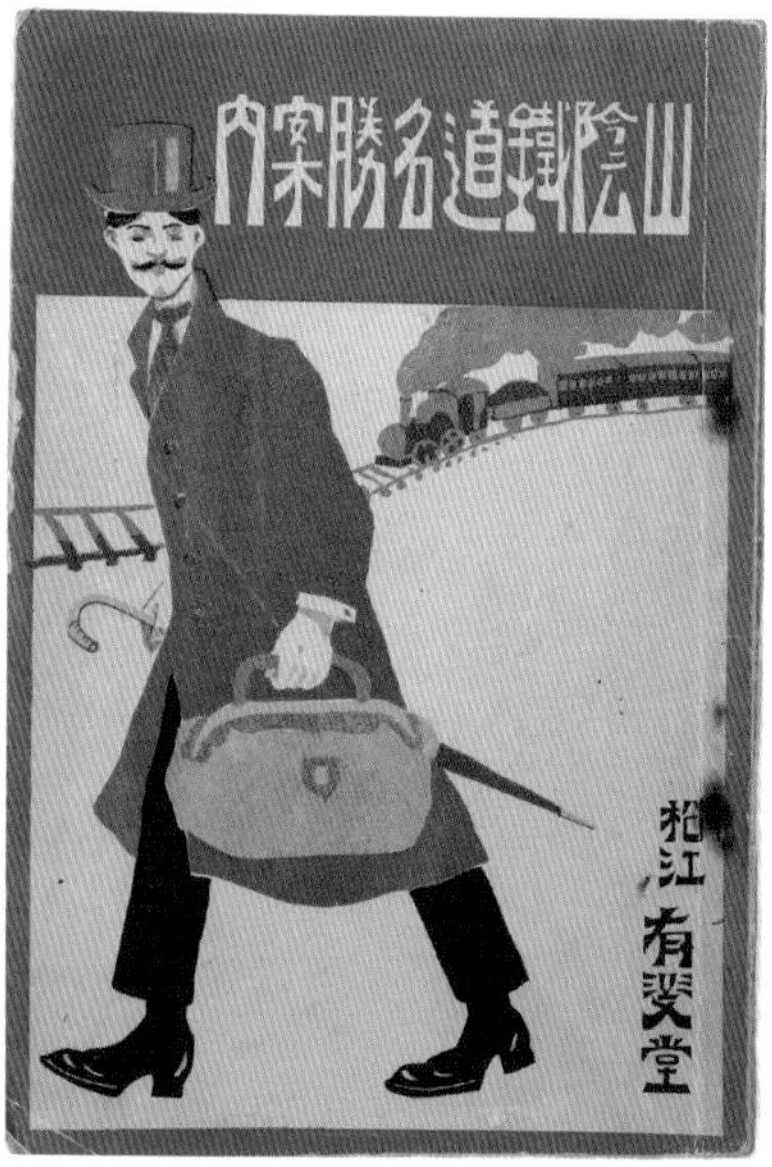

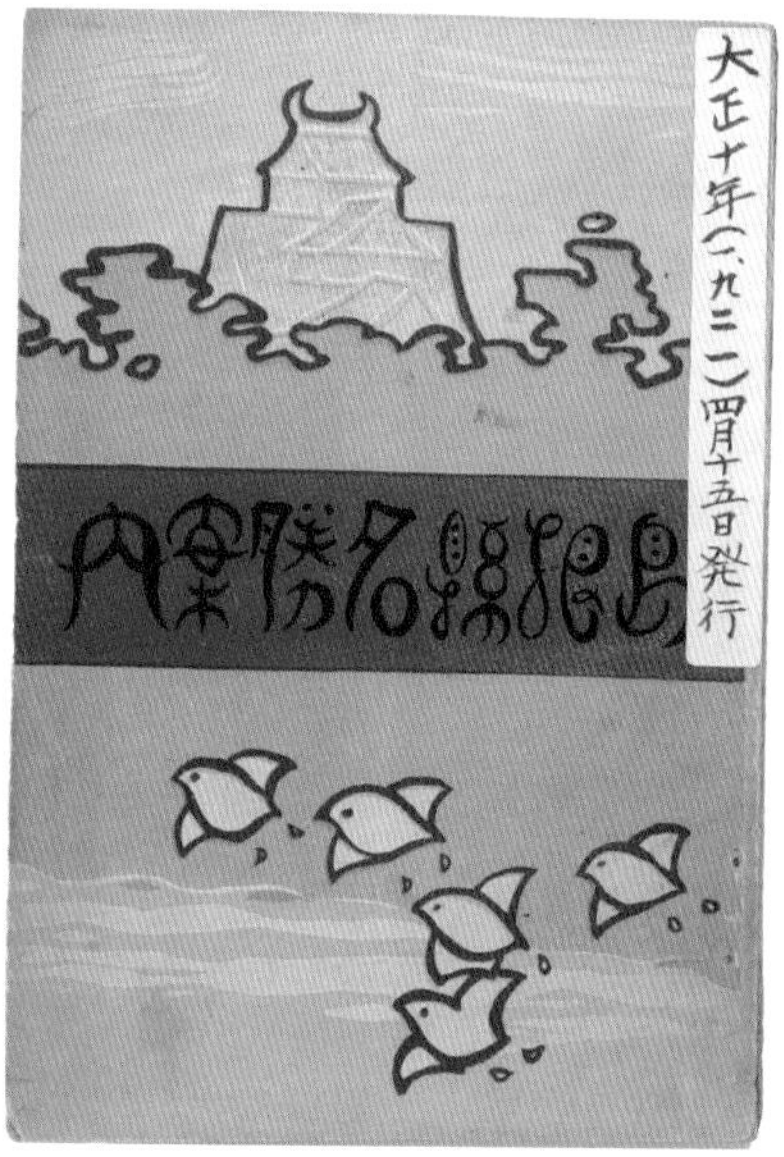

91 **島根県遊覧案内**

●1908年（明治41）
島根県立大学
松江キャンパス図書館

92 **山陰鉄道名勝案内**

●1912年（明治45）
島根県立大学
松江キャンパス図書館

93 **島根県名勝案内**

●1921年（大正10）
島根県立大学
松江キャンパス図書館

日夜鉄道延伸のなされる島根県にあって、碧雲が県内遊覧者の便宜を図るために編纂した名勝案内書。松江駅が開業した1908年刊行の『島根県遊覧案内』、大社駅が開通した1912年刊行の『山陰鉄道名勝案内』、そして石見地方へと鉄道が延伸し「旧来の面目を一新して隔世の感」があったという1921年の『島根県名勝案内』と、鉄道延伸に合わせて内容を更新していった。

Chapter 5
第5章

参詣と観光の地

江戸時代から多くの旅行者・参詣者が目指した地、出雲。かたや近代になって新たな観光地として人々を迎えた隠岐。島根の対照的な二つの地域を中心に、参詣と観光の地の歩みを紹介する。

5-1 大社、一畑薬師、美保関

◆旅先地出雲と出雲御師の活動

出雲は江戸時代以来、多くの参詣者、旅行者が目指した地域であった。

なかでも出雲大社は全国的に広く認知され、その信仰を集めた。こうした基盤形成の背景として欠かせない存在が、御師《おし》である。御師とは、諸国の檀所（布教の持ち場）へ赴き、わかりやすく神徳を説いて布教活動をおこなう神職であり、出雲御師の場合、最盛期は四〇～五〇家で構成された。また、御師は信者への大社参詣を促す役目も担い、実際に訪れた講信者に対しては、宿泊先として自邸を提供するなど懇切にもてなした。

◆大社門前の宿泊地

江戸後期の大社門前の宿泊地には、御師宿のほか、御師宿にあふれた客を泊める出雲大社指定の宿が三〇軒程度あり、その他に旅籠などが存在して、諸国から来た人々を受け入れた。

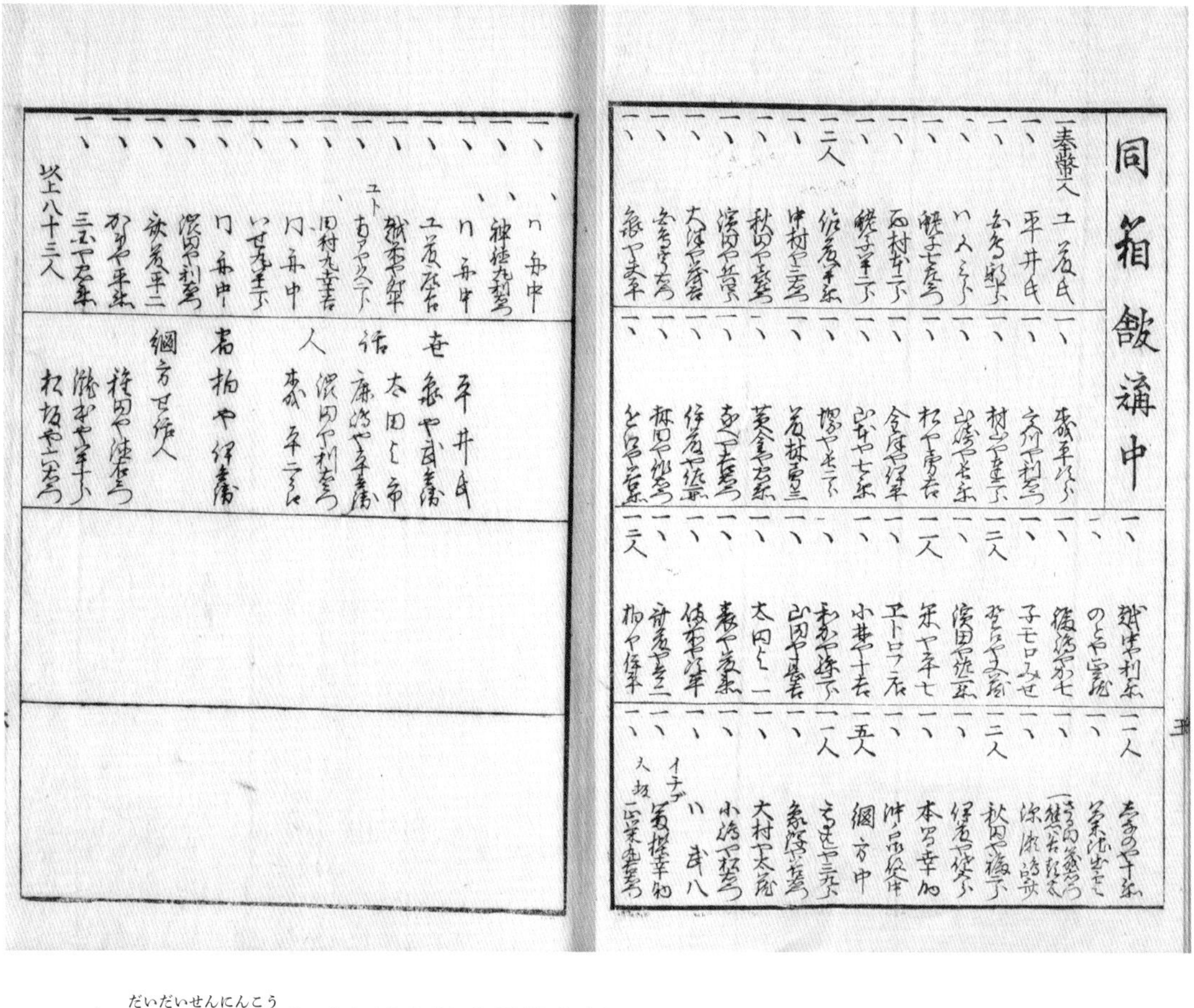

94　太々千人講《だいだいせんにんこう》出雲大社奉幣寄附姓名録

●1846年（弘化３）　当館

大社講加入の講中を記す。近江彦根や越前敦賀に加えて、蝦夷地（北海道）松前城下111人、松前藩家中38人、箱館講中83人、江差講中45人と多数の蝦夷地講中が記され、「常平丸清七」のように船持の名も目立つ。当時の北前船の隆盛を背景に信者獲得を進めた様子を見て取ることができ、江戸時代後期に見られた御師による新たな布教形態を示すものといえる。

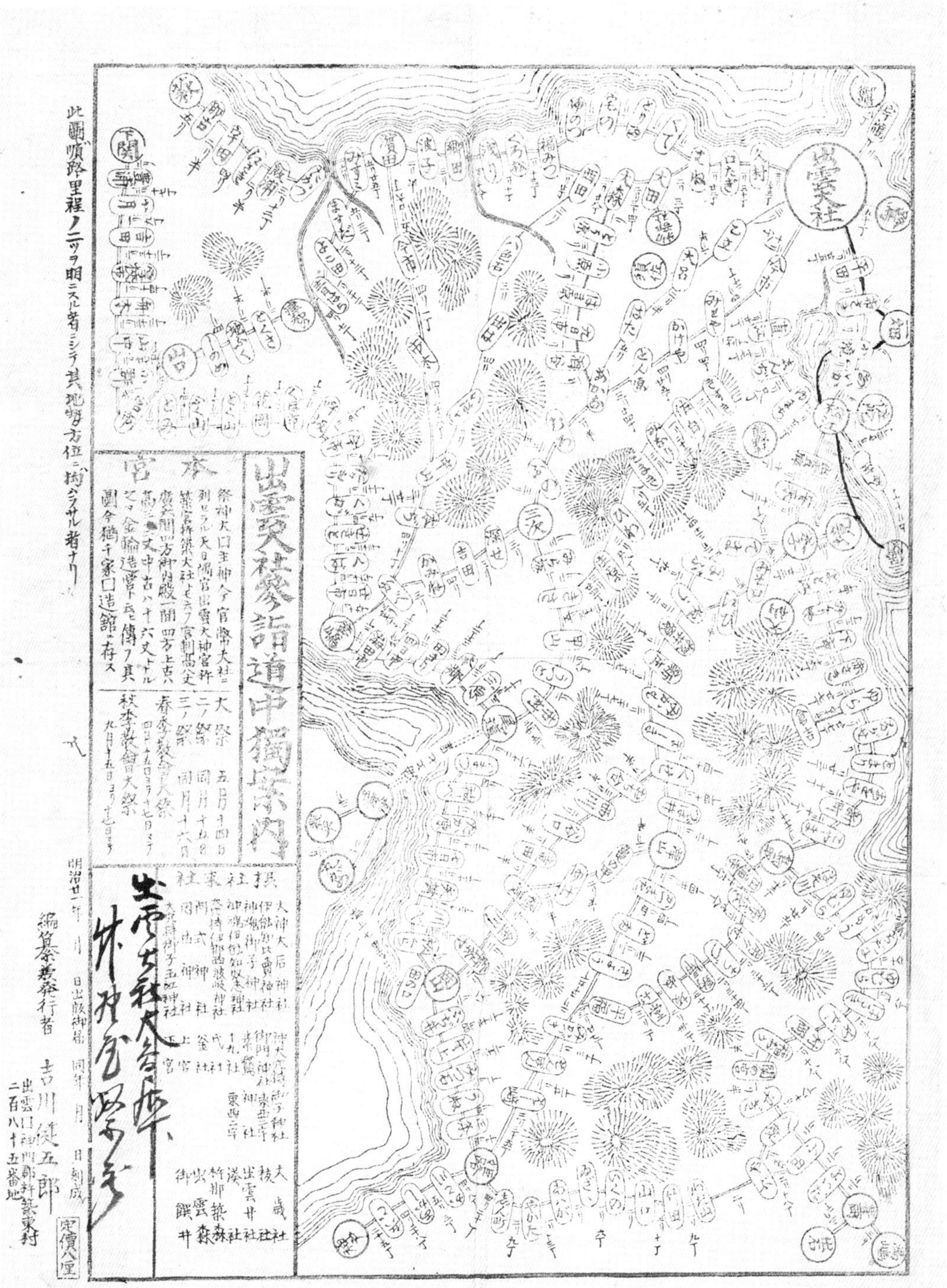

95　出雲大社参詣道中《どうちゅう》独《ひとり》案内

●1888年（明治21）　当館

右上隅に出雲大社を示し、兵庫県出石と神戸から山口県萩・下関までの中四国地方からの参詣路程を図にした作品。発行者の吉川健五郎はかつて御師をつとめた大社の社家。墨書で書かれた「出雲大社大鳥居丁 竹野屋繁蔵」は今に続く旅館である。

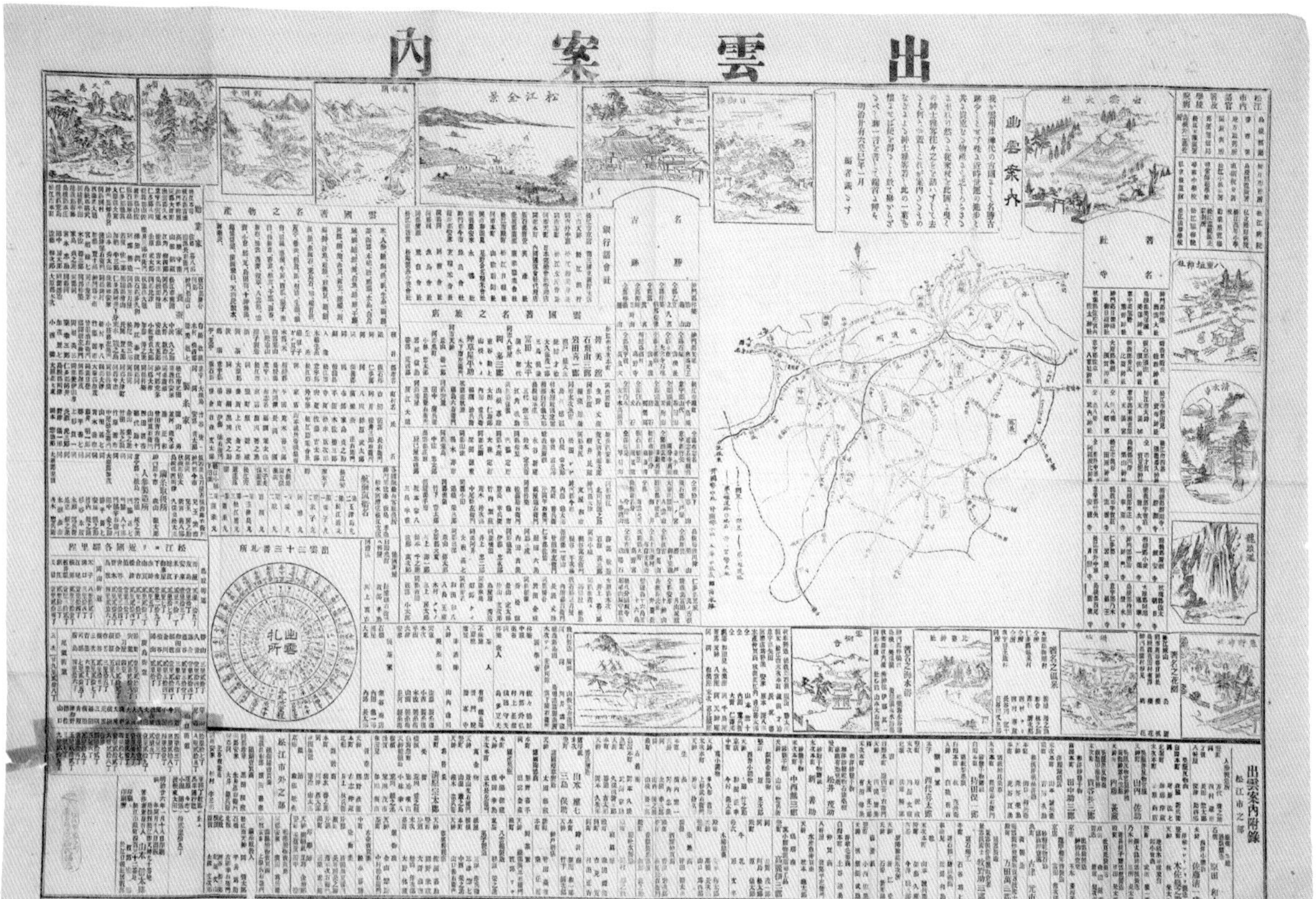

96　**出雲案内**

●1893年（明治26）　個人

他国旅行者の便宜を図ることを目的として発行された出雲国内の案内書。編者は松江市天神町・山本信太郎なる人物。国内の著名社寺・名勝古跡のほか、著名な宿屋や花見場所（「花園」）・温泉・海水浴・出雲三十三番札所などを列記する。また、著名物産や主な勧業家・商店など産業・商業に関する情報も記載する。

◆山陰線開通前夜に関西—山陰間を結んだ汽船「阪鶴丸」

阪鶴鉄道は大阪から福知山経由で舞鶴までを結んだ鉄道路線である。一九〇四年（明治三七）に直通運行が実現すると、翌年に舞鶴–境を結ぶ阪鶴丸を就航する。

一九〇九年の新聞広告によれば、阪鶴丸は隔日運行で、午後四時に舞鶴を発ち翌未明に境に到着するため、大阪を早朝に発てば一日かからずに境まで来ることができた。

大阪朝日新聞には、関西方面からの利用を促す宣伝文句が並び、阪鶴丸の場合、出雲大社への参詣が案内される。阪鶴鉄道社は往復切符を発売するなど、誘客に努めた。

阪鶴丸は、京都–出雲今市間の鉄道が開通する一九一二年（明治四五）に廃止されるまでの一時期、山陰–大阪間を最も早く便利につなぐ交通手段として多くの人に利用された。

参考　**阪鶴線日本海連絡汽船諸航路御案内**

●1906年（明治39）頃
市立伊丹ミュージアム／写真提供

阪鶴鉄道発行の案内書。大社まいり往復切符や天の橋立遊覧切符の販売があった。

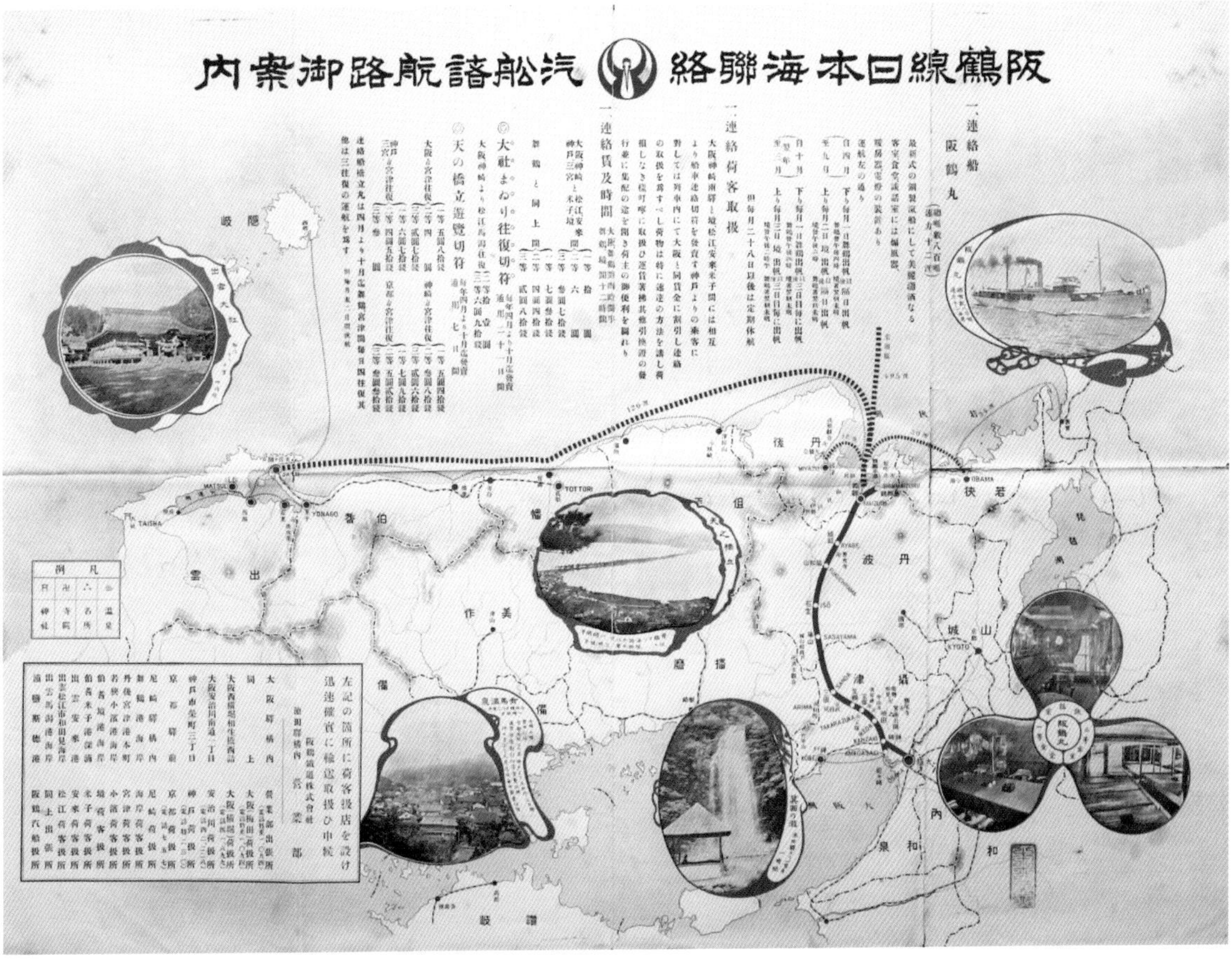

98 山陰線写真帖（境港における阪鶴丸）

●1910年（明治43）　島根県立図書館

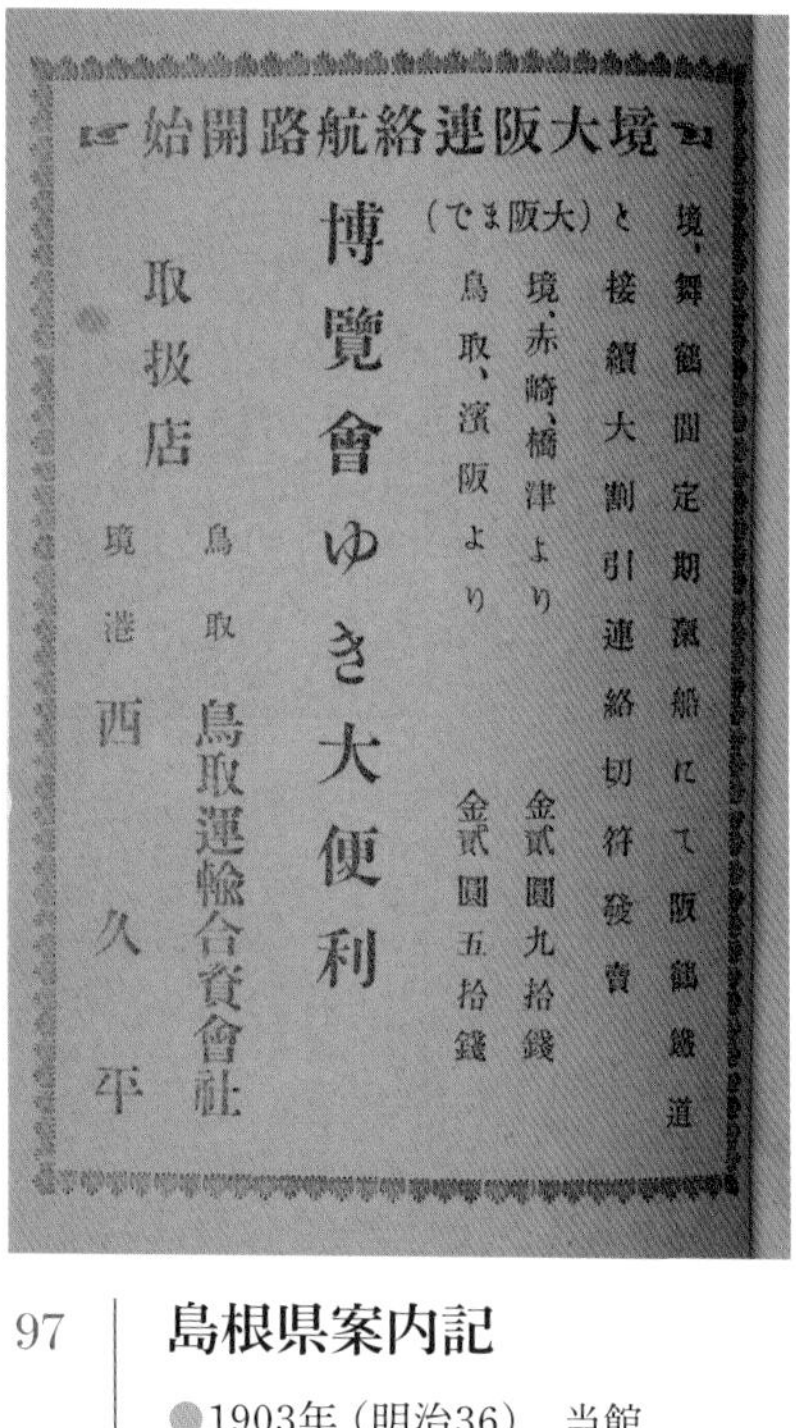

97 島根県案内記

●1903年（明治36）　当館

第五回内国勧業博覧会に合わせて刊行された案内書。巻末広告には内国博行きの宣伝もみられる。

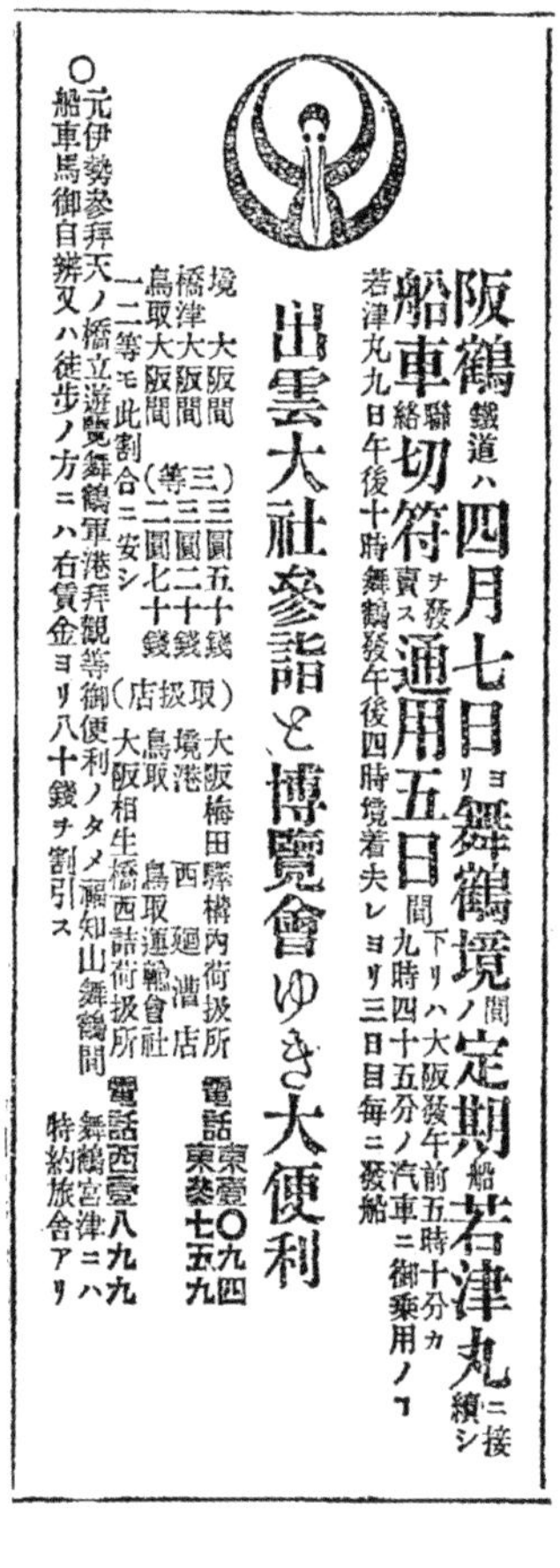

参考

大阪朝日新聞の広告

●1903年（明治36）

４月８日付の新聞広告。阪鶴鉄道は阪鶴丸を就航させる３年前から、若津丸という定期船に接続することで、舞鶴−境航路と接続運行を行っていた。1903年（明治36）は、大阪での第五回内国勧業博覧会開催の年であったため、この広告では「出雲大社参詣と博覧会ゆき大便利」と、関西方面からの出雲大社参詣だけでなく、山陰からの博覧会見学を促す文句も見られる。

◆山陰線「全通」と出雲大社

山陰線そのものは一九三三年（昭和八）の京都—幡生《はたぶ》（山口県）間開業により全通を迎えるが、それ以前より出雲大社参詣に大きな影響を与えた「全通」があった。

一つは、一九一二年（明治四五）の京都—大社間の開通である。同年三月の兵庫県内区間の接続と、六月の大社駅開業をもって、山陰線は京都から山陰地方までの一続きの路線として「全通」した。京阪からの直通列車が始まり、阪鶴丸にかわる関西方面からの交通手段として大いに利用された。出雲大社への参詣者数は開業前の三倍近く増加したという。

山陰線が石見益田まで延伸し、山口線と接続する一九二三年（大正一二）もまた、陰陽線の「全通」として新聞各紙に報じられた。接続後初めてとなった出雲大社の節分祭では、旧暦の大晦日と重なったこともあって相当な賑わいを見せ、中でも九州方面からの人出が急増した。両線の接続は山陰と下関、そして九州方面を結ぶ大きな画期となった。

柿本神社節分祭
人出五万に達す

参考　柿本神社節分祭を報じる記事（山陰新聞）

●1924年（大正13）　島根県立図書館提供

山陰線が石見益田まで延伸し山口線と接続してはじめての柿本神社での節分祭の様子を報じる。津和野方面はもとより、神社以東の那賀郡からの参拝者の増加し、人出は二日間を通じて五万人に達したという。

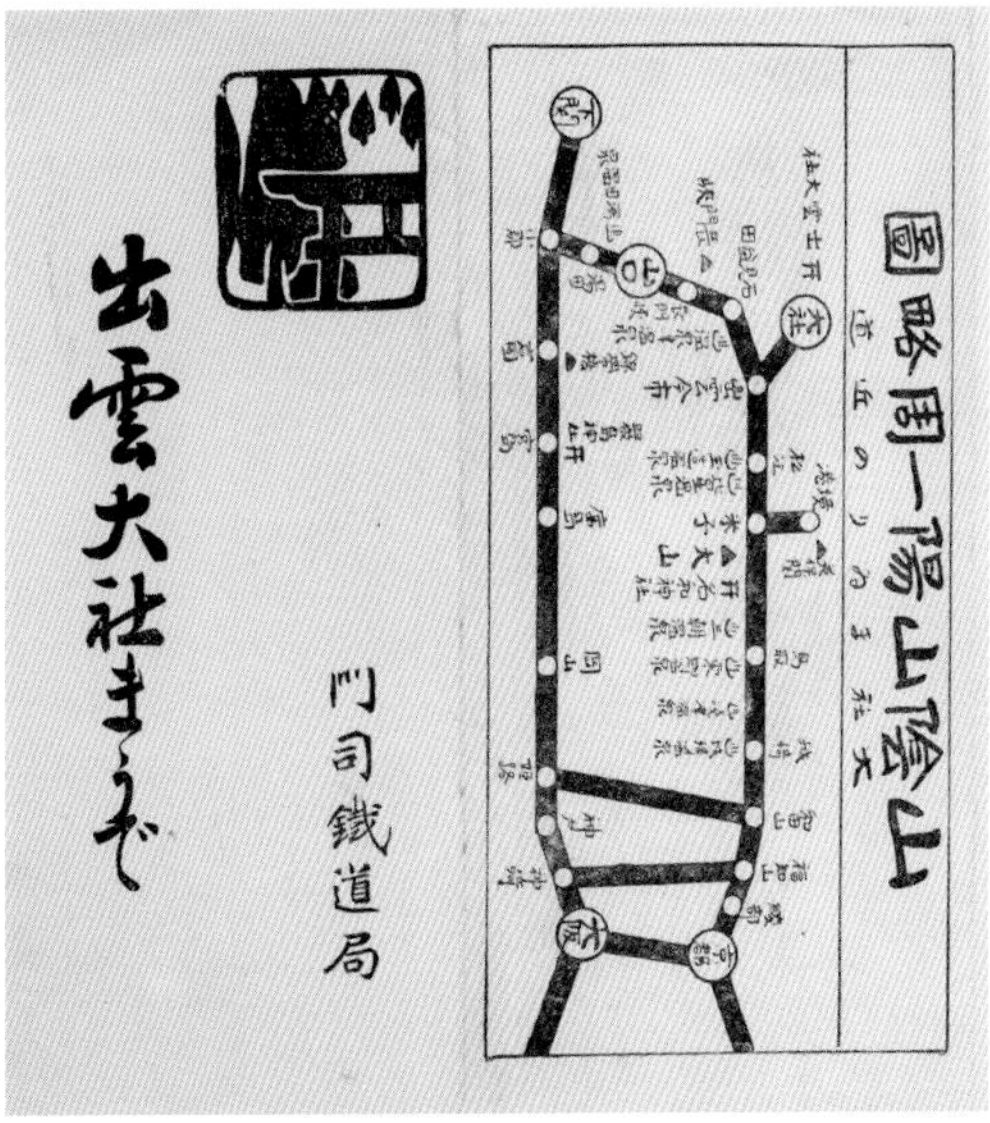

99　出雲大社まうで

●1926年（大正15）　当館

門司鉄道局が発行した出雲大社参拝パンフレット。中国・九州方面からの参詣について、従来は京阪方面を迂回するか汽船利用以外に手段がなかったこと、他方山口線と接続し小郡《おごおり》駅（山口県）から１日２回大社直行の旅客列車が運転が始まったことで、小郡から乗換なしかつ１泊２日で大社往復が可能となり、利便性が格段に向上したことを紹介する。

◆美保神社への信仰

江戸時代の美保関は、漁業や廻船の寄港地として栄え、美保湾に面した美保神社は漁業の祖神、海上の守護神などとして信仰を集めた。

また、「美保のエビス神（事代主神）は鳴り物が好き」という信仰の広がりから、音曲の神様としても信仰を集めた。同社には全国から多くの鳴り物が奉納されており、また奉納者の身分も藩主、武士、商人から民衆まで幅広く、その信仰の広さを知ることができる。

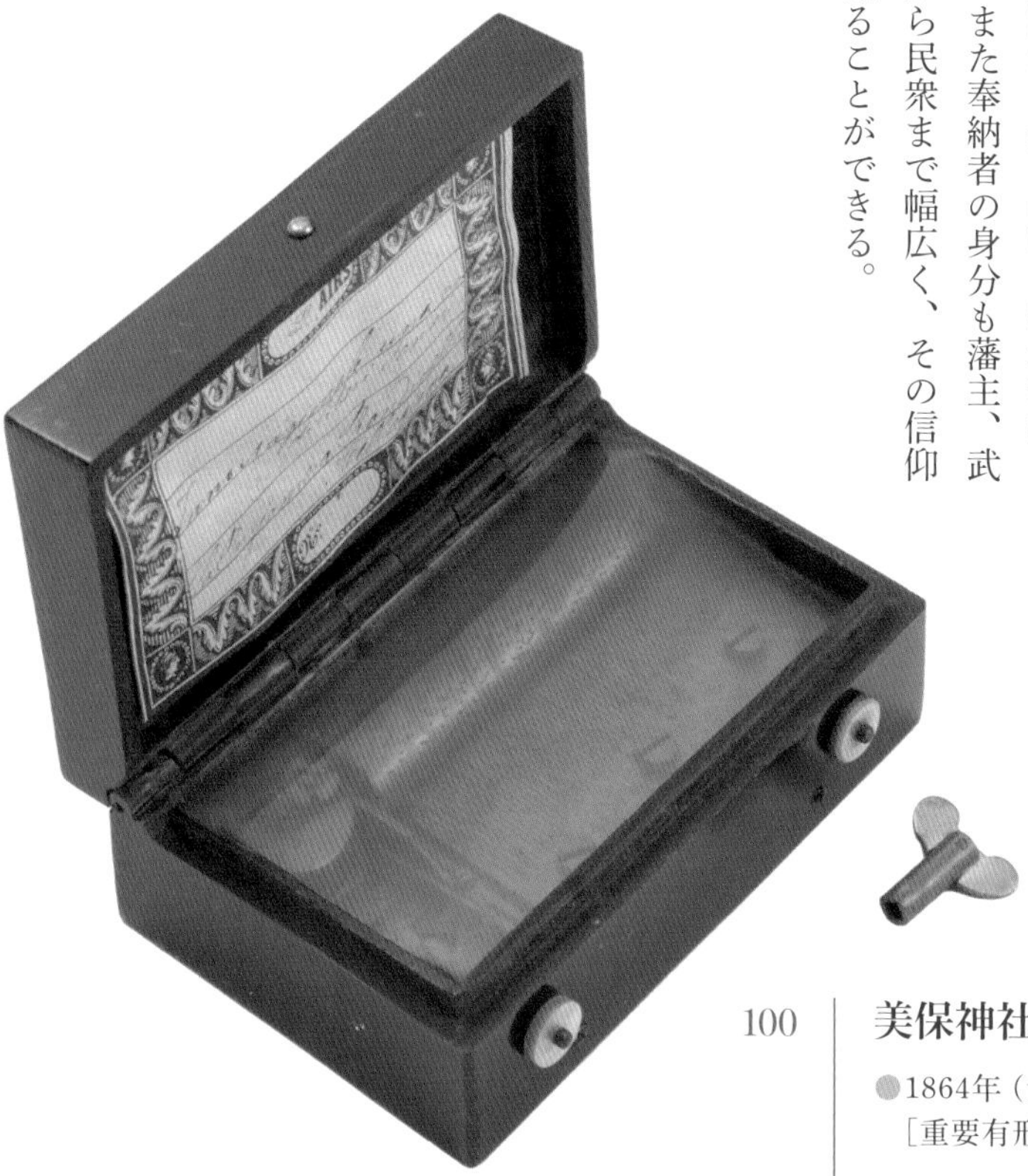

100 **美保神社奉納鳴物（オルゴール）**

●1864年（元治元）　美保神社
［重要有形民俗文化財］

現存する日本最古のオルゴールとされる。18世紀のオペラ序曲などを奏でる。奉納者は、松江藩の軍艦八雲丸（→36頁）。八雲丸は、この奉納後、幕府の命をうけ長州へと出陣していった。

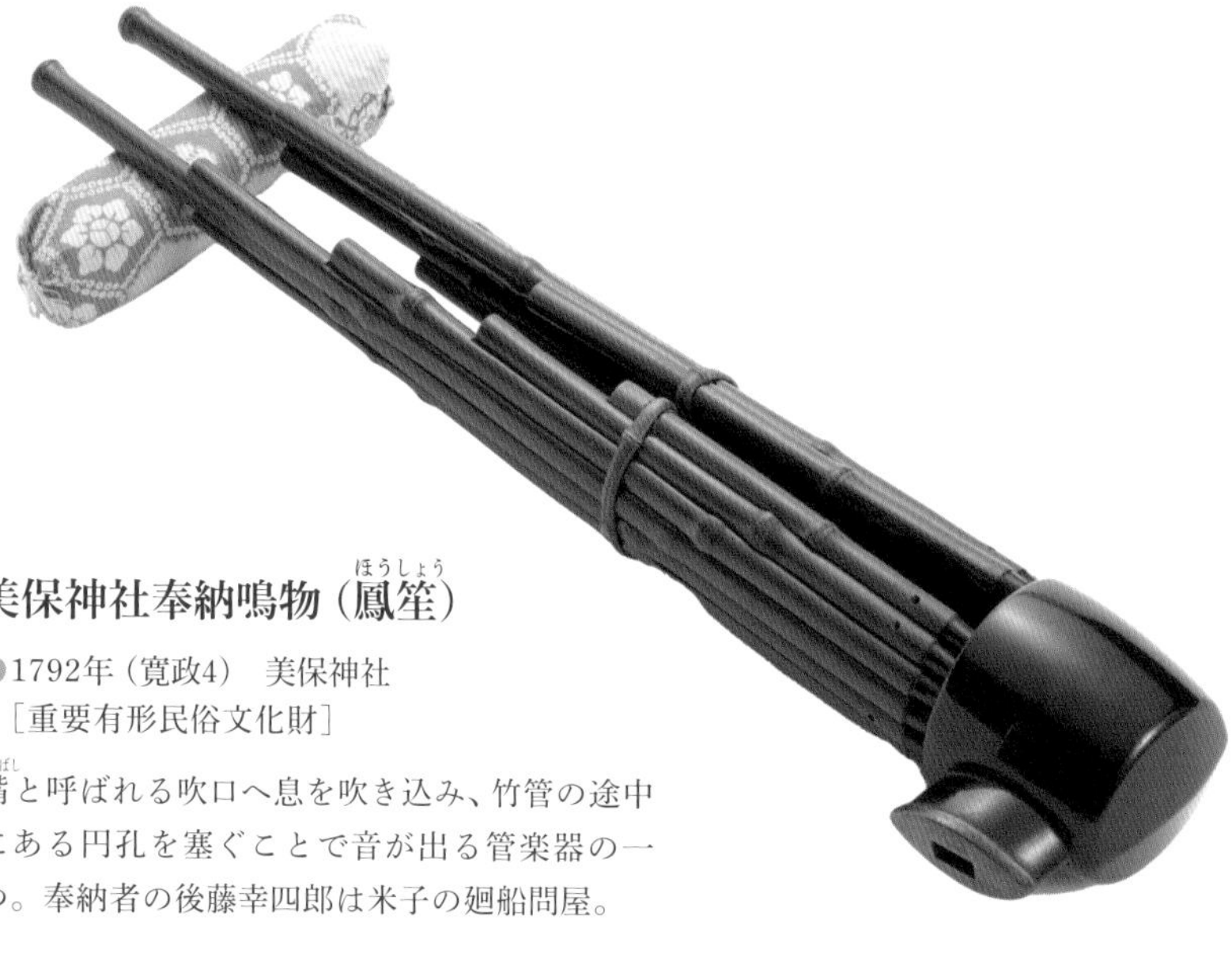

参考 **美保神社奉納鳴物（鳳笙《ほうしょう》）**

●1792年（寛政4）　美保神社
［重要有形民俗文化財］

嘴《くちばし》と呼ばれる吹口へ息を吹き込み、竹管の途中にある円孔を塞ぐことで音が出る管楽器の一つ。奉納者の後藤幸四郎は米子の廻船問屋。

101　**美保神社奉納鳴物（月琴《げっきん》）**

●1835年（天保6）　美保神社
［重要有形民俗文化財］

満月を思わせるその形から月琴と呼ばれる。

102　**美保神社奉納鳴物（風琴）**

●1867年（慶応3）　美保神社　松江歴史館写真提供　［重要有形民俗文化財］

伊勢神宮大宮司の手船であった益吉丸奉納の風琴（アコーディオン）。海上安全の祈願で奉納された。

103 **美保神社奉納鳴物（玩具）**

●年末詳　美保神社　松江歴史館写真提供
［重要有形民俗文化財］

庶民が子どもの健康と無事の成長を祈って奉納されたと考えられている、ミニチュア楽器と玩具類。ガラガラや鳩笛、鳳笙、手拍子などのほか、でんでん太鼓やホラ貝、ラッパなども残されている。

◆江戸時代の美保関講

江戸時代、美保神社参詣の講は、出雲国内はもとより、中国地方を中心に広く結成された。

幕末頃の出雲国内の講は全域にわたっている（左図）。講は村浦や町単位で組織されることが多いが、このなかには「御《お》登米方《のぼせまいかた》」「御《お》船屋組《ふなや》」「御《お》札座《ふだざ》」ら松江藩役所の講や、「和田見職人講」「綿売講」ら同業者による講も見られた。

代参は、三月三日の祭礼（現在の青柴《あおふし》垣《がき》神事）に合わせた参詣と見られる三月や農閑期を中心に年中行われた。

出雲国内の関講分布図

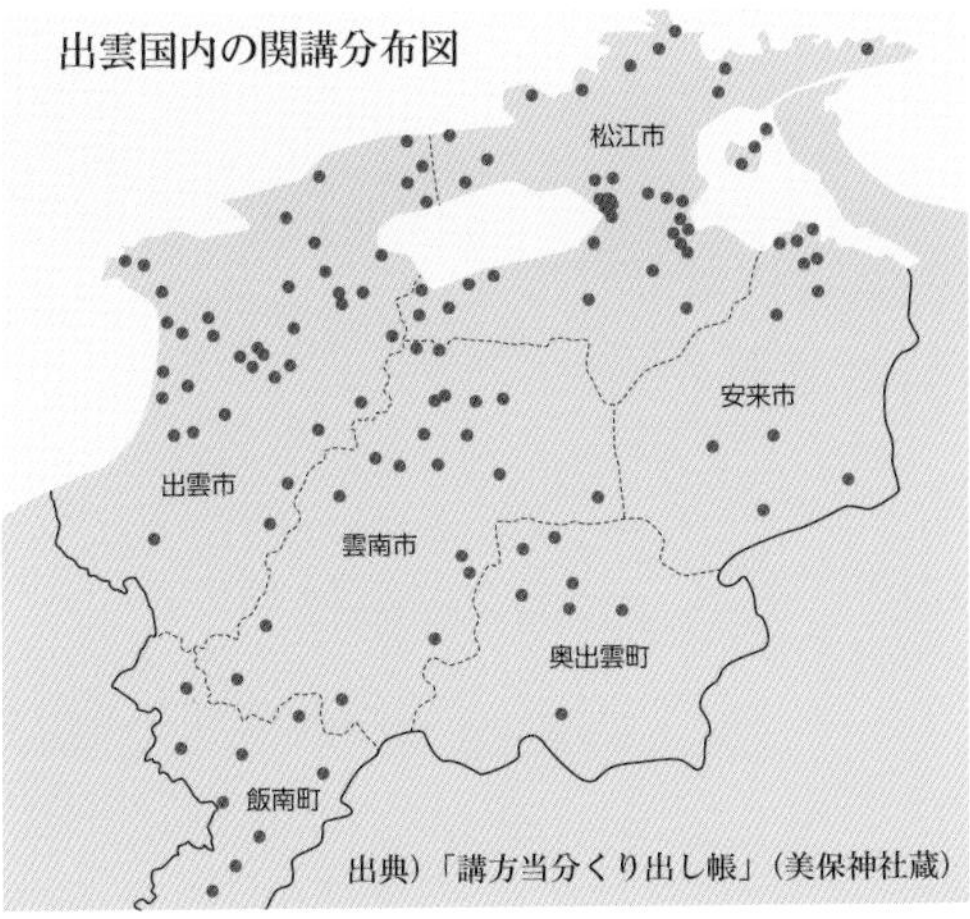

出典）「講方当分くり出し帳」（美保神社蔵）

104　**関講の幟**

●1785年（天明５）　美保神社

かつて秋鹿郡上大野村（現・松江市）講中で用いられていた幟。

105　**永代諸国講扣帳**《えいたいしょこくこうひかえちょう》

●1783年（天明３）　美保神社

神社側が控えた諸国講の代参記録。出雲だけでなく、備中・備前・美作・播磨・摂津など現在の岡山・兵庫県域からの記録が複数みられる。

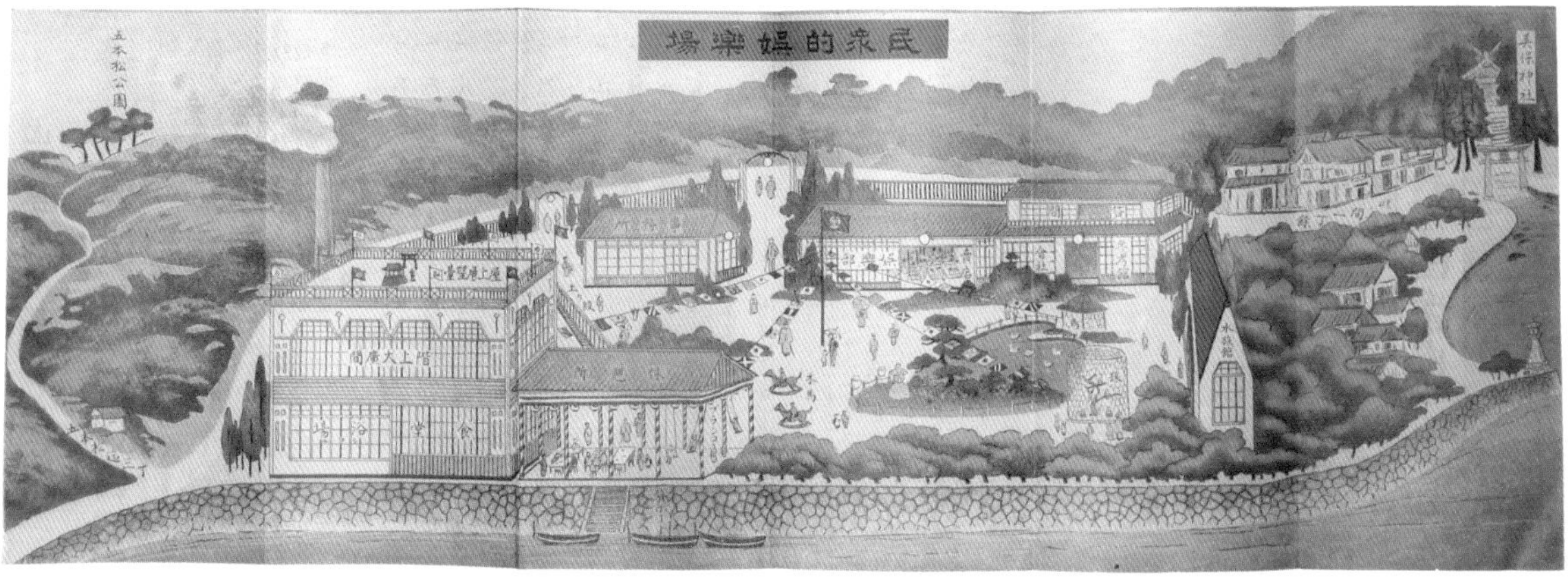

106　**美保園案内**

●1925年（大正14）頃　個人

美保園のパンフレット。美保関では、大正時代に入り観光事業にも力を入れはじめ、1923年（大正12）に五本松公園が開園、その2年後には水族館や食堂を備えた「民主的娯楽場」として美保園が開園する。

107　**美保園（写真）**

●1925年（大正14）頃　個人

開園当初を写したもの。「美保園案内」に描かれる木馬や食堂を確認できる。

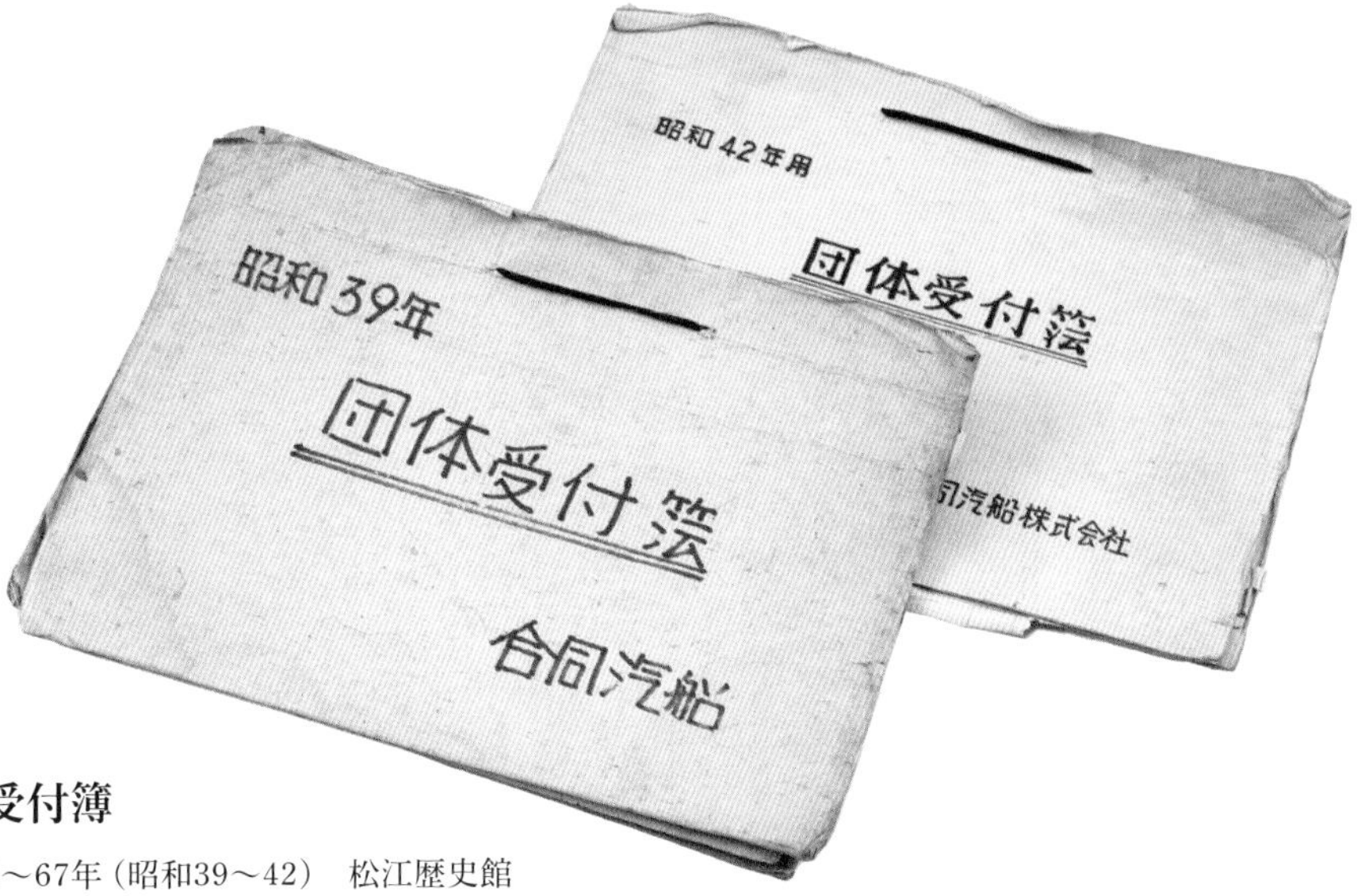

108　**団体受付簿**

●1964～67年（昭和39～42）　松江歴史館

1907年（明治40）設立の合同汽船は、宍道湖・中海航路を中心に運航し、美保神社参詣の団体客が多数利用した。

109　**関参り団体募集チラシ**

●1967年（昭和42）
松江歴史館

団体受付簿（上）に挟まれていたチラシ。鉄道と汽船による団体参拝が一般的になると、交通業者は様々な企画を催した。泥落とし（田植え後の休み）の日に行われた美保神社への参詣は江戸時代にまでさかのぼるが、ここではこうした行事を当て込み「田植え後の一日を豊穣の祈に、商店休日のレジャーに」として合同汽船を利用した関参り（美保関参り）団体を募集している。

◆一畑薬師

眼のお薬師様と呼ばれ信仰を集めた一畑薬師もまた、多くの参詣者が訪れた社寺の一つであった。出雲国内には江戸時代後期以降の「一畑薬師」と彫られた石灯籠「一畑薬師灯籠」が各地に残っており、その信仰の広さを物語っている。

江戸時代後期には国外からの参詣者も多く見られ、彼らの旅日記には、しばしば一畑薬師参詣の記録が登場する。彼らは徒歩のほか、宍道湖舟運を利用し、松江や平田、浜佐陀等から乗船して小境で降り、一畑薬師へ向かった。

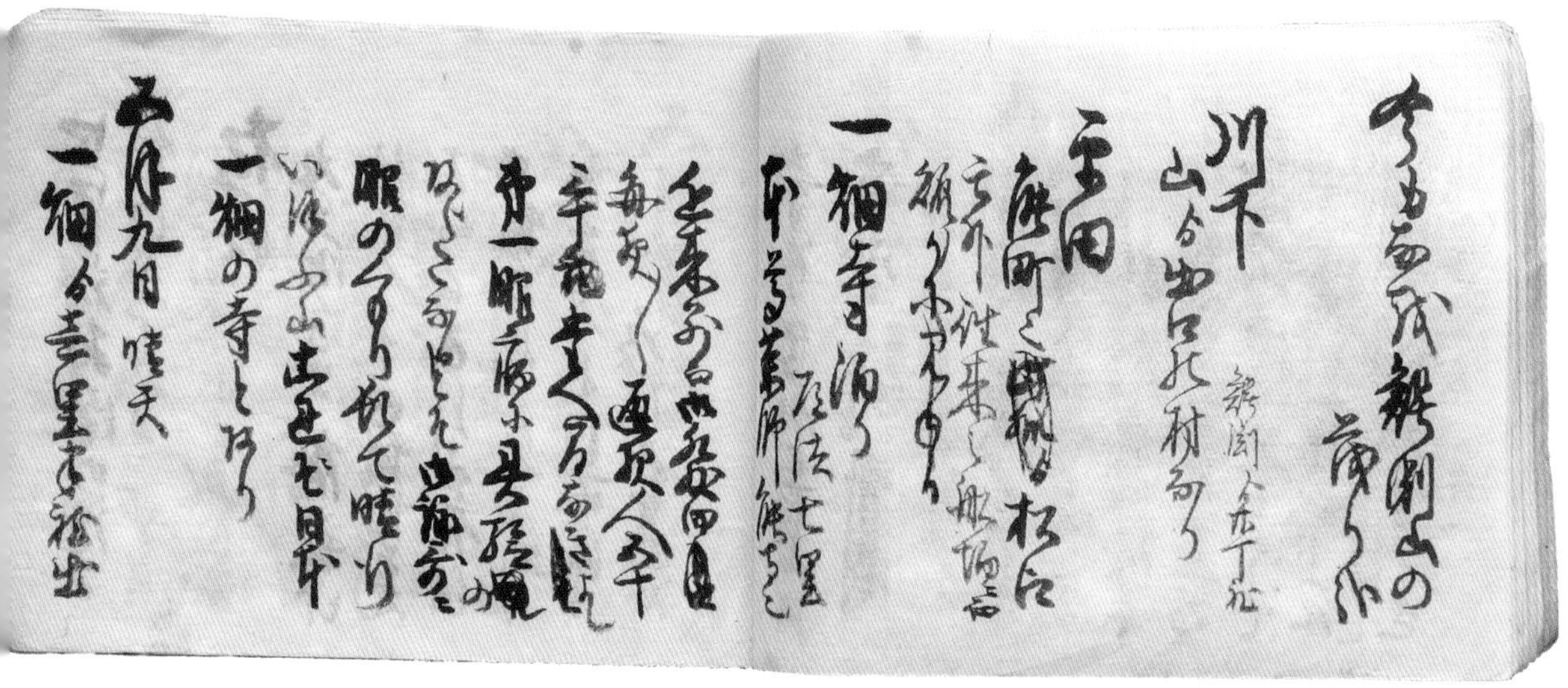

110 **参宮道中日記**

●1832年（天保３）　島根県立図書館

石見出身の旅人が記したこの道中日記には、天保期頃より眼病平癒祈願のための通夜籠もりが一畑寺で流行し、毎夜30～50人が絶え間なく訪れている、とある。なお、表題の「参宮」とは伊勢参宮のことであり、一畑薬師へはその道中に立ち寄った。(→118頁)

111

一畑薬師徳利

●19世紀後半～20世紀
（明治時代～昭和時代）
一畑寺

一畑寺は古来から「眼の薬師」として知られ、中国地方を中心に各地に一畑講が存在した。諸国からの参詣者はお茶湯と徳利を求め、飲むだけでなく、薬師の真言を唱えながら目に付けて眼病平癒を祈った。

◆一畑電鉄と一畑薬師

現在の一畑電鉄のはじまりは、一九一二年（明治四五）に大阪の実業家・才賀藤吉らが発起人となって開業した一畑軽便鉄道である。簸上鉄道同様、軽便鉄道法（→51頁）がきっかけとなった。

計画当初は、出雲今市と出雲大社を結ぶための路線が構想された同鉄道であったが、同時期に官設（鉄道院）線による大社線の計画があったため、目的地を一畑寺とする一畑薬師参詣路線に変更し、一九一四年（大正三）四月に出雲今市–雲州平田が開業、その翌年に一畑駅まで延伸した。

その後は一九二五年（大正一四）に一畑電気鉄道株式会社へと社名を変更し、同二七年（昭和二）に蒸気動力を電化、その翌年に松江、同三〇年に大社まで路線を延長した。

また、一九三五年（昭和一〇）より本格的にバス事業に乗り出し、買収や譲渡を経て、出雲地方全域にわたる自動車網を形成し、各地の社寺や観光地を結んだ。

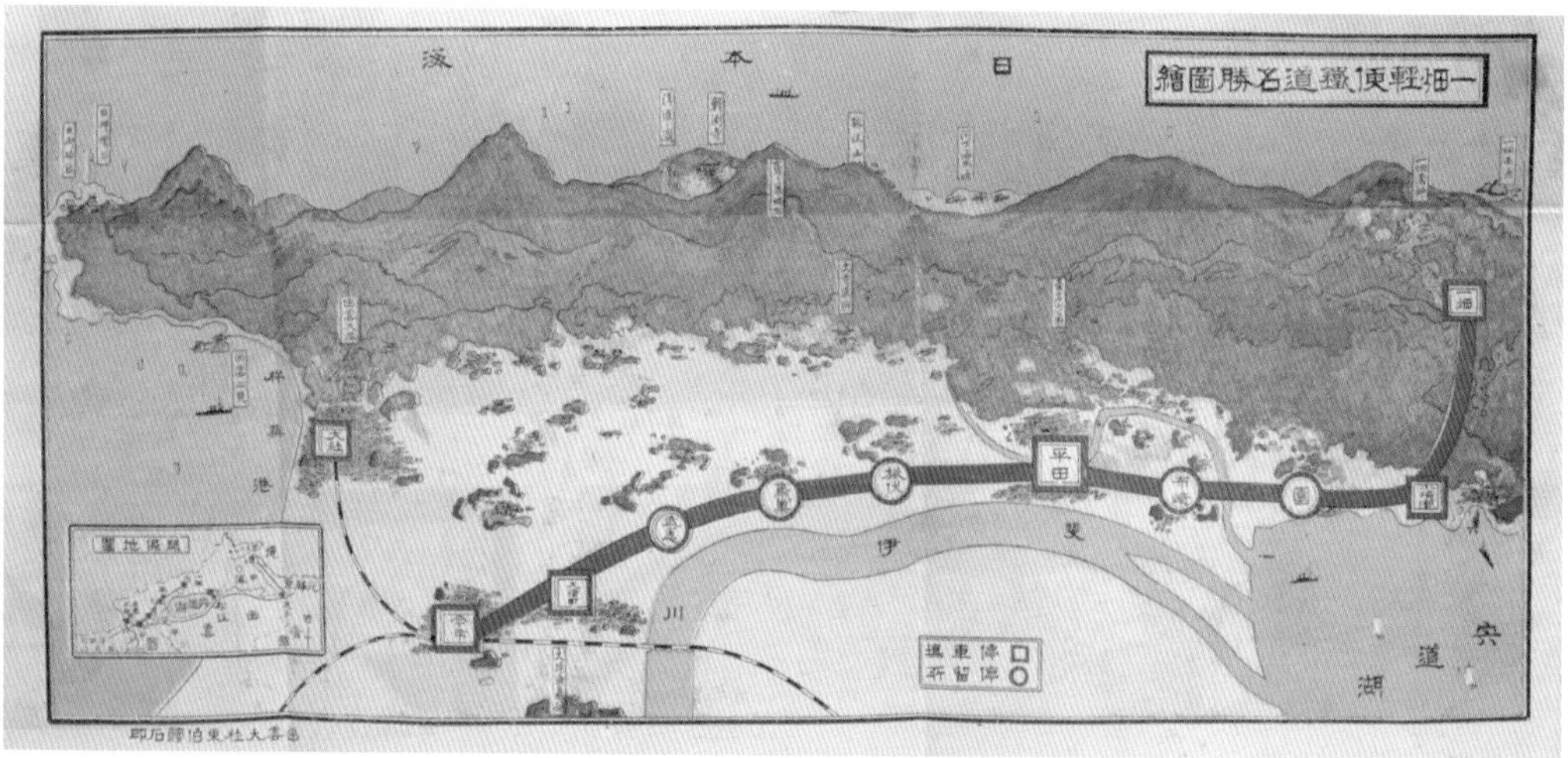

112　一畑軽便鉄道名勝図絵（『一畑軽便鉄道名所案内』附図）

●1915年（大正４）　当館

出雲今市－一畑間の全線開通を機に刊行した案内書。

114　一畑薬師と出雲名所図絵

●1928年（昭和３）　当館

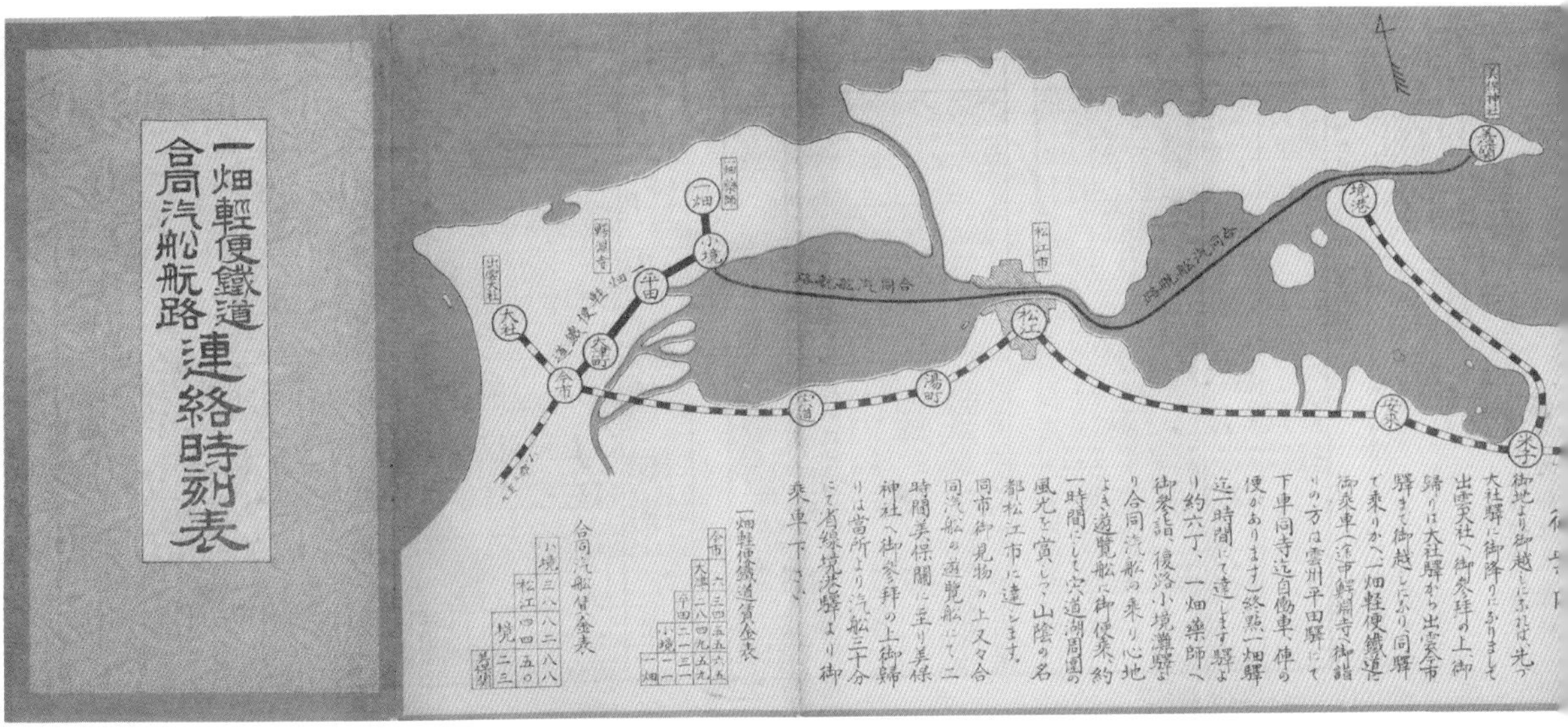

113

一畑軽便鉄道・合同汽船航路連絡時刻表

●1924年（大正13）　南部町祐生出会いの館

一畑軽便鉄道・合同汽船両社による連絡時刻表。鉄道と汽船を乗り継ぎ出雲各所の参拝を行うモデルコースが示される。また、団体旅行者へは運賃割引があり、200人以上の団体には臨時列車・汽船を仕立てることができたようである。

115 **一畑電車と自動車**

●1938年（昭和13）　当館

一畑電鉄の自動車事業参入は1930年（昭和5）。官設線大社駅と大社神門駅の各駅から出雲大社と稲佐の浜を結ぶ路線に、シボレー箱型車９人乗５台を投じて運行をはじめた。1935年（昭和10）より自動車事業を本格化させ、その電車と合わせ交通網が出雲広域に広がった。本作は観光鳥瞰図付きの観光案内図。電車と自動車（バス）を利用しての社寺参拝や名所旧跡への観光をすすめている。

5-2　新たな観光地、隠岐

◆隠岐汽船航路

隠岐島と本土を定期的に結ぶ隠岐汽船は、一八八五年（明治一八）に焼火神社宮司・松浦斌《さかる》が私財を投じて経営を開始したことに始まる。

一八九五年（明治二八）に隠岐汽船株式会社となり、一九〇〇年代には阪鶴鉄道（→81頁）と提携を結ぶなどして航路も増設し、隠岐の人々の移動、輸送を格段に向上させた。また、隠岐航路の充実とともに、隠岐は島外の人々にとっての身近な来訪地、旅先地になっていった。一八九二年（明治二五）、隠岐汽船に乗船し隠岐へ渡った小泉八雲もまた、その一人であった。

◆観光誘客をめぐって

一九二八年（昭和三）の汽船新造は、観光客誘致に力を入れはじめた当時の経営方針を象徴するものであった。当初「第二隠岐丸」と呼ばれたこの汽船は、旅客の好感を意識し、貴賓室や社交室、食堂を設け、また船内には当時最先端の冷暖房装置やラジオを設備して快適さを追求した。

この時期創建の隠岐神社や、一九三八年（昭和一三）に国の名勝に指定される国賀《くにが》海岸をはじめ、隠岐にはその後も多くの名勝地が誕生するが、隠岐の観光誘客をめぐっては、これらの認知度向上とともに、道中交通機関の乗り心地という〝旅路の整備〟もまた重要な要素となっていた。

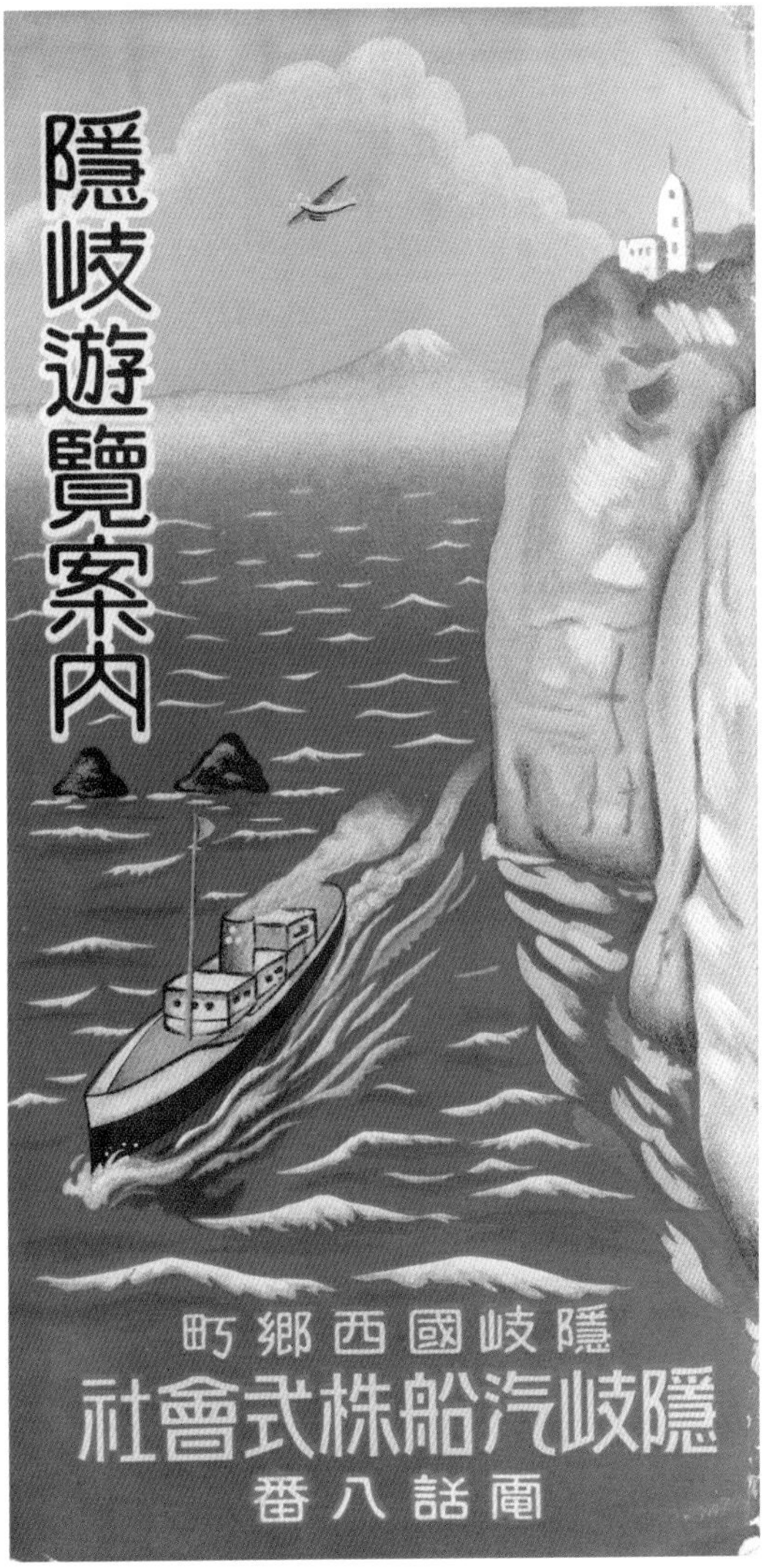

116　**隠岐遊覧案内**

●1937年（昭和12）　当館

隠岐汽船株式会社発行。

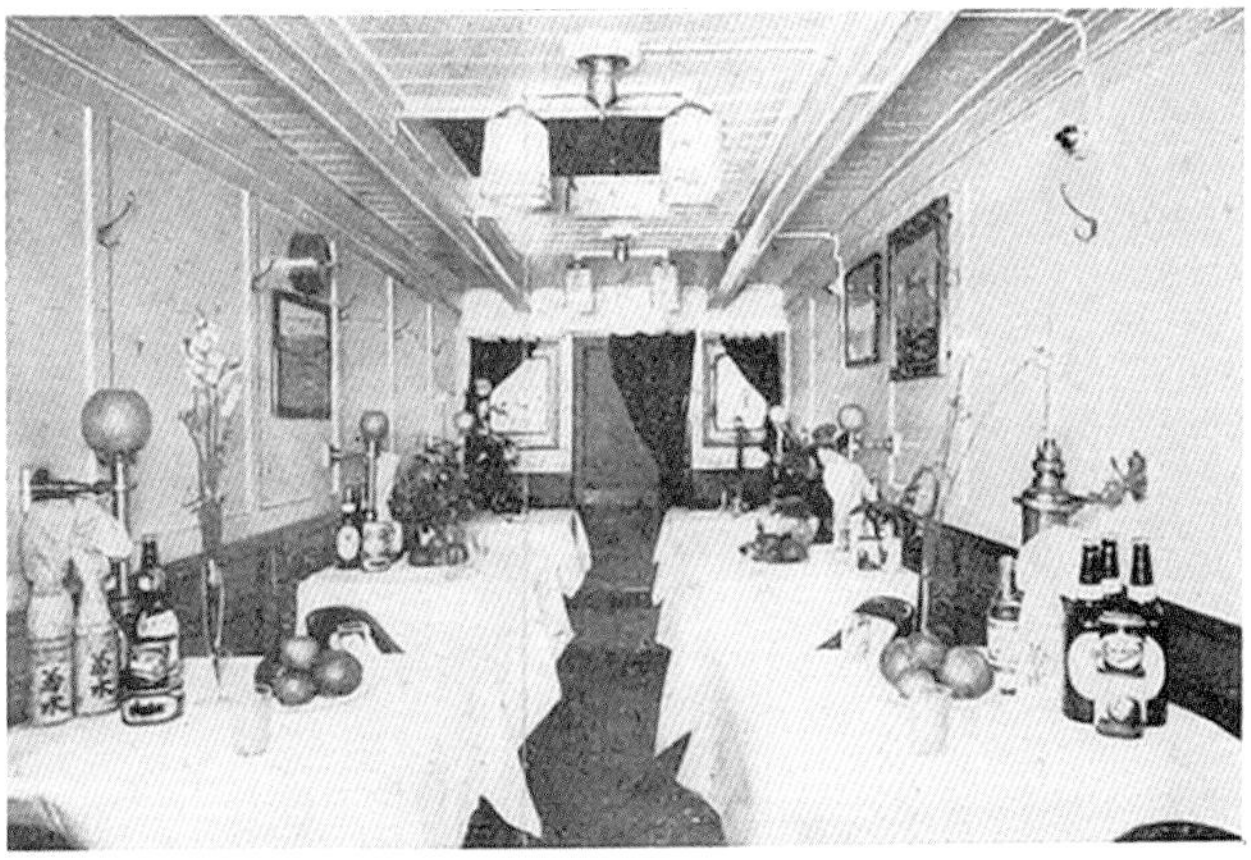

隠岐丸付設の食堂（117-4の一部）

新造第二隠岐丸は、その後隠岐丸と改称した。

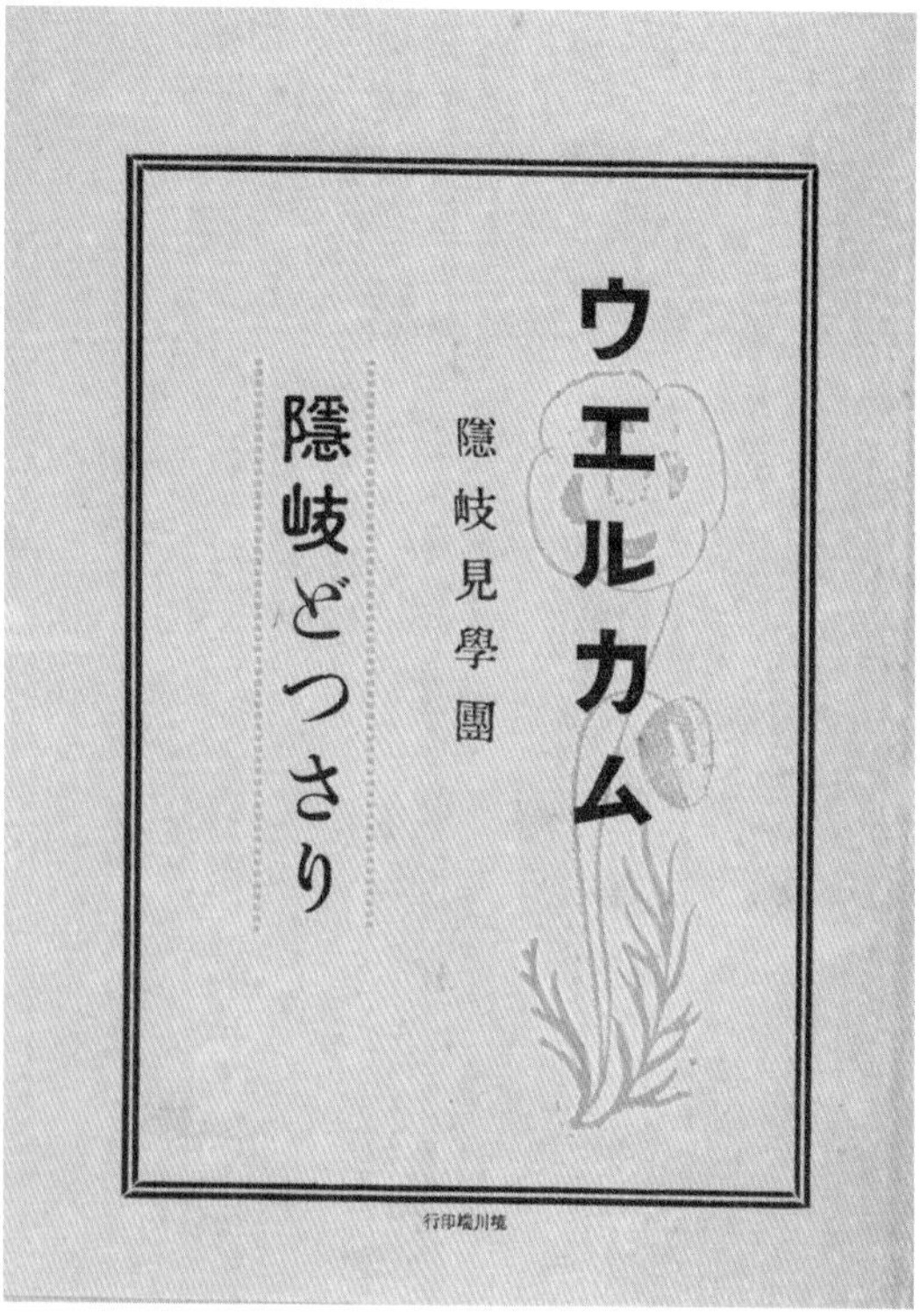

117-2 **隠岐どっさり**

●20世紀（昭和時代前期）

隠岐保勝協会発行。隠岐団体旅行者向けに発行された隠岐民謡「どっさり節」の解説書。

117-1 **隠岐めぐり**

●1928年（昭和３）

隠岐保勝協会発行。同会は境港の株式会社隠岐廻漕店内にあった。航路や団体旅行の行程、名所旧跡などを案内する。

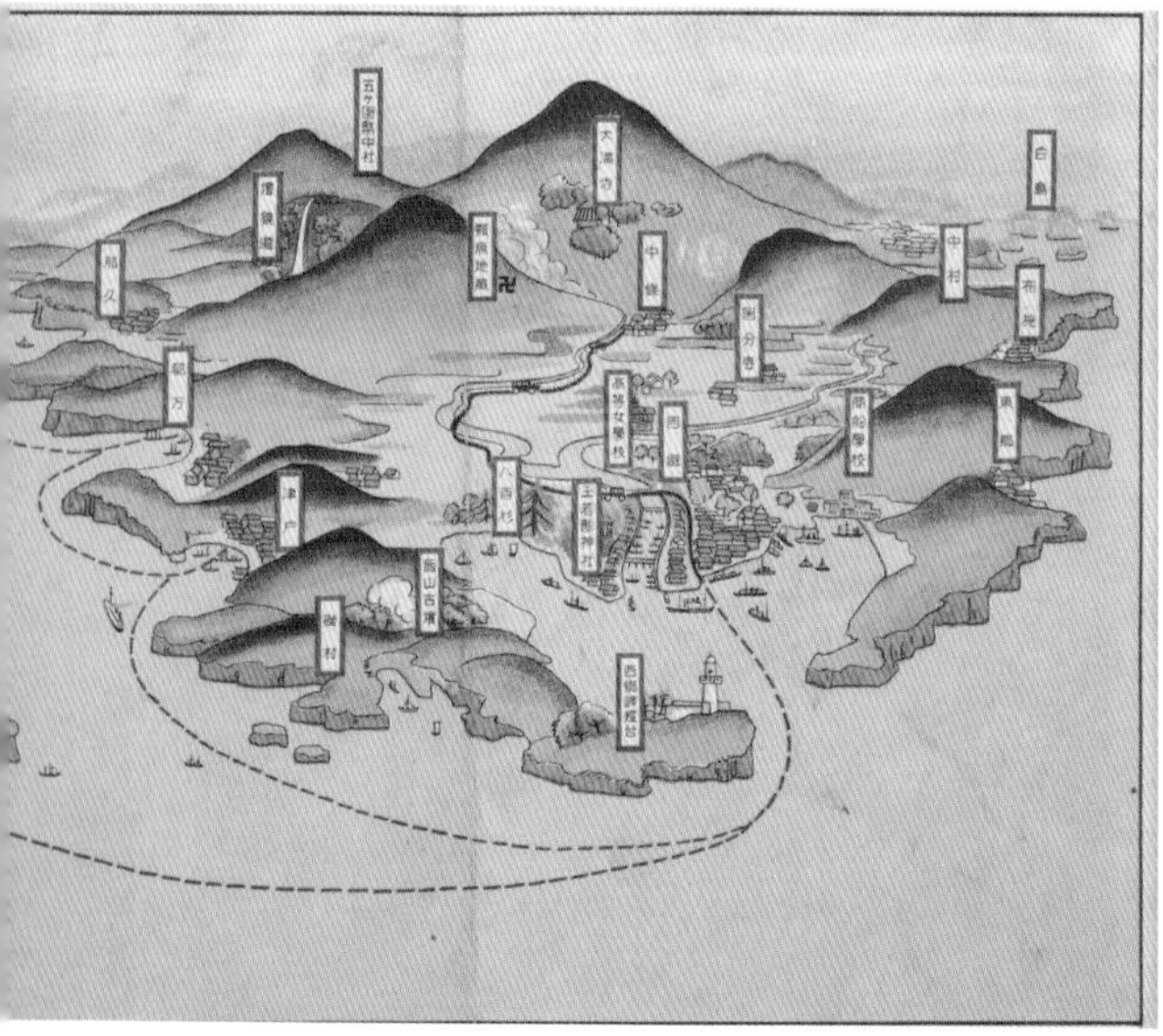

117 **隠岐の観光案内**

●南部町祐生出会いの館

案内書記載の名所には、玉若酢命神社・水若酢神社・八尾杉・後鳥羽院火葬塚・黒木御所・焼火神社など、現在でも馴染みのある名所がすでに記載される。発行元の一つである保勝会は、この時期各地で設立され、名勝史跡の保存顕彰とともに旅館等も含めた観光関係団体の連合組織的な性格も持っていた。保勝会の多くはのちに観光協会へと引き継がれた。

117-4　**隠岐遊覧案内**

●1930年（昭和５）

隠岐汽船株式会社発行。名所のほか汽船内外の写真を掲載し、その設備などにも誌面を割く。

117-3　**隠岐遊覧之栞**

●1929年（昭和４）

隠岐保勝協会発行。隠岐の名所を写真付きで示す。

COLUMN

コラム3 聖地・聖蹟に集う人びと

「聖地《せいち》」という言葉を聞いた時、どのような場所を思い浮かべるだろうか。イスラーム教徒が巡礼を行うサウジアラビアのメッカのように、古くから神聖な意味合いを持った土地を想起する人もいれば、マンガやアニメ、ドラマなどで登場する舞台を思い浮かべる人も多いかもしれない。現代においては、宗教的な意味合いに限らず、様々な文脈で人びとが重視する場を「聖地」と呼称しており、この「聖地」は人びとを吸引する力を持ってきた。

明治時代から戦前（昭和初期）までの日本における「聖地」もまた、この時代特有の意味合いをもって人びとを惹きつけた。この時期の「聖地」とは、天皇陵《てんのうりょう》や神社のように、主に歴代天皇に関係する史跡を指す言葉であり、「聖蹟《せいせき》」という言葉でも表現されることとなった。天皇制を主軸とした国民統合を進める近代日本において、聖地・聖蹟はとりわけ重要視されるようになり、ナショナリズムの昂揚に伴って聖地・聖蹟観光は大いに盛り上がりをみせた。

一九三〇年代には、特に顕著な聖地・聖蹟観光ブームが巻き起こる。一九三四年（昭和九）、後醍醐《ごだいご》天皇による建武《けんむ》政権が打ち立てられてから六〇〇周年にあたるこの年には、「建武中興《けんむちゅうこう》六百年」と銘打った大規模な記念事業が展開し、翌年には「大楠公《だいなんこう》」楠木正成《くすのきまさしげ》が戦死した湊川《みなとがわ》合戦《かっせん》の六〇〇周年を記念して南朝《なんちょう》忠臣たちの顕彰運動や観光誘客が盛り上がりをみせた。さらに一九四〇年には、「紀元二千六百年」を記念する一大キャンペーンが展開し、聖地・聖蹟観光はピークを迎える。

聖地・聖蹟をめぐる熱狂は、島根県域も例外なく包み込んだ。現在も県内最大の観光地である出雲大社は「神都《しんと》」と呼ばれて多くの参拝客でにぎわい、松江市は「神国大博覧《しんこくだいはくらん》会《かい》」と題した博覧会を企画した（ただし日中戦争の長期化に伴い中止となる）。建武中興六百年に関わるところでは、後醍醐天皇や南朝方の忠臣として、出雲の布志名雅清《ふじなまさきよ》、石見の三隅兼連《みすみかねつら》の顕彰運動や神社創建運動が展開する。そして、特に全国を巻き込んで盛り上がりを見せたのが隠岐であった。隠岐は、後醍醐天皇の配流《はいる》地であるのに加え、後鳥羽《ごとば》上皇《じょうこう》の配流地でもある。一九三九年は、後鳥羽上皇の没後七〇〇年にあたる年であったため、後鳥羽上皇の顕彰運動が東京・関西の有識者も巻き込んで拡大し、後鳥羽上皇を祭神とする隠岐神社《おきじんじゃ》が創建されるに至った。隠岐神社の創建に際しては、隠岐汽船の新造船に乗り込んで多くの観光客が来島し、新聞社や隠岐汽船などが関わる形で団体旅行も企画された。

一九三〇年代は、満州事変《まんしゅうじへん》や日中戦争の勃発、そして太平洋戦争を目前に控えた緊張感漂う時代であった。特に国民や社会のあらゆる領域を巻き込む「総力戦《そうりょくせん》」の時代は、娯楽色の強い観光とは一見相反するものであるが、この二つを結びつけ、人びとの移動を促したのが、聖地・聖蹟であったのである。

（田村）

参考文献

・有馬誉夫『島根の観光レジャー史（大正、昭和戦前）』ハーベスト出版、二〇一六年

・橋本紘希「一九三〇年代における歴史顕彰と神社創建」羽賀祥二編『近代日本の歴史意識』吉川弘文館、二〇一八年

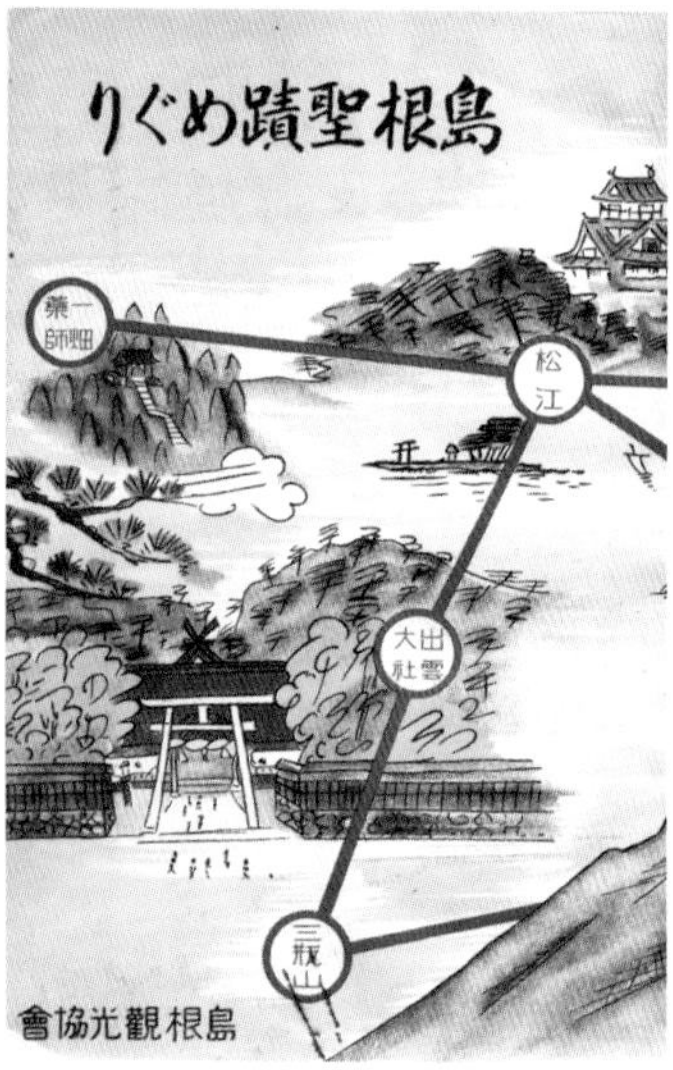

参考

『島根聖蹟めぐり』

●1941年（昭和16）6月
島根県立図書館

島根観光協会が発行した観光パンフレット。この半年後には太平洋戦争が開戦している。

5-3 “道中”を楽しむ

118　**汽車土瓶**

●1907年（明治40）頃
出雲弥生の森博物館／写真提供

出雲今市駅（現在の出雲市駅）周辺の発掘調査でみつかった汽車土瓶。汽車土瓶とは、駅弁とともに販売された陶磁器製のお茶容器である。「まつ江」とあり、松江駅が開通した明治40年頃のものと考えられる。

119 **出雲そば丼鉢**

●20世紀前半（大正時代末期～昭和時代前期）　浜田市教育委員会

浜田駅貨物ヤード跡の発掘調査で見つかった蕎麦丼。「そば　今市名物　黒崎」とある。『出雲今市誌』（1916年）によれば、当時今市駅前で黒崎旅館が営業しており、また同館は駅構内で待合所兼売店を構えていた。この乗客は出雲今市駅構内の売店で蕎麦を買い、車内で食べたのち浜田駅で捨てたのだろうか。

120 **汽車茶瓶**

●1955～65年（昭和30年代）頃　出雲市

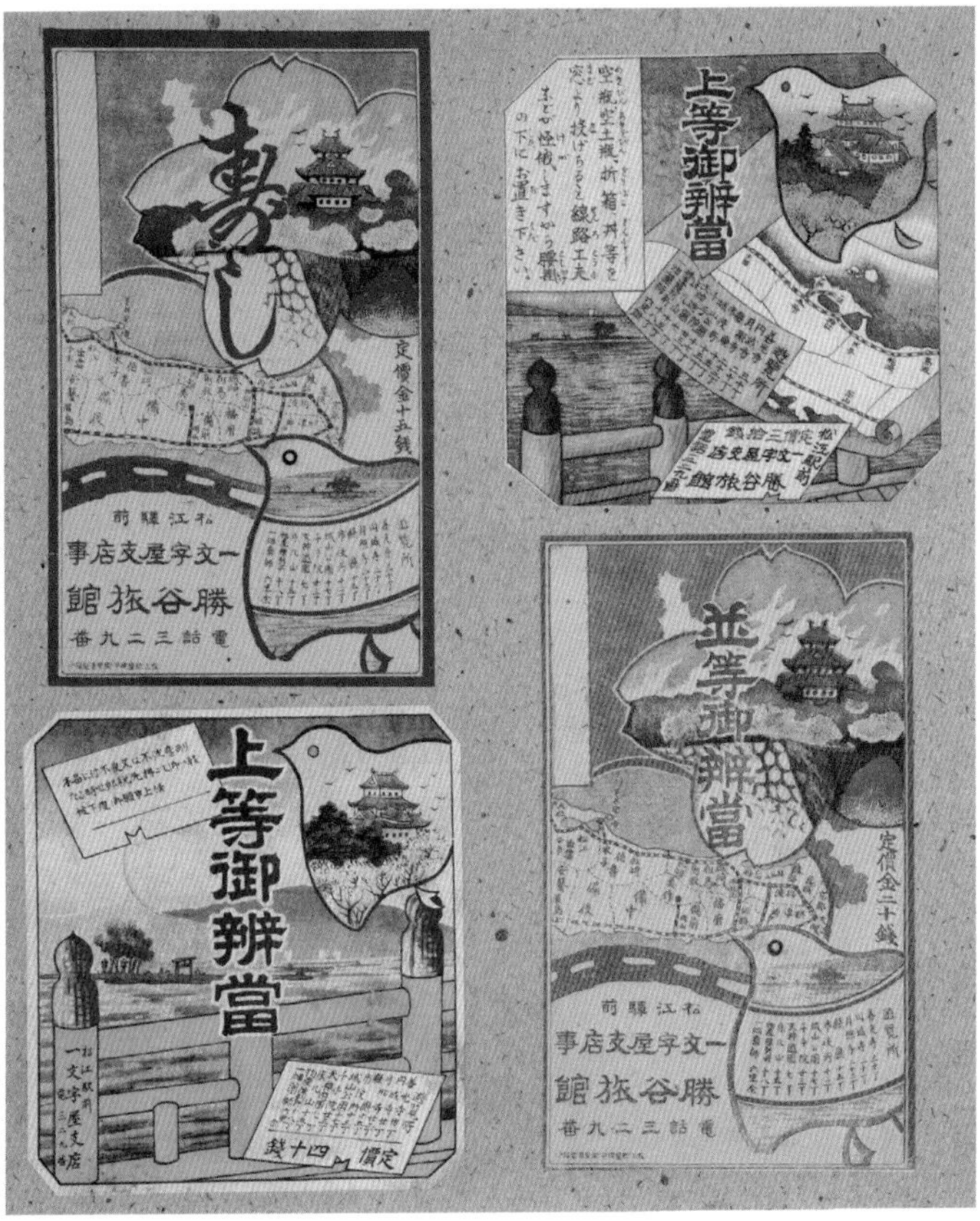

121 **駅弁掛紙**

南部町祐生出会いの館

南部町（鳥取県西伯郡）出身のコレクター板祐生《いたゆうせい》が、1919年（大正８）から同35年（昭和10）の間に収集したコレクション。品名だけでなく、各地の路線図や観光案内が描かれたり、なかには乗車マナーの注意喚起の表示もみえる。

121-1 **貼込帳（松江駅一文字屋支店ほか）**

1919～35年（大正時代～昭和時代初期）

121-3 **出雲今市駅 黒崎旅館（複製）**

1919年（大正８）

121-2 **松江駅 一文字屋支店（複製）**

1922年（大正11）

121-4

出雲今市駅 黒崎

● 1923年(大正12)

121-5

石見大田駅 長尾西陽軒

● 1919～35年(大正時代～昭和時代初期)

121-6

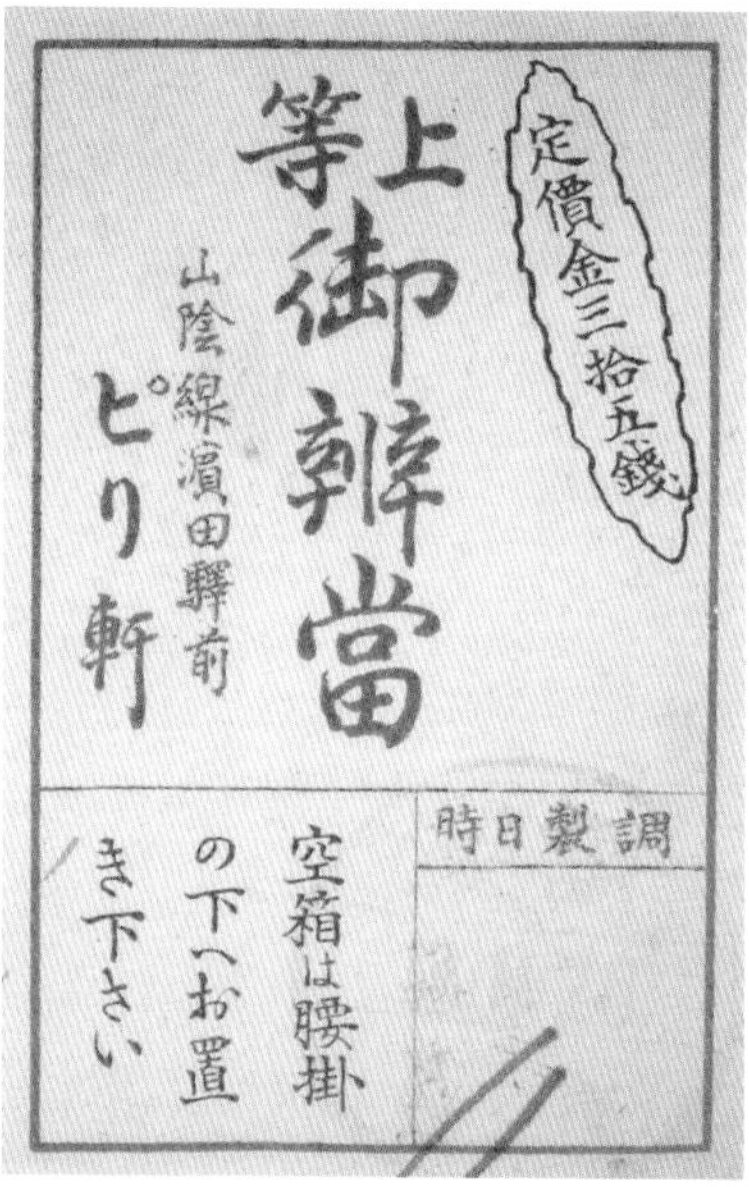

浜田駅 ピリ軒(複製)

● 1924年(大正13)

121-7

浜田駅 ピリ軒

● 1919～35年(大正時代～昭和時代初期)

121-8

石見益田駅 寿養軒(複製)

● 1925年(大正14)

121-9

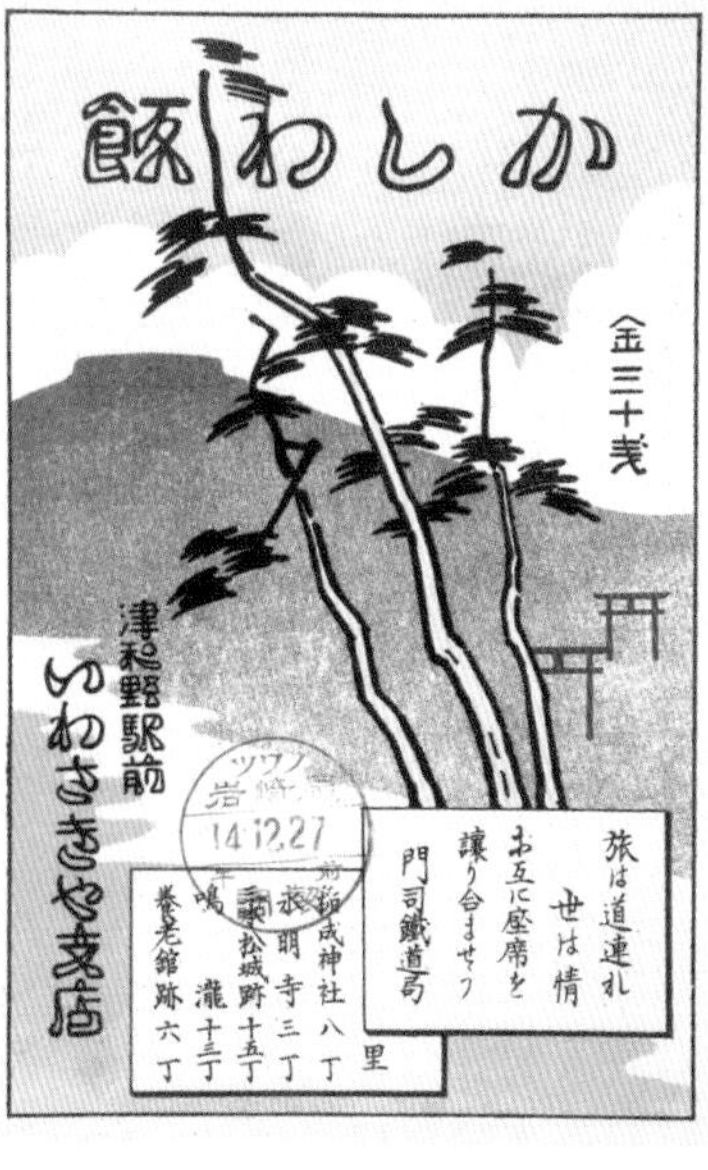

津和野駅 いわさきや支店(複製)

● 1925年(大正14)

Topic.
トピック.

芥川龍之介と井川恭の島根旅行

Ryunosuke Akutagawa
and
Kyo Ikawa's
Trip to Shimane

1915年（大正４）、７月11日に山陰線は石見大田駅（現・大田市駅）まで延伸する。その直後の８月にこの延伸路線を利用したのが、芥川龍之介と井川恭であった。芥川は、第一高等学校時代からの親友だった松江出身の井川の元を訪れ、約20日間松江に滞在する。ある日２人は、出雲大社からこの延伸路線を利用して、波根海岸へ赴き、一泊する。ここでは２人のこの小旅行の軌跡を、新事実とともにたどる。

写真：(左)芥川龍之介、(右)井川恭

写真提供：日本近代文学館

松江市内中原町生まれの井《い》川《かわ》恭《きょう》*は、一九一〇年（明治四三）に第一高等学校に入学。そこで芥川龍之介と出会い、二人はかけがえのない友人として友情を育んだ。その後、井川は京都帝国大学、芥川は東京帝国大学へ進学し別々の道を歩むも、多数の手紙を交わし、二人の親交は変わらず続いた。

一九一五年（大正四）三月、失恋した芥川を心配した井川は、東京の芥川家を訪ねたのち、故郷松江に芥川を誘う。芥川にとって初めての遠出の旅行であった。二人は、松江に家を借りて約二〇日間起居をともにする。

当時の島根県は折しも山陰線延伸期にあたり、日夜新しい〝旅路〟が開かれていく時期であった。

ある日二人は、出雲大社へ出かけたのち、急遽、開通間もない延伸路線を利用し、波根（大田市）まで足を伸ばすことになる。

＊一八八八－一九六七、大正五年に恒藤に改姓。大阪市立大学（現・大阪公立大学）初代学長

122 **芥川龍之介の肖像写真**

1915年（大正4）

個人（大阪公立大学大阪市立大学恒藤記念室寄託／写真提供）

芥川が井川に贈ったもの。

月日	主な出来事
3月	井川、芥川の失恋を知り田端の芥川家を訪問。松江来遊を誘う。
7月11日	**山陰線出雲今市―石見大田間開通**
8月3日	芥川、東京を発つ。
8月4日	芥川、京都で一泊
8月5日	芥川、城崎温泉経由で夕方に松江着。松江城お花畑のお濠端に家を借り、井川と起居を共にする。
8月6日	松江城天守閣に登る。
8月10日	汽船で佐陀川を下り、古浦へ出て海水浴。
8月11日	汽車で出雲大社へ、その後波根まで足を伸ばし「水月亭」で一泊。
8月12日	朝、波根海岸で遊び、正午過ぎに汽車に乗り帰松。
8月19日	汽船に乗り美保関へ。夕方帰宅。
8月22日	芥川、松江を発つ。

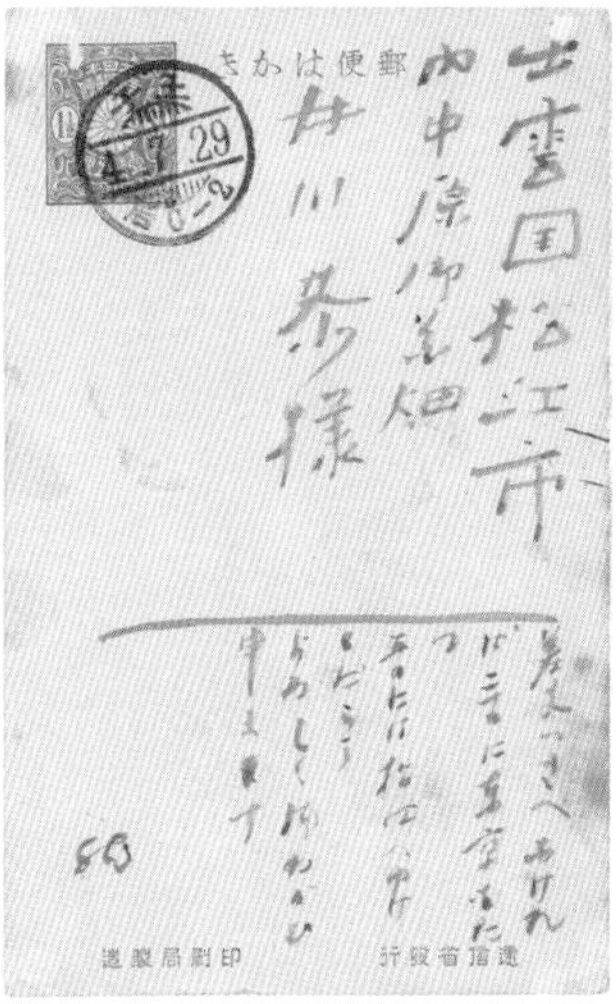

123　**芥川による井川宛書簡**

1915年（大正4）
個人（大阪公立大学大阪市立大学恒藤記念室寄託／写真提供）

松江到着予定日を知らせる。

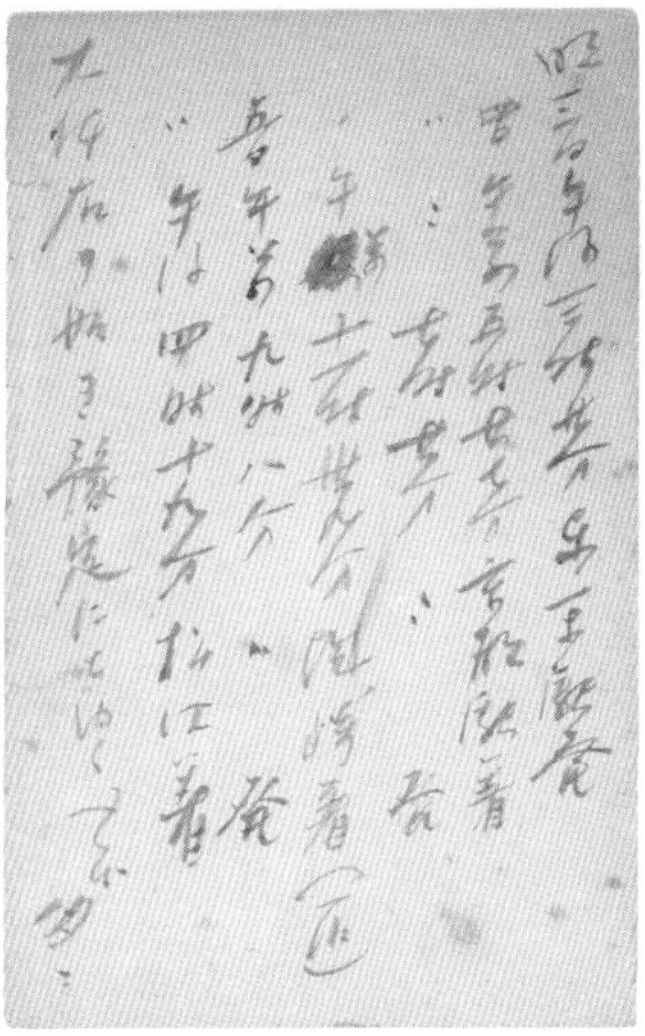

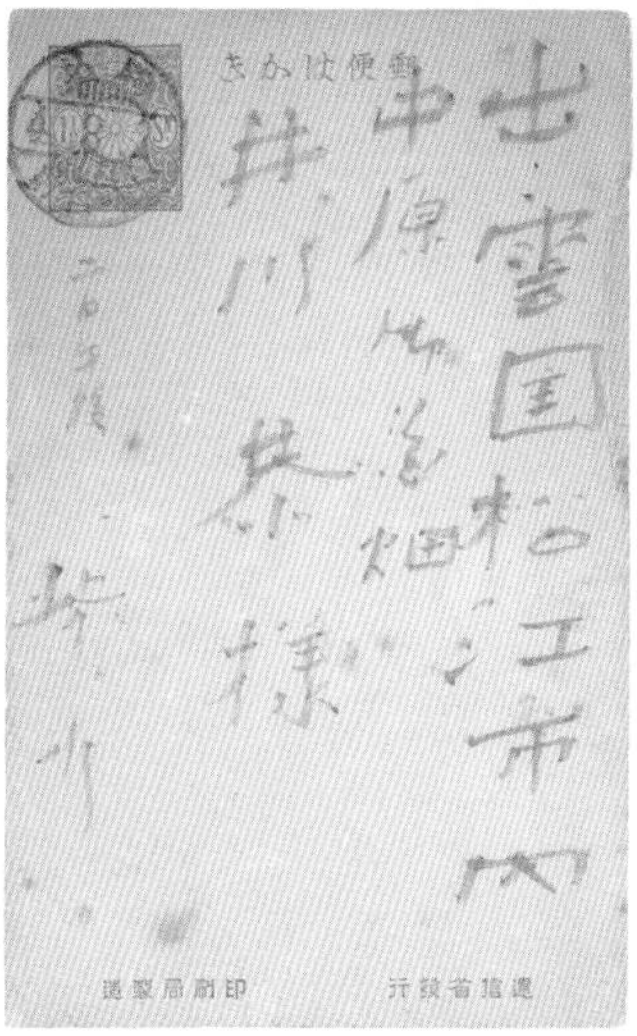

124　**芥川による井川宛書簡**

1915年（大正4）
個人（大阪公立大学大阪市立大学恒藤記念室寄託／写真提供）

松江に至る発着時刻を知らせる。3日午後に東京駅を発ち、城崎を経由して5日午後に松江着となっている。

125　**井川恭によるスケッチ**

1915年（大正4）　個人（大阪公立大学大阪市立大学恒藤記念室寄託／写真提供）

出雲海岸の芥川（右）と波根の風景（上）を描く。

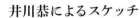

なんだか此処は索漠としていて興味が薄いので、一体は一と晩泊るつもりであった予定を急に変えて、四時の汽車で石見の波根《はね》に向うことにした。龍之介君がもう一返大社へ行ってお守りを買って行くと云うので復たおなじ途を引返してお客に行き大黒さんと蛭子《えびす》さんと二体の木像の入っている小さい筥《はこ》をもらった。

汽車に乗ってから龍之介君はそれを雑嚢の中から取り出していじくりながら、

「おも白いな。大黒さんと蛭子さんとが孔からのぞいているぜ。恰度顔のところへ孔をあけたのはおかしいや」

「どれ、見せ給え。なる程、二人とも楽天家だな。見ていると釣り込まれて笑わずには居られなくなるぜ」

汽車は間も無く今市についた。そこで町の中をぶらついたりして一時間ばかり待った後大田《おおだ》行の汽車に乗った。汽車がすゝみ出すとはてしない青田を渡って吹いてる風のすゞしいこと！

（中略）

神西湖《じんざいこ》を後にして汽車は小田《おだ》の駅についた。僕が十歳《とう》ばかりの頃姉や兄と一緒に朝松江を出発して庄原《しょうばら》まで汽船で渡り、そこから俥で大田に向った事があった。恰度秋の雨のそぼ降る日で、この辺《あた》り迄来ると夕日はさびしく海の涯に落ち、雨の中から西の方がぼうと明るく成っていた。どこ迄行ったら目指す太田の町に着くのだろうかと、おさない子供ごころにむしょうに心細く成って泣き出し度いような気持がしたことを記憶している。

その頃のことを考えると斯うして汽車の中に安々と身を横たえながら超えて行くことの出来るように成った文化の発達の有難さが痛切に感じられた。

（中略）

高い海ばたの崖から崖を伝って走って行った汽車が幾つかの隧道《とんねる》を潜り抜け、最后の黒闇《くらやみ》の中から脱け出たとき、夕ぐれの日

参考

「翡翠記」

井川による随筆「翡翠記《ひすいき》」には、波根滞在の様子のほか、芥川による日記（のちの「松江印象記」）も収録されている。当時松陽新報で連載された。

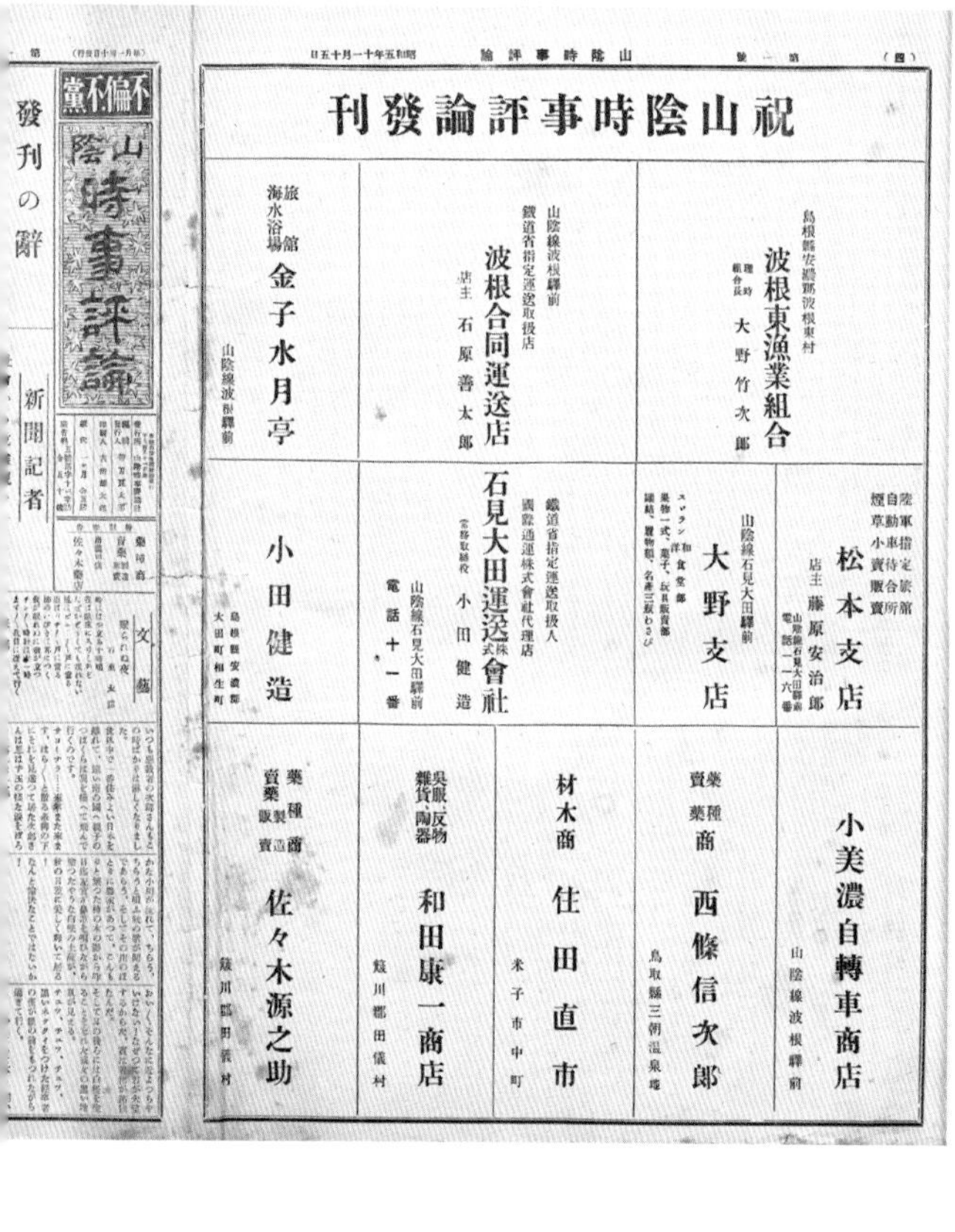
（四）　第一號　山陰時事評論　昭和五年十一月十五日

祝山陰時事評論發刊

島根縣安濃郡波根東村
波根東漁業組合
理事組合長　大野竹次郎

山陰線波根驛前
鐵道省指定運送取扱店
波根合同運送店
店主　石原善太郎

旅館
海水浴場
金子水月亭
山陰線波根驛前

陸軍指定旅館
自動車待合所
煙草小賣販賣
松本支店
店主　藤原安治郎
山陰線石見大田驛前　電話一一六番

山陰線石見大田驛前
大野支店
果物一式、菓子、玩具販賣部
罐詰、贈物類、名産三瓶わさび

鐵道省指定運送取扱人
國際通運株式會社代理店
石見大田運送株式會社
常務取締役　小田健造
山陰線石見大田驛前
電話十一番

小田健造
島根縣安濃郡大田町相生町

小美濃自轉車商店
山陰線波根驛前

藥種商
賣藥
西條信次郎
鳥取縣三朝温泉場

材木商
住田直市
米子市中町

呉服、反物
雜貨、陶器
和田康一商店
簸川郡田儀村

藥種商
賣藥製造販賣
佐々木源之助
簸川郡田儀村

不偏不黨
山陰時事評論
發刊の辭
新聞記者
文藝

126

山陰時事評論（水月亭の広告）

●1930年（昭和５）　波根むかし語りの会

波根で発行された新聞。創刊号の広告に「旅館 海水浴場 金子水月亭」が見える。これまで未詳であった波根での宿泊先「水月亭」が、この広告の記載により、現在の金子旅館であることが判明した。

の光に染って屋根や壁やが一斉にはなやぎ耀いている波根の漁村が海を背景《バック》にして眼のまえに現れた。

新築の小《ささ》やかな停車場に下車して改札口の駅夫に、「水月亭《すいげってい》という宿はどこですか？」と新聞の広告で知った旅館の所在《ありか》をたずねると、「そんな家は知りません」と突怪貪《つっけんどん》に答え返した。困ったなと二人顔を見合わせていると、今の汽車から下りて来たらしい村の人が親切に教えて呉れたので安心して歩み出した。宿は停車場から二丁ばかり行ったところに在って宿の名を記《か》いた小旗が高い竿のうえに翻っていた。

(中略)

あがって見ると眺望はすてきに佳い。二人は海にのぞんだ椽にこしかけたまゝ、

「佳いね！　ほんとうにいゝね！　今夜こゝへ来てよかった」とお互いにいそがしく言い続けた。

眼の前の海は一湾《いちわん》の暮潮《ぼちょう》を張りみなぎらせ、高らかな浪の音は静かな夕べの底に泌みてゆるやかに響いていた。浜が右の方に尽きるところには断層の条文《すじめ》鮮かな立神《たてがみ》の巌が巨人のように肩を聳やかしてすっくと立って居り、左り手は弓形《ゆみなり》につづく白砂《はくさ》の浜のはてに赤瓦の屋根がいろうつくしく重なり合っている。

(中略)

「あっ、うつくしい！」

「うつくしいね！」と浪のあいだから二人がうれしくて耐《たま》らないような声を叫んで、そのゆうべの「日の終焉《おわり》」の栄《さかえ》を讃めたゝえた。

裸かな二人のからだのまわりには金色や、くれないや、藍緑《らんりょく》や、紺青やの浪の文《あや》、浪の模様が肌にとおる冷たさと共に縺《もつ》れ絡《しが》らみはるかな海の端《はて》には日の、まったく没したあとの空に呪文の象《かたち》をした雲が焔《ほのお》のかたまりのように燃えかがやいていた。

井川恭『翡翠記』（寺本喜徳編、島根国語国文会、一九九二年）

参考　**現在の金子旅館**

金子水月亭は、もともと旧街道沿いに位置していたが、1915年（大正4）、波根駅開業に合わせて現在の場所である同駅前に移転した。

（一）　昭和五年十一月十五日

理想は高く明かなり。

田舎の堤に立てば

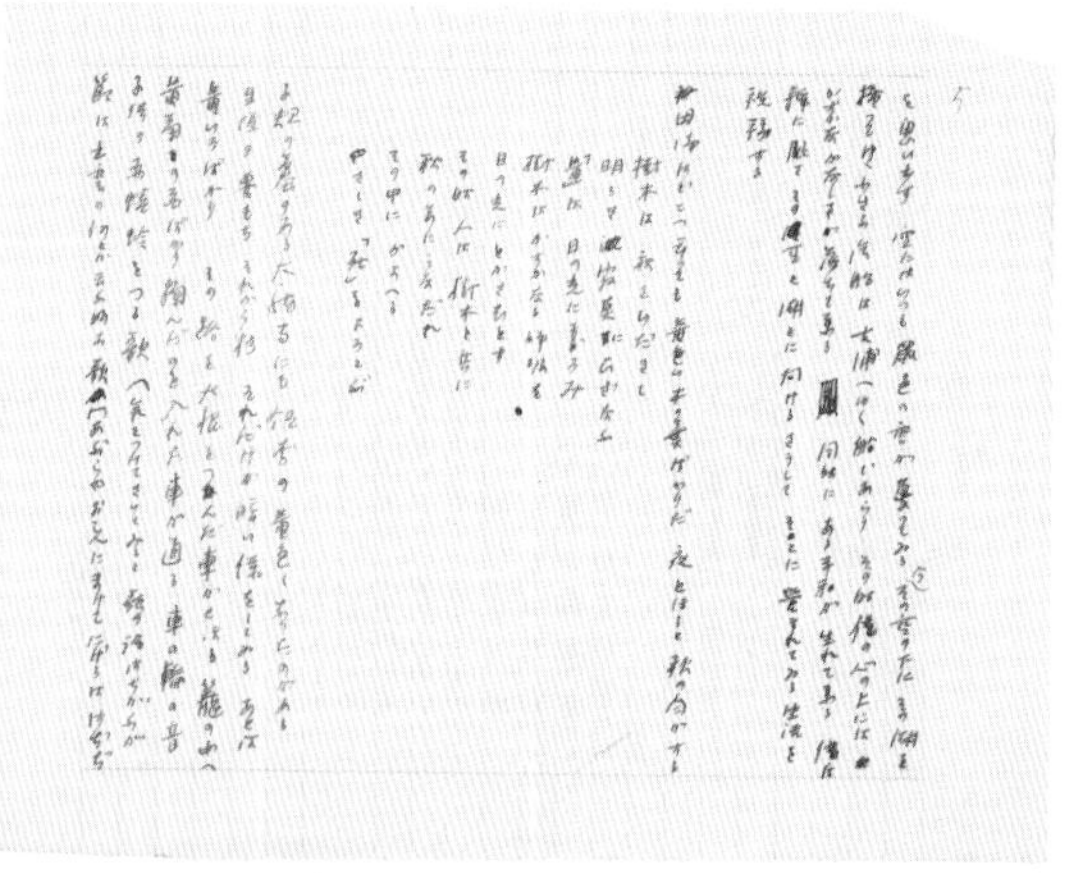

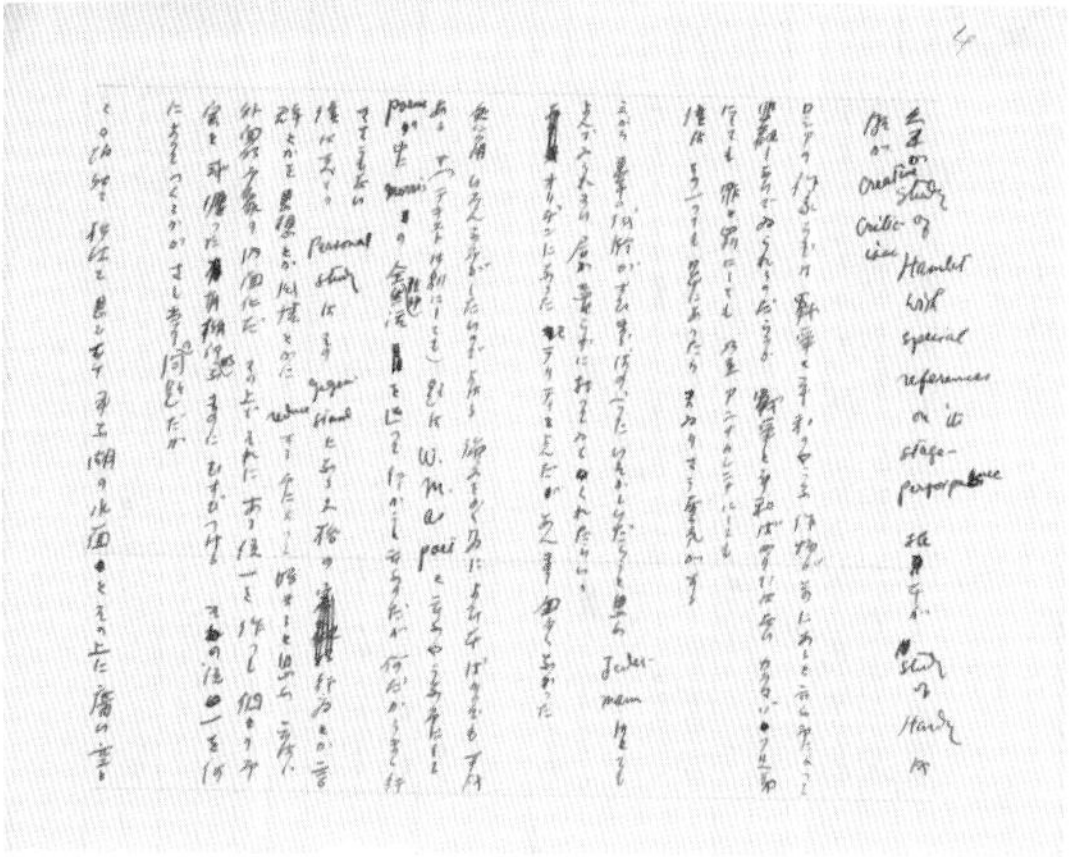

127
芥川による井川宛書簡
1915年（大正4）　個人（大阪公立大学大阪市立大学恒藤記念室寄託／写真提供）
松江滞在中の御礼を伝える。

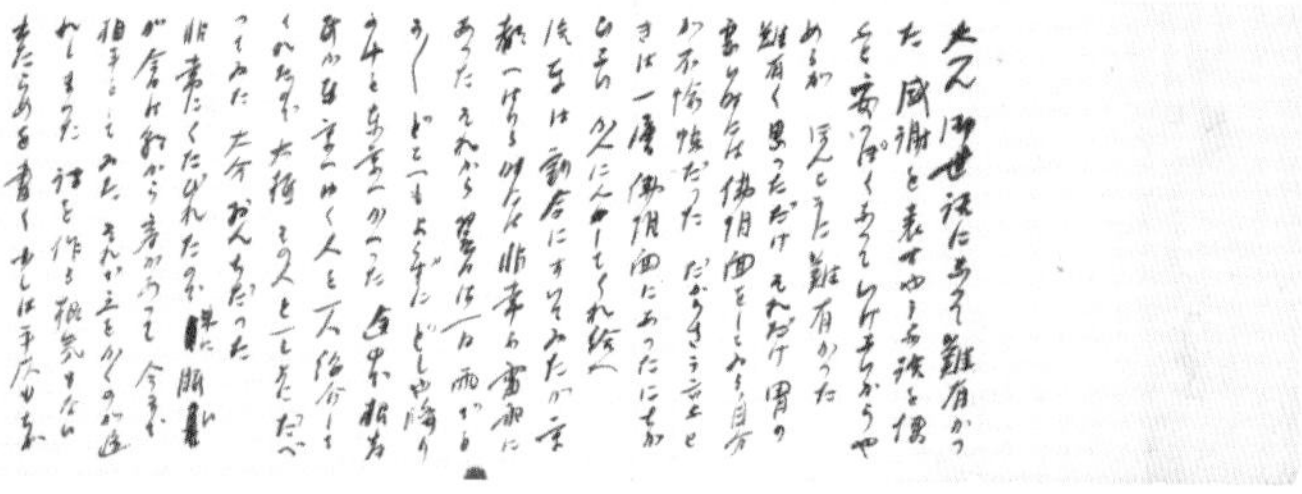

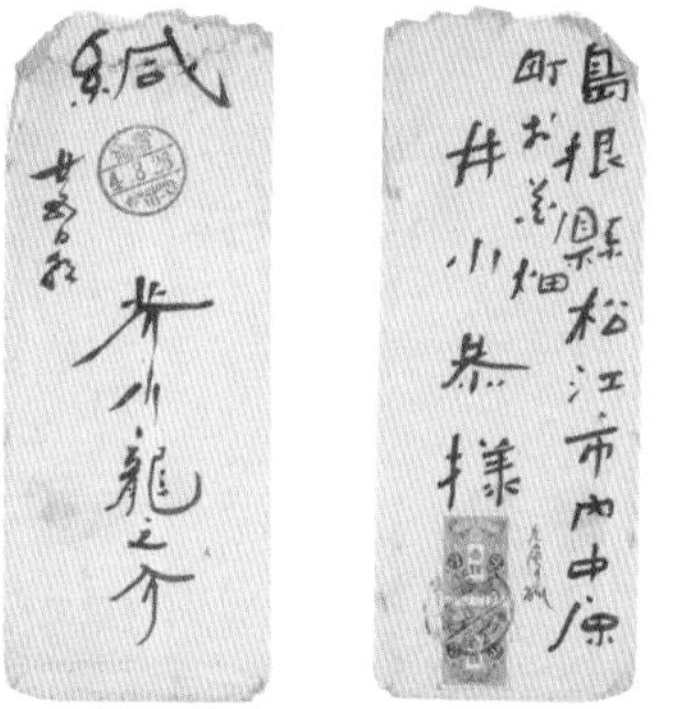

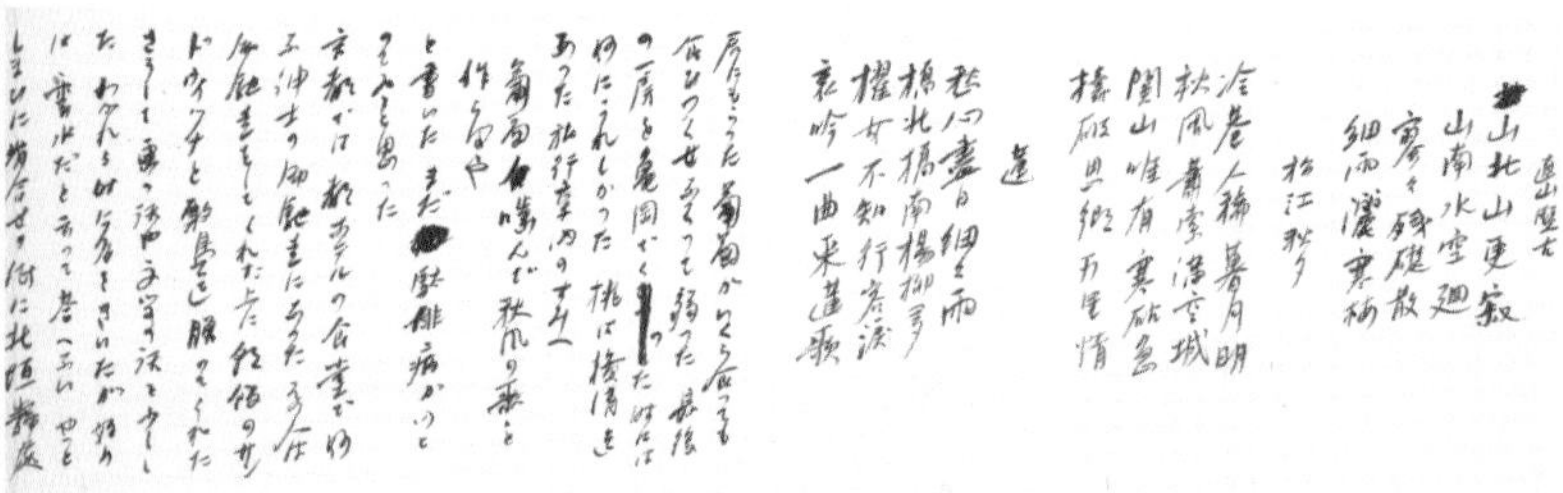

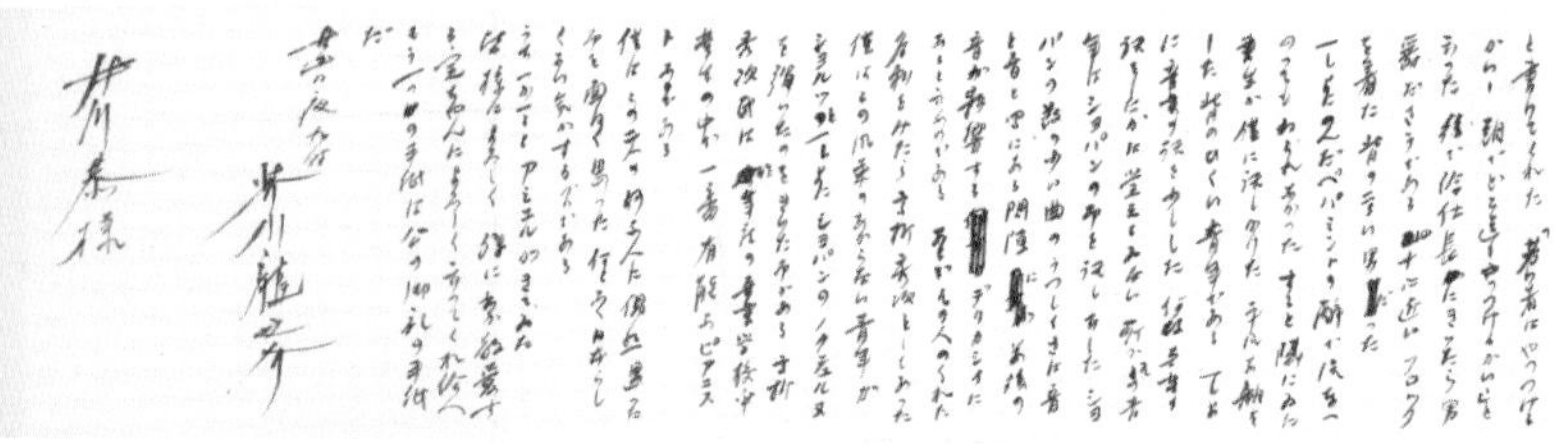

128
芥川による井川宛書簡
1915年（大正4）　個人（大阪公立大学大阪市立大学恒藤記念室寄託／写真提供）
松江の思い出を語る。

epilogue

エピローグ

——交通の〝過去〟と〝未来〟

20世紀後半、当時島根で活躍していた交通と、同じ時期に私たちが夢見た交通の未来を振り返ります。

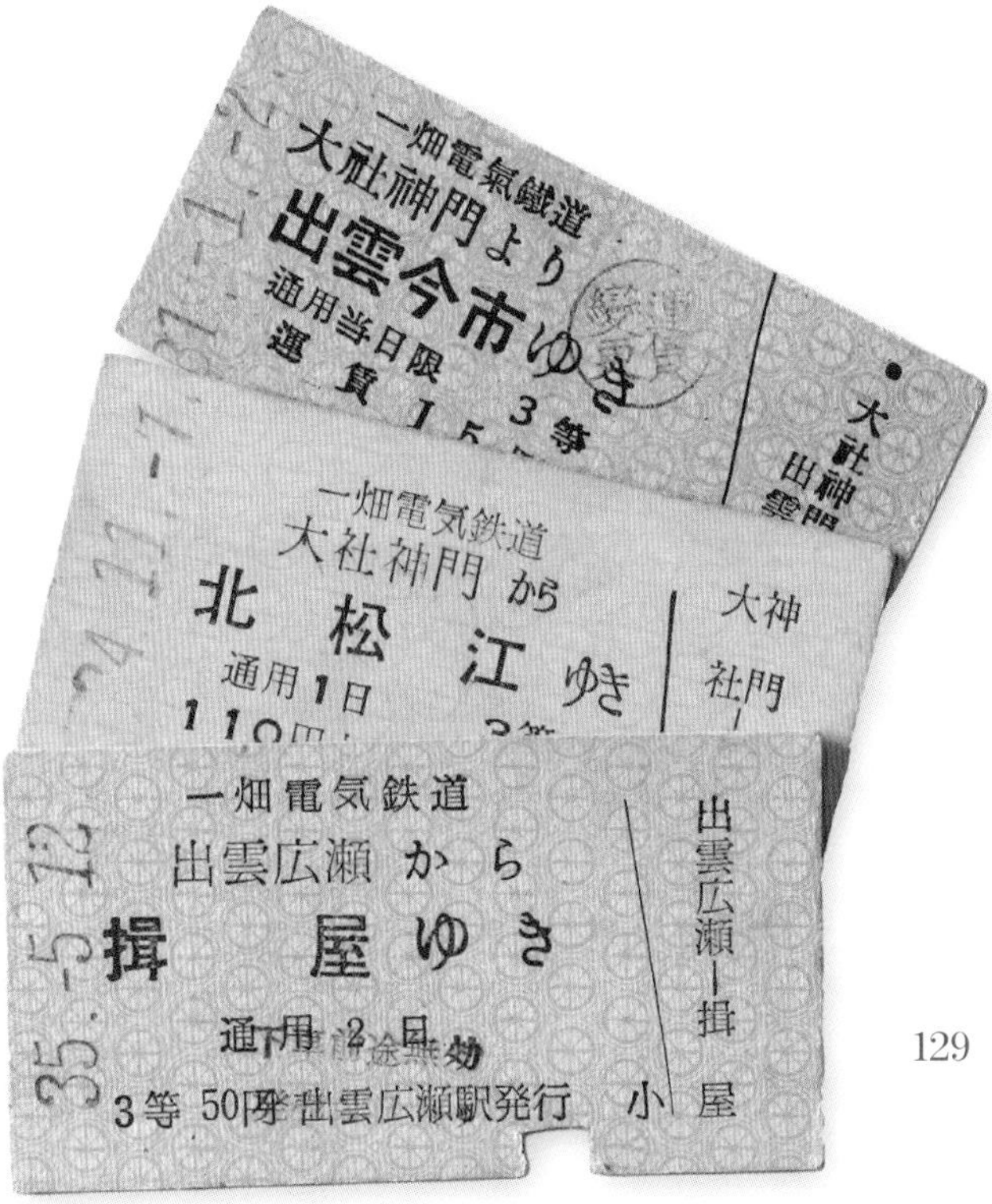

129 **硬券切符（一畑電気鉄道）**

●1955～60年（昭和30～35）頃
米子市立山陰歴史館

130 **大社号ヘッドマーク**

●20世紀後半（昭和時代）
米子市立山陰歴史館

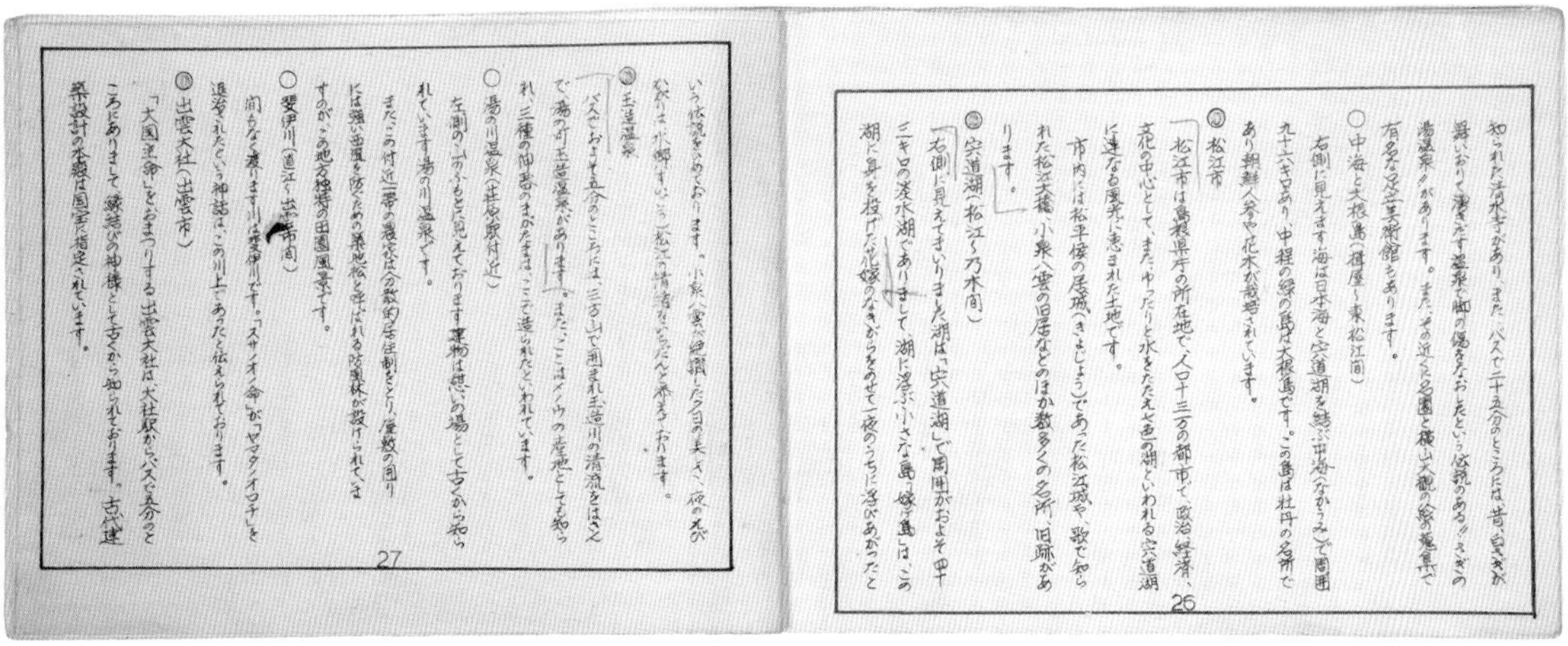

知られた清水寺があり、また、バスで二十五分のところには、昔、白さぎが舞いおりて湧きだす温泉で脚の傷をなおしたという伝説のある"さぎの湯温泉"があります。また、その近くに名園と横山大観の絵の蒐集で有名な足立美術館もあります。

○中海と大根島（揖屋～東松江間）

右側に見えます海は日本海と宍道湖を結ぶ中海（なかうみ）で周囲九十六キロあり、中程の緑の島は大根島です。この島は牡丹の名所であり朝鮮人参や花木が栽培されています。

◎松江市

「松江市は島根県庁の所在地で、人口十三万の都市で、政治、経済、文化の中心として、また、ゆったりと水をたたえた七色の湖といわれる宍道湖に連なる風光に恵まれた土地です。

市内には松平候の居城（きょじょう）であった松江城や、歌で知られた松江大橋、小泉八雲の旧居などのほか数多くの名所、旧跡があります。」

◎宍道湖（松江～乃木間）

「右側に見えてまいりました湖は「宍道湖」で周囲がおよそ四十三キロの淡水湖でありまして、湖に浮ぶ小さな島「嫁ヶ島」は、この湖に身を投げた花嫁のなきがらをのせて一夜のうちに浮びあがったと

26

いう伝説をひめております。小泉八雲が絶賛した夕日の美しさ、夜の灯びかりは水郷すなわち松江の情緒をいちだんと添えております。

◎玉造温泉

「バスでおよそ五分のところには、三方山で囲まれ玉造川の清流をはさんで湯の町玉造温泉があります。」また、ここはメノウの産地としても知られ、三種の神器のまがたまは、ここで造られたといわれています。

○湯の川温泉（荘原駅付近）

左側の山のふもとに見えております建物は憩いの場として古くから知られています湯の川温泉です。

また、この付近一帯の農家は分散的居住制をとり、屋敷の周りには強い西風を防ぐための築地松と呼ばれる防風林が設けられていますのが、この地方独特の田園風景です。

○斐伊川（直江～出雲市間）

間もなく渡ります川は斐伊川です。「スサノオ命」が「ヤマタノオロチ」を退治されたという神話は、この川上であったと伝えられております。

◎出雲大社（出雲市）

「大国主命」をおまつりする出雲大社は、大社駅からバスで二十分のところにありまして、縁結びの神様として古くから知られております。古代建築設計の本殿は国宝に指定されています。

27

131　**車内放送のしおり（山陰線の車内放送原稿）**

●1981年（昭和56）　出雲市

「「山陰」のイメージアップを図り、楽しい旅行をしていただくための旅客サービスの向上、旅客誘致の一助」のために編集された車内放送の原稿。名所ごとに放送する台詞のほかにも、車内放送にふさわしい言葉遣いや用語、放送のタイミングなど、効果的に伝えるノウハウが記されている。

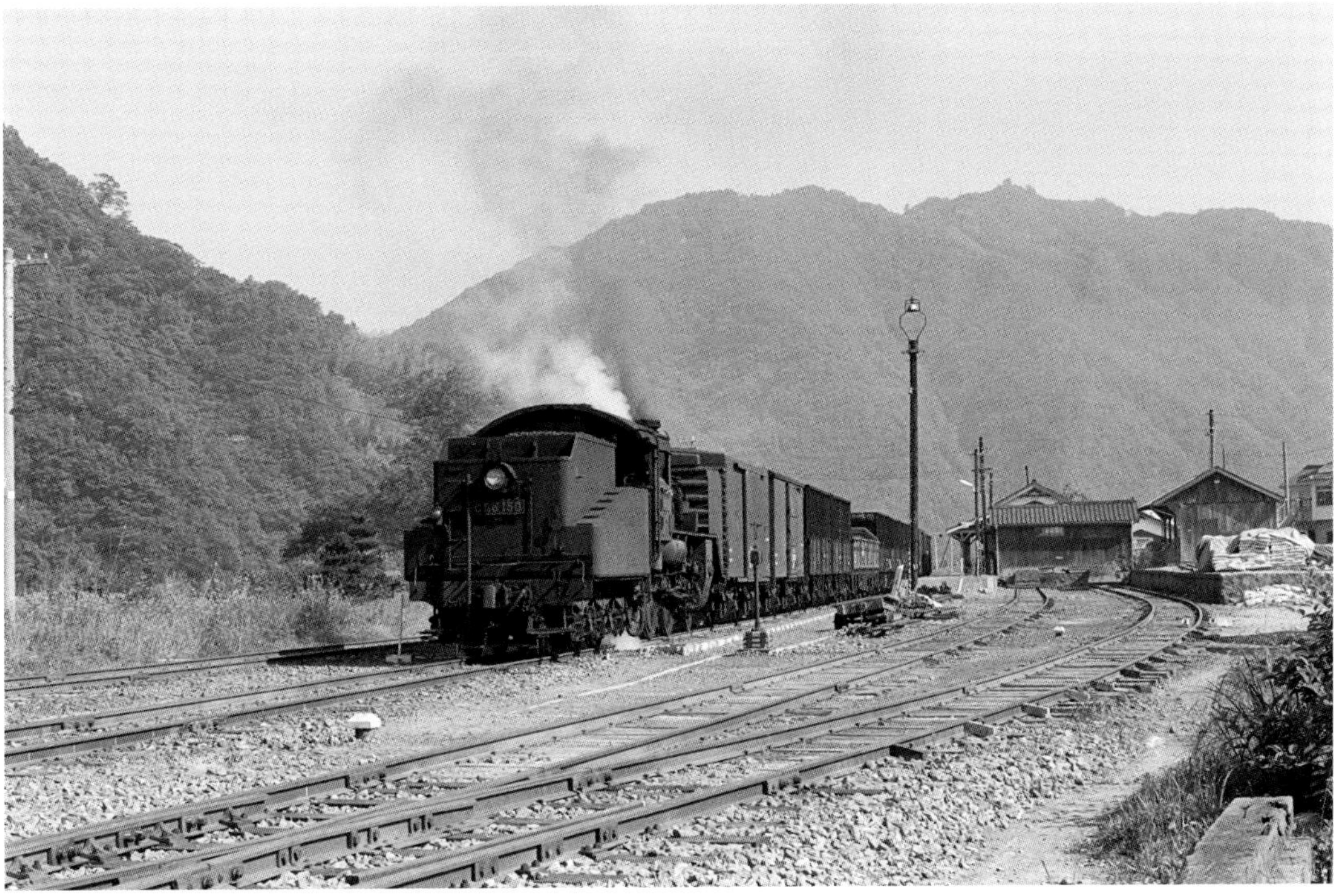

参考　**三江線を走る貨物列車**

●1974年（昭和49）　個人／写真提供

川戸駅構内停車中の機関車C56-150。６月19日撮影。

133 | **乗船券（合同汽船）**

●20世紀後半（昭和時代）
松江歴史館

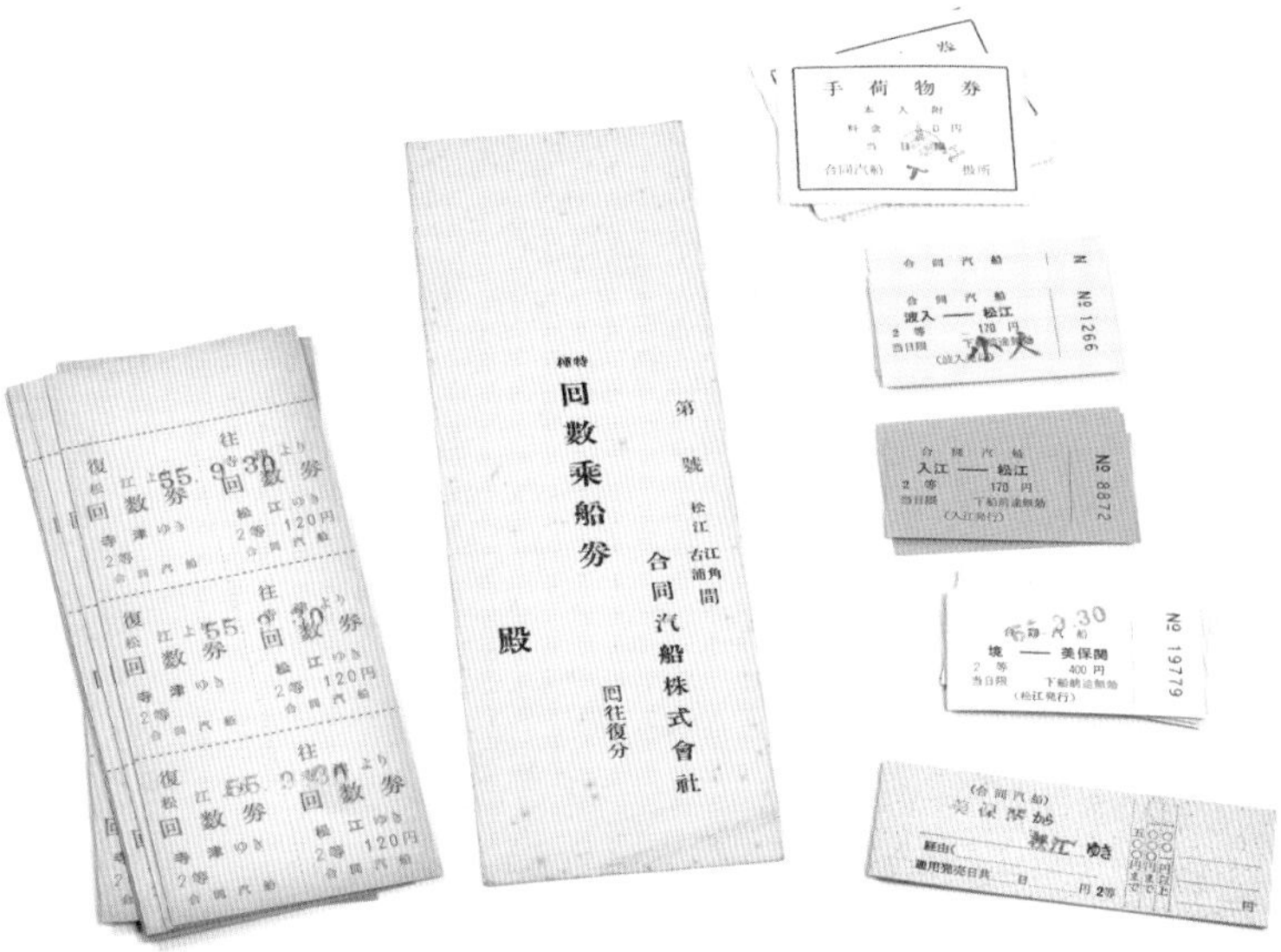

134 | **切符ハサミ（合同汽船）**

●20世紀後半（昭和時代）
松江歴史館

参考 | **合同汽船最終運行の写真**

●1980年（昭和55年）　松江歴史館／写真提供

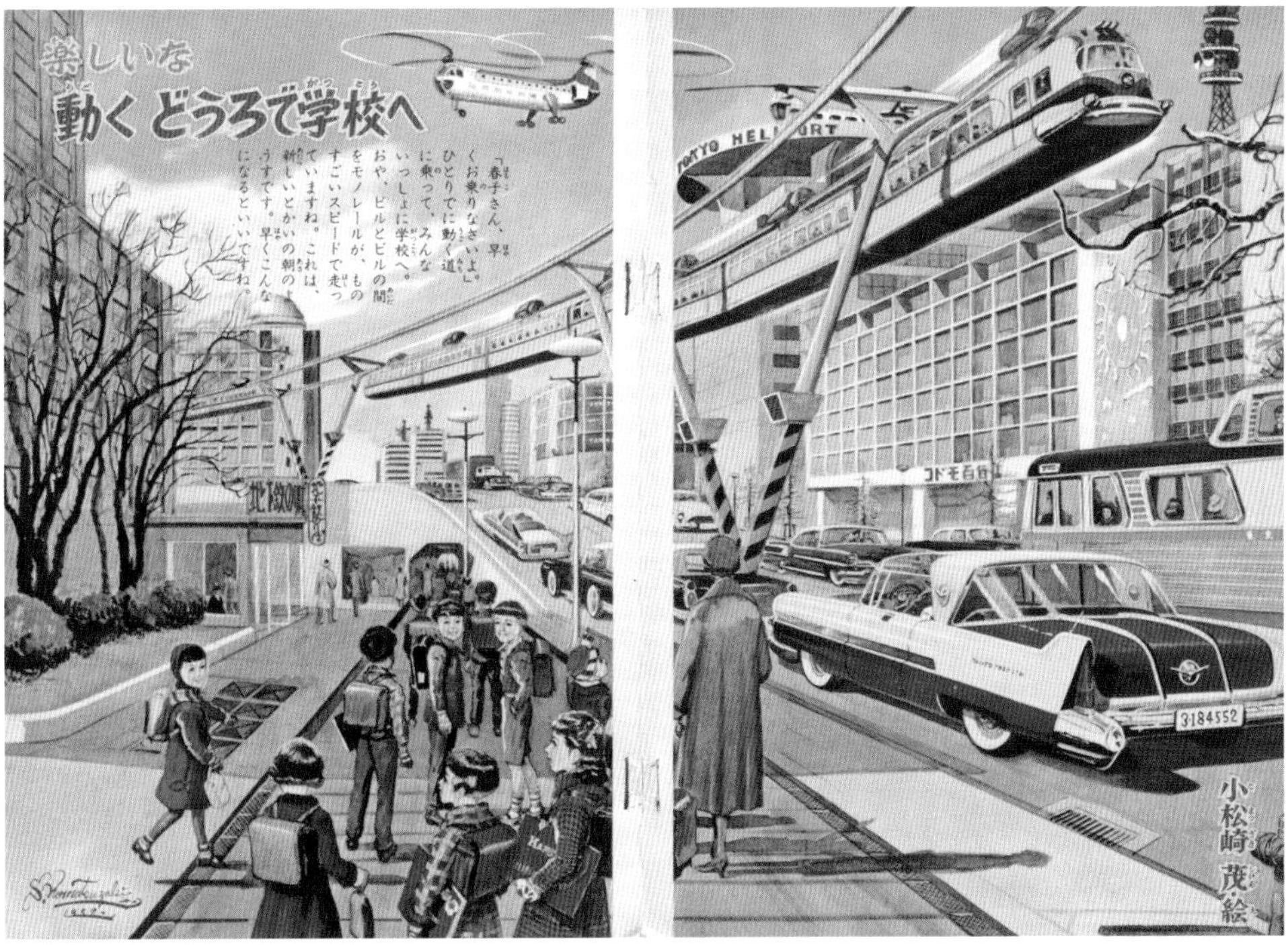

136

楽しいな 動く道路で学校へ（小松崎茂）

● 1957年（昭和32）　大阪府立中央図書館国際児童文学館

『たのしい三年生』1957年2月号。動く歩道で通学する小学生たち。吊り下げ式のモノレールはちょうどこの年に実現した。少年誌に掲載された未来予想図は、子どもたちの人気を集めた。中でも交通は、多く描かれたテーマの一つだった。

137

本州と四国を結ぶ大橋（伊藤展安）

● 1961年（昭和36）　大阪府立中央図書館国際児童文学館

『たのしい四年生』1961年9月号。本州―四国間を結ぶ橋は「夢のかけ橋」と呼ばれた。瀬戸大橋はこの27年後に開通。

138

100年先の東京見学（伊藤展安　絵・園山俊二　漫画）

●1961年（昭和36）　大阪府立中央図書館国際児童文学館

『たのしい四年生』1961年1月号。2061年に火星で生まれた少年が東京見学に来たという設定の物語。ヘリカーが行き交い、東京タワーはその邪魔になるとして撤去されている。

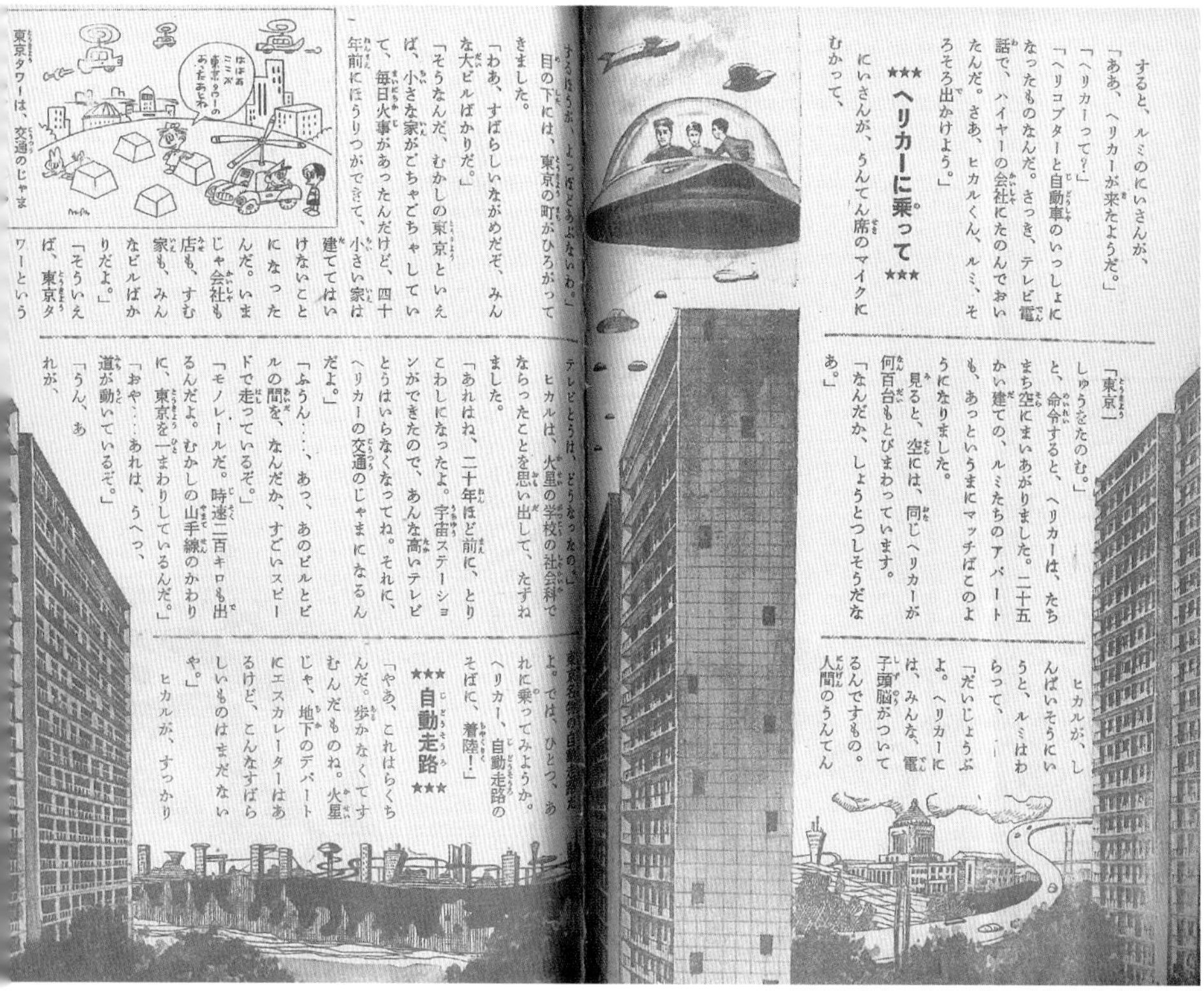

139

事故0のハイウェー（小松崎茂）

●1969年（昭和44）　大阪府立中央図書館国際児童文学館

『少年マガジン』1969年7月20日号。速度違反車や過重量積載車に対し超音波でエンジンを弱め、車を停止させて捕えるロボット。

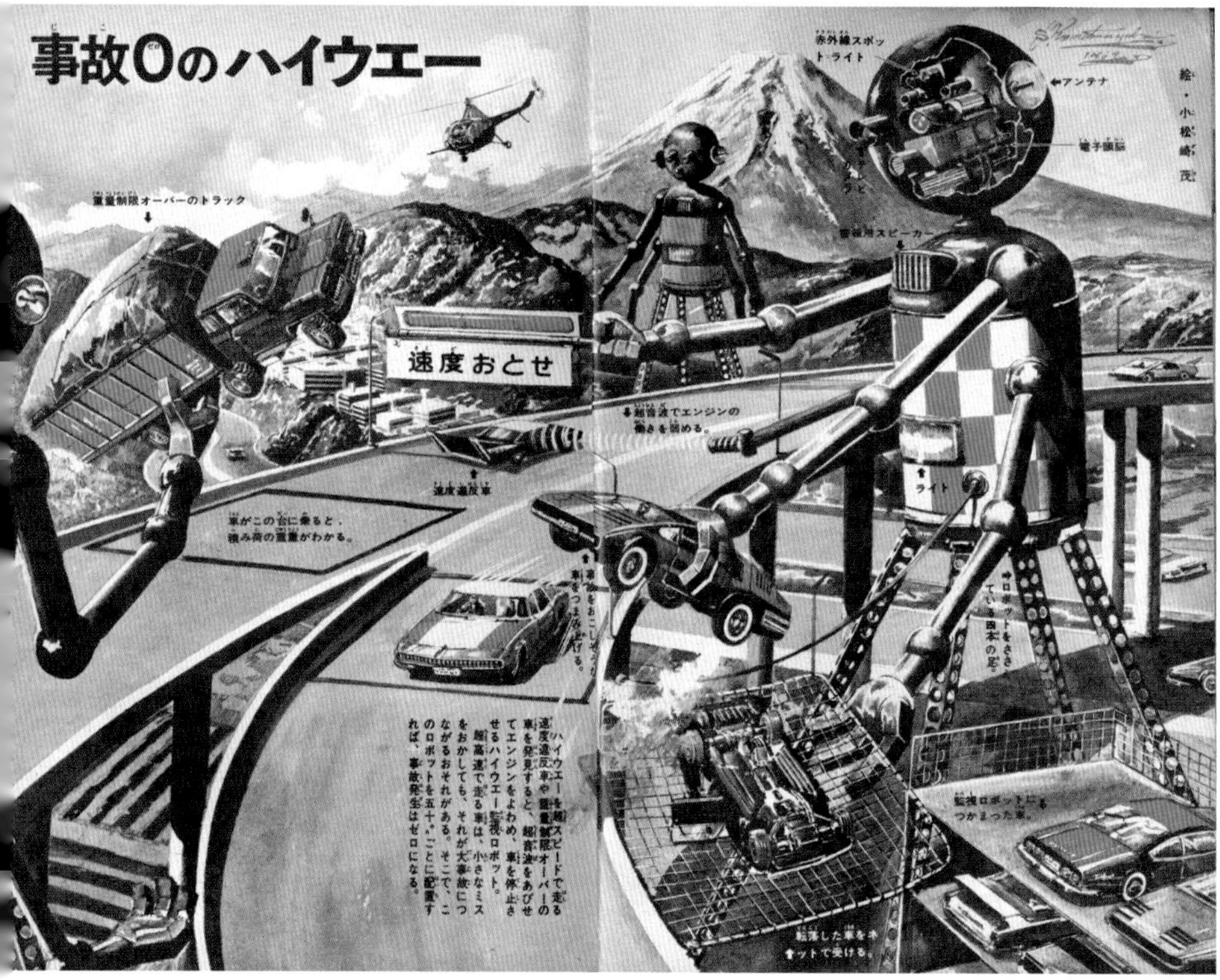

史料翻刻

5　問屋船番定（鷺浦）

（表）

問屋船番定

一、唐船并不審成船見当次第早速御番所江訴出可申事

一、湊江入兼及難儀候船有之候ハヽ、是又早々訴出可任差図事

一、前々之通初船頭ハ当番之者より往来手形改を請可申候、惣而新客古客とも方便を以奪取中間敷候、自然左様之族有之ニおゐては不及評定、急度問屋取揚可申事

右之通従前々雖法式有之、此度相改如斯候、尤当番ハ朝六ツ時ゟ翌暁六ツ時限一日一夜無懈怠相勤可申候、且断無之当番闕申間鋪条仍如件

杵築取締役・外山市右衛門（花押）

明治元辰十一月

（裏）

当番順

輪嶋屋市左衛門
恵比須屋辰右衛門
加賀屋栄三郎
備前屋満右衛門
米田屋甚蔵
北国屋祖右衛門
肝煎・讃岐屋伴右衛門
和泉屋平十郎
米屋善八郎
奥屋善市
肝煎・鍛治屋武右衛門
肝煎・加田屋三郎右衛門
丹後屋伴助
塩屋多右衛門
肝煎・塩飽屋伝左衛門
増屋六右衛門

都合拾六軒

12　覚（松江から鉄を積んだ船の海難史料）

覚

一、鉄弐百九拾四束　但、積高我等ゟ申上候口上分ならし共ニ

内

弐百　吉浦沖之ほう〳〵と申嶋へはせ上ヶられ申ニ付、吉浦黒松両浦ゟ御上ヶ被下候、慥ニ請取申所紛無御座候

残

拾五束ほとも其上もかちをそこない何共不相成ニ付塩田沖にてはね申候、其時之事ニ御座候間、此上はね申候も覚不申候、少も吉浦黒松両浦へ御ふしんかゝり不申候

内

破損舟道具

一、かちいそこない申ニ付かしら斗上り申候

一、ほ柱壱本

一、いかり四本

一、かちとこ壱つ

一、けたこし壱本

一、ろ七丁　但はし舟ろ共ニ

内

三丁上り申請取申候

〆　四丁なかれ候ニ付上り不申候

一、はし舟壱ほう

一、水たる壱つ

一、舟板之儀者くたけ候へ共無残上り申候

一、舟頭か子以上五人之きるい以下無残取上ヶ申候

一、舟頭持参申遣銀少も無相違取上ヶ申候

右之諸道具積荷物無残慥ニ請取申所紛無御座候

右者松江白方町きくや太郎右衛門船百三拾石積ニ鉄荷をつミ、刁二月廿四日ニ雲州かゝ之湊ゟ出し大坂へ罷上り候とて塩田沖迄参、俄ニ難風ニ相かちをそこない候ニ付、いかりおろし候へ共、弥々風つよくつなはらいきられ、同廿五日之七つ時分石州御蔵入之内吉浦沖へ吹よせられ、ほう〳〵と申黒松分之嶋へはせ上ヶ申ニ付、其まゝ嶋へ上りとほじの仕合ニ而御座候所ニ地ゟ舟を被御出し、我等共御助被下、其上所之御番所ゟも我等共へ御心付不残浦人情ヲ入荷物取上ヶ候へと被仰付、勿論地下ヲ以無残被入御情、刁二月廿五日ゟ同廿九日迄ニ右之荷物舟道具きるい以下迄無違目御取あつめ被下候段忝次第不申上、殊ニ今日迄も諸道具ちらさる様ニと被成、御心入之段国本へ罷帰り所之奉行ヲ以又ハ舟主へも可申聞候、為後日一札指上ヶ申候、以上

延宝弐年寅

二月廿九日

松江きくや太郎右衛門内

舟頭　市兵衛

とも取

か子

同

同

吉浦やと主　五兵衛

黒松長　太兵衛殿

吉浦長　庄右衛門殿

右両浦年寄中

35　御買上ヶ銑鉄御用留

「嘉永六癸丑十一月　御買上ヶ銑鉄

御用留　大浦湊年寄所」

（前略）

覚

一、正銑三千弐百貫目

此束三百弐拾束

右者、御用御石火矢肥前国佐嘉表ニ而御製造用ニ相成候石見国出産之銑、書状之通於大浦湊私船ト御積立、肥前国諸富湊大和屋佐左衛門所御積廻被仰付、奉畏候

(中略)

嘉永六年丑十一月廿一日

石州今浦市右衛門船

沖船頭　助九郎

右浦役人代

大浦湊船問屋　和兵衛

覚

一、正銑五千六百貫目

此束五百六拾束

右同文

嘉永六年丑十一月廿一日

石州大浦湊平右衛門船

沖船頭　国兵衛

同湊長兼庄屋　東左衛門

同地浦年寄　廣右衛門

37　買仕切（鯡の購入記録）

買仕切

一、走鯡上々〆粕　六百五拾五本

総目方壱万九千弐百五拾弐貫匁

此石　四百八拾壱石三斗

直段　百石ニ付金三百拾八円かへ

代金　千五百三拾円五拾三銭四厘

外ニ　金四拾五円九拾壱銭六厘

世話料三分

合　金千五百七拾六円四拾五銭

右之通代金別紙目録ニ入、此表相済候也

（明治）九年七月十九日

筆谷重三郎（印）

大龍丸清平殿

62　雲芸鉄道敷設趣意書

建設趣意書

山陰道は神代昔出雲民族の発祥地として裏日本文明の先駆をなしたりと雖も、惜哉、東西南の一帯は陰陽の大山脈に妨げられて山陽四国九州と隔絶し僅に日本海航路を利用して交通の便を得たるに過ぎず、従つて近畿上国との運輸交通は其機能を欠きたる結果、文化の進歩地方の開発共に上国に及ばざること遠く、幾多の富源開発の機会を得ざりしことは吾れ人共に遺憾とする所なり、然るに明治四十五年三月始めて山陰縦貫鉄道の出雲今市駅に開通運輸の業開始せらるゝや、山陰道一帯人文及殖産興業の状態は一変し其線路の漸次延長せらるゝに従ひ次第に其面目を改むるに至れり、斯くて大正十二年十二月に至りて山陰本線始めて全通し山陰線小郡駅に接続せる結果、貨客共に往来頻繁を極め、特に出雲大社参拝客が俄に従前の三倍以上を数ふるに至れるに見るも交通の便否が如何に人文の進歩開発に至大の関係あるかを見るべきなり、但山陰道松江市及今市町を中心とせる地方と一方山陽道広島市を中心とせる地方とが、前にも言へる如く陰陽の大山脈に妨げられて直接貨客輸送の便を得る能はざるは確に交通上の欠陥と謂ふべく、今仮に広島市より出雲大社に参拝せんとする者が西方小郡駅を経て出雲今市駅に達せんとするには其延長二百三十五哩、又東方姫路駅を経播但線により山陰本線に出で出雲今市駅に達せんとするには其延長三百六十一哩余いづれも迂回することを余儀なくせらる、然るに今次計画せる雲芸鉄道にして一朝開通せんには既設芸備鉄道と連絡して出雲今市駅に直通し其延長僅に九十七哩に過ぎず、従つて山陰道松江市及今市町と山陽道広島市との往復は一日にて足る殊に出雲今市駅は大社線との接続地点なれば出雲大社に参拝せる者は必ず此地を通過せざるべからず、又京阪其他上国よりする旅客は山陰本線によりて大社へ参拝し帰途雲芸鉄道によりて広島市に出で厳島神社に参拝すること容易なるが故に夫の新婚旅行者の如きは大社に参拝せる後更に各地の名勝を巡遊し倦むを知らず旅情を慰むるを得べし

又沿線の中央に石見富士の称ある三瓶山を屹として聳ゆるあり夙に第五師団の演習地なる等陸軍との関係最も密接なれば雲芸鉄道の敷設は軍事上に於ても亦決して軽視すべからざるなり、更に三瓶山の頂上には志学温泉あり、避暑地として殆んど理想的なるのみならず、冬季積雪の候にも亦『スキー』練習の好適地として青年間に推称せらるゝあり、従つて三瓶山上志学温泉の将来は宛然箱根温泉の如く、雲芸鉄道開通の暁には関西地方有数の好避暑地として京阪神地方紳士遊楽の巷となるべきは今より想像に難からず、尚飜りて殖産興業の方面を視れば沿線地方には所謂処女林として千歳不伐の森林あり、樹木繁茂して用材亦従つて豊富なるや言を俟たず、加ふるに同じく沿線たる来島村には島根県有林あり、之より産出する用材又は製炭輸送の為め軽便軌道敷設の計画あり、更に沿線には金銀銅鋼鉄等の鉱脈に富むも交通の不便に妨げられて未だ起業を見るに至らずと雖も、一朝本鉄道にして敷設せられんか自然に此等の事業も興起するに至るべきは必ずしも智者を俟つて後知るべきにあらざるなり

以上列記の理由により本鉄道建設は陰陽両道の連絡交通上最も緊要適切にして将来有望たることを認め、大正七年初頭之が起業の計画を立て、翌八年一月三十一日付を以て敷設許可を出願し、今回大正十三年五月十四日付を以て敷設免許状の下付を受くるに至れり

68　三度飛脚定書

定

一、明和之度被仰渡候御内意之趣、先般改而被仰渡之候通、弥厳重ニ相守御法行届候様兼而可心懸事

附、他国出し御停止之品者格別、都而御殿り合ニ可拘品運動相頼候もの有之候ハヽ、奉伺任御差図取扱可致候事

一、御用筋者勿論仲間殿り合之趣、一切他言致間敷事

一、諸御役所御用物、且御家中様并ニ寺社家、郷町之荷物ニ至迄大切ニ取扱可仕候事

附、届荷物斤目等欠無之様心を可付候事

一、当番之者江請込置候荷物別手を以運送いたし候儀、決而不相成事

一、御国定日之通厳重出立可致候事

附、荷仕舞之節、後登り之者相詰紛もの儀無之様可相改候、後登り之者差閊有之候ハヽ、仲間操合何れニ而茂立相可相改候事

一、登り荷物造り立候得者、箇荷物者勿論、小附ニ至迄詰番之者ゟ可致封印候事

附、詰番之もの印形持参いたし、且荷物員数等仲間用留ニ扣置候事

一、京・大坂両所とも定日之通厳重ニ可致出立候事

附、在坂中病気ニ而出立難相成候とも、定日ニ者荷物不残船積いたし、船中ニ而可致保養候、勿論京都出立之儀も同様之心得可有事

一、於道中川支等有之、自然延着いたし候とも、京・大坂出立之申訳ニ者不相成候事

一、代人為差登候節、猥之儀無之様、急度可申喩事

附、代人手明キ之もの先操ニ相雇仲間中一決之上可差遣事

一、運送荷物送り放シニいたし候儀、決而不相成候事

附、定例之外、播州網干或者備前岡山抔江荷物船廻いたし候儀、決而不相成候事

一、運送もの駄賃我侭ニ取集、或者まけ引等決而致間敷事

一、下り荷物御改之節、仲間中相詰可申事

右之通互ニ実意を以家業相勤可申候、尤仲間殿り合之儀者、前々ゟ数ヶ条有之候得共、先般御殿り合被為仰渡候ニ付、前条相立候間、毛頭無違乱急度相守可申候、若相背候もの於有之者、仲間中より家業可被差留旨致承知、其時一言否申間敷候、為念連印仍而如件

天保十三年壬寅十月

荒布屋九助（印）

森脇屋寿右衛門（印）

原屋文八（印）

古津屋啓七（印）

78　合同運送参宮旅行案内

御　挨　拶

此度大阪見学及伊勢参宮を目的とした松江商工業者団体旅行を企てました所、多数の御参加を頂いた事は主催者といたしまして欣快に堪へませぬ。

此旅行は近時流行致しまする所謂団体旅行と少しく趣を異に致しまして、多分運輸乃商工業見学を含んでゐる訳で御座いますから何卒充分の観察眼を御披き下さって御研究なり御参考の資を得られむ事を希望致します。

凡そ旅行と言ふものはお互いに誠に親しくなるものでありますが、同一市内の商工業者がお互いに相知る機会を得、相語る其愉快さは又格別であらうと存します。この社交的収穫だけでも団体旅行の値打ちがあろうかと考へます。

海山大百哩の行程どうか大切にお互い楽しき旅行をいたしたいと存じます。一言御挨拶します。

□湊町ヨリ伊勢行ノ経路

湊町＝天王寺＝王寺＝奈良＝亀山＝津＝松坂＝相可口＝山田＝二見

（中略）

車　中　会　話

A　折角合同運送の御主催で団体旅行に出たのですから、序に少しく承はって見たいですな

B　ハア、何だか恐ろしいようですね

A　合同運送てえのが各地にあるが、あれは一体どうして出来たのです

B　ナルホド　それはね、今から四年前迄は公認運送店と言ふものが沢山あったが、それを鉄道省がすゝめて一店に纏めたのです。

A　ソレナラ鉄道は産みの親ですね

B　さうです。産みの親であり、育の親です。

A　育ての親なら何か栄養物を呉れてるのですか?

B　そうですね、先づ構内積卸の請負、特別小口ノ集配請負、小荷物配達、混載貸切ノ仕立、無賃乗車証下付、用地貸付ノ優先等々ありますが、それで寝て居て食へるのでないですから、やはり根本は自分の勉強にあるのです。

A　指定運送人と言ふ分はそれですか

B　全くそれです。これは一駅に一店しかないのです。他の運送店は鉄道は運送店と認めないのです。荷主の代理人位にしか認めて居ないのです。全くお気の毒ですよ。

A　大阪混載とは、あれはどんな事ですか?

B　これは大阪合同運送で小口のものを一纏めにして、一車貸切として出します。そして運賃は貸切の事に準ずるのですから小口扱運賃に

比して三割も四割も安くなるのです。大阪から引取る商品はこれに依らぬ人は運賃に迂い人と言ふ事になりますハヽヽ。そして直扱が安いと思ひつめて、大阪から直扱で出す人がありますが、これなどは気持バカリ安くて、其実は非常に高いのですよハヽヽ。

A　特別小口ノ集配と鉄道との関係は如何ですか？

B　それこそ集配ノ作業は素より、其事務は全く鉄道の事務の大部分を直接やってゐるのでありまして、指定運送人外の店は一指もさす事が出来ないのです。近時此の「特小」の貨物は等級が軍純であるのと、集配料無料と言ふので、其利用範囲は著しく殖えて来ましたよ

A　大分お鼻ですね

B　冗談言っちゃイケマセンヨ。冷やかすからもうやめます。

87　鳥取県名和神社参拝旅行記

「明治廿六年四月廿五日
鳥取県名和神社
参拝旅行記
藤井ミサホ
松江高等女学校
第一学年生」

明治廿六年四月廿五日　修学旅行記　藤井ミサホ

四月二十三日ニ来シ二十五日ハ伯耆国名和神社ニ参詣カダ〳〵汽車旅行ヲ試ミントノ仰セ出デシガ、二十四日ノ宵ヨリ降リ出セシ小雨ニ明日ノ望ミ大方ハ失セントオモヒヨリシモナホ心ニ神ヲ祈リツヽ夢路ニ入リヌ。身ハイツシカ汽車ノ内ニアリテ、見送ル山ムカフル川、川過ギ畑来リ其速カナル事マタヽク間ニ早ヤカノ地ニ着キヌト思シク高キ汽笛ノナリヒヾクニ驚キテ目ヲ開ケバ、コハイカニ柱時計ノ六時ヲツゲシ音ナリキ。六時半以内ニ定ノ場所ニ集ルベキハズナリシヲイタク朝ネシテケルヨ、サハサリナガラ天候ハ如何ト胸落付カザルマヽニアワテテ雨戸ヲ繰リ開キ仰ギテ見レバ晴カ曇カ天色定メガタキニシバシタメラヒシガ、稍ニ頼モシゲナル空模様ニ心浮キ立チ、支度ヲ急ギテ大橋ノ桟橋サシテ急キヌ。初メ此処ニテ一同打ソロヒ外海通ヒノ汽船ニ乗リテ大橋ヲ後ニセシハ午前八時。カンパン上ニ立テバ海原ヲ吹キ渡ル風涼シク我等ガ袖ヲヒルガヘシ、近ク海中ニコ立セシ島山ニ樹木鬱蒼タル中ヨリ小サキ鳥居ノホノ見ユルハイカナル神ヤイマサン、下リ立チテ遊ビタキ心地モ起リ、ハルカニ見レバ遠山オボロニカスミテ雲ノ配置一シホ面白シ。カク景色ヨキ海中ヲ横ギリ、十時十分ニ米子ニ着シヌ。他国ニ足フミ入レシハ実ニ生レテ十有五年ノ今日ヲ以テ初メトナス。此処ヨリ上陸シテ米子ノ町ヲ停車場サシテ通ル。交通便ナレバ商家多ク賑カナレド道巾セマク不潔ニシテ、我郷里杵築ノ此ニ比シテハルカニ勝リタルハ嬉シナド独リ思フ内停車場ニ至リ、コヽニ数年間夢ニ見、胸ニヱガキシ汽車テフモノニ初メテ乗リ得タルハ十一時ナリキ。短キ高調ノ汽笛ヲ一声ニ残シテ我汽車ハ勇シク走リ出デヌ。窓外ヲ見レバ野畑田松原鉄橋見ル〳〵過ギ行クメヅラシサニ打興ジテアリシモ、唯一時間ニシテ御来屋駅ニツキ、又帰リノ上車ヲタノシミニ惜シクモ下リ、ソレヨリハ田舎道ヲタドリ〳〵テ旅館後藤方ニテ携ヘ来リシ弁当ヲ開キ稍足ヲ休メテ後、程近キ名和神社ニ詣デヌ。道ノ左右ニハ桜ノ並木アリテ花ノ盛リニハ紅雲タナビケル間ヨリ社ノ千木ノホノ拝マレンナラ佳景モ、時スデニオソク花ハ散リ唯青葉ノミ。境内ニ一碑アリ、故伯耆守名和君之碑ナル銘アリキ。宮ハサシテ壮麗ナラネド傍ニ茂レル松ヲ見テハ義気盛ナル丈夫ガ霜雪ニモクツセズ能ク君ノ御為メニ尽シ奉リ、以テ千年カハラヌ松操ヲ現セシ事ノ思ハレ、アタリニ散リシク桜花ヲ見テハ赤キ心ノ武士ガ一身ヲ忘レテ国ニ尽シ死スベキ時ニイサギヨク死シ、以テ芳名ヲ今ノ世マデ残セル功ノ歴史ニノレル事ナド思ヒ出サレテ懐シクモ亦オゴソカニ思ハレシハ己ガ此御社ニ対シテ起リシ自然ノ感心ナリキ。境内ノ松桜能ク亡魂ノ忠勇義烈ヲ自然ノマヽニウツシ出セリトヤ云フベカラン。発車時間ニオクレジト元来シ御来屋ノ停車場サシテ急ギ、再ビ列車ニ乗リシハ午後三時三十分ニテ、米子ニ帰リシ時ハ四時十八分、汽船ニ乗リ移リシハ五時ニテ帰松セシハ七時三十分、実ニ愉快ナリシハ此日ノ修学旅行ナリシガ汽車ノ速力ノ思ヒシヨリオソカリケルハ如何ニヤ

文章いとめでたしつとめ給へ

※原文史料は、作者本人の文章に加え、教師による朱書訂正がなされている。本書では、読みやすさを重視し、朱書訂正後の文章を翻刻した。

110　参宮道中日記

（前略）

一畑寺泊り　　道法七里

本尊薬師の寺也、近来別而御発向毎夜〳〵通夜人五十三十宛たへまなきよし第一眼病に霊験のあらたなるとそ、御詠哥ニ、

眼のくもり　頓て晴行　いほふ山　これぞ日本一畑の寺

とあり

（後略）

出品目録

プロローグ　海に恵まれ、山に阻まれ

作品No.	指定	作品名	年代	員数	法量（cm）	所蔵者
1		日本鳥瞰中国四国大図絵（吉田初三郎）	1926年（大正15）	1点	縦27・5×横106	当館
2		島根県鳥瞰図（吉田初三郎）	1937年（昭和12）	1点	縦15・5×横53・8	当館

第1章　日本海海運の時代

作品No.	指定	作品名	年代	員数	法量（cm）	所蔵者
3	◇	大坂より松江航路図〔登米寄港図〕（松江藩御船屋・御水主・大相撲関係資料のうち）	18世紀（江戸時代中期）	1点	縦36・0×横1736	中山英男氏（松江歴史館寄託）
4		船御改扣帳（鷺浦）	1790～1818年（寛政2～文化15）	25点	縦26・4×横20・0（1冊）	当館
5		問屋船番定（鷺浦）	1868年（明治元）	1点	縦24・5×横76・0	当館
6	◇	自唐鐘浦至長浜浦海岸絵図（浜田海岸絵図）	1805年（文化2）	1点	縦111×横303（本紙：82・0×303）	個人
7	◇	諸国御客船帳（浜田外ノ浦）	18～20世紀（江戸時代中期～明治時代）	2点	縦22・1×横12・8×厚18・9 縦16・5×横12・0×厚11・8	個人
8		諸国里人談（焚火信仰の霊験と由来）	1743年（寛保3）	1点	縦23・0×横15・0	当館
9		六十余州名所図会　焚火の社（歌川広重〈初代〉）	1853～56年（江戸時代後期）	1点	縦24・8×横18・2	当館
10		諸国六十八景　隠岐焚火社（歌川広重〈二代〉）	1862年（文久2）	1点	縦37・0×横27・0	当館
11		覚（北国船の海難史料）	1642年（寛永19）	1点	縦30・5×横：188	江津市教育委員会
12		覚（松江から鉄を積んだ船の海難史料）	1674年（延宝2）	1点	縦26・0×横73・0	江津市教育委員会
13		弁才船半割模型	19世紀後半（明治時代中期）	1点	長160×幅86×高129	鉄道博物館
14		船絵馬（弁才船）	1864年（文久4）	1点	縦118×横194	波根八幡宮
15		廻船道具（懸硯）	1814年（文化11）	1点	縦43・0×横33・0×高38・0	個人
16		廻船道具（船往来手形）	1867年（慶応3）	1点	縦33・0×横46・5	個人
17		廻船道具（船往来箱）	19世紀前半（江戸時代後期）	1点	縦39・0×横7・0×高5・0	個人
18		廻船道具（大日本海路図）	1842年（天保13）刊	1点	縦16・5×横9・0	個人

19		廻船道具（桿秤）	1822年（文政5）	1点	縦35・0×横8・5	個人
20		廻船道具（和磁石）	19世紀後半（明治時代）	1点	直径9・5	個人
21		廻船道具（銭枡）	19世紀（江戸時代後期～明治時代）	1点	縦37・5×横16・0	個人
22		廻船道具（御城米御用の幟）	19世紀（江戸時代後期）	1点	縦52・0×横34・0	個人
23		御売仕切	19世紀（江戸時代後期）	1点	縦30・0×横63・0	個人
24		廻船問屋の引札（大阪紀伊國屋）	1866年（慶応2）	1点	縦24・4×横18・5	個人（当館寄託）
25		廻船問屋の引札（兵庫最上屋）	1865年（元治2）	1点	縦37・5×横19・2	個人（当館寄託）
26		廻船問屋の引札（兵庫最上屋）	1864年（文久4）	1点	縦37・5×横19・2	個人（当館寄託）
27		廻船問屋の引札（下関石見屋）	1872年（明治5）	1点	縦38・8×横17・4	個人（当館寄託）
28		高瀬船の帆（松右衛門帆）	年未詳	1点	縦1393×横162	千葉県立関宿城博物館
29		石州大浦湊波止之図	19世紀中頃（江戸時代後期）	1点	縦65・5×横49・0	島根大学附属図書館
30		天保五午年より同八酉年迄波止目論見中入用勘定帳	1834年（天保5）	1点	縦13・5×横37・0	島根大学附属図書館
31		大浦湊澗口波止築立由来手続控	1857年（安政4）	1点	縦27・0×横19・0	島根大学附属図書館

第2章　近代の夜明け

32		佐賀藩精煉方絵図（陣内松齢筆）	1927年（昭和2）	1面	縦75・2×横123	公益財団法人鍋島報效会
33	○	蒸気車雛形（佐賀藩製作）	1855年（安政2）頃	1点	長39・8×高31・5×幅14・0	公益財団法人鍋島報效会
34	○	蒸気船雛形（外輪船）（佐賀藩製作）	1855年（安政2）頃	1点	長88・0×幅18・6×高52・5	公益財団法人鍋島報效会
35		御買上ヶ銑鉄御用留	1853年（嘉永6）	1点	縦26・8×横18・2	島根大学附属図書館
36		二番八雲丸	年未詳	1点	縦57・3×横76・0	個人（松江歴史館寄託）
37		買仕切（鯡の購入記録）	1876年（明治9）	1点	縦31・1×横48・5	石見銀山資料館
38		蝦夷地絵図	19世紀中頃（江戸時代後期）	1点	縦132×横125	当館
39		証（小型和船の証書）	1885年（明治18）	1点	縦23・1×横31・0	出雲弥生の森博物館
40		船絵馬（合の子船・西洋型風帆船）	19世紀後半（明治時代中期）	1点	縦56・5×横77・4	馬路乙見神社
41		八幡丸勘定帳	1890～1904年（明治23～37）	15点	縦13・5×横37・0（1冊）	個人

42		釜山輸出時の証明書	1902年（明治35）	3点	［上］縦20・1×横27・7 ［右下］縦25・6×横18・0 ［左下］縦19・4×横13・8	出雲弥生の森博物館
43		西洋形船海員雇止証書	1896年（明治29）	1点	縦26・0×横34・0	個人

第3章　島根の交通革命

44		山陰山陽連絡鉄道横断線意見	1892年（明治25）	1点	縦20・2×横14・7	米子市立山陰歴史館
45		陰陽鉄道開通繁昌之図	1901年（明治34）	1点	縦40・4×横28・0	米子市立山陰歴史館
46		境・御来屋間汽車発着時刻及賃金表	1902年（明治35）	1点	縦16・7×横23・8	米子市立山陰歴史館
47		鉄道連絡記念物産共進会絵葉書	1912年（明治45）	3点	縦9・0×横14・3（1枚）	当館
48		新設の浜田駅（写真）	1921年（大正10）	1点	縦41・8×横52・8×高2・3	浜田市教育委員会
49		山陰線・福知山線列車時刻表	1923年（大正12）	1点	縦15・0×横7・5	南部町祐生出会いの館
50		山陰鉄道全通ポスター	1923年（大正12）	1点	縦78・5×横55・0	南部町祐生出会いの館
51		戦前の山陰線急行列車模型	現代	1点	HOゲージ	個人
52		旧米子駅舎の鬼瓦	1902年（明治35）頃	1点	幅46・8×奥行35・8×高9・2	米子市立山陰歴史館
53		内国勧業博覧会褒状（瓦）	1903年（明治36）	1点	縦48・8×横63・3	当館
54		記（米子中学校屋根瓦注文書）	1900年（明治33）	1点	縦16・3×横60・2	当館
55		簸上鉄道沿線名所案内	20世紀（大正時代頃）	1点	縦18・9×横11・0	島根県立図書館
56		簸上鉄道線路略図	1915年（大正4）頃	1点	縦39・0×横54・0	島根県立図書館
57		簸上鉄道記念写真帖（簸上鉄道国有化時の社員寄せ書き）	1934年（昭和9）	1点	縦28・4×横37・8	島根県立図書館
58		木次線建設要覧	1937年（昭和12）	1点	縦17・6×横8・5	米子市立山陰歴史館
59		法勝寺鉄道電車時刻表	1924年（大正13）	1点	縦17・6×横8・5	南部町祐生出会いの館
60		伯陽電鉄遊覧	1930年（昭和5）頃	1点	縦17・6×横6・2	南部町祐生出会いの館
61		広瀬電気鉄道ポスター	1928年（昭和3）頃	1点	縦79・5×横55・0	南部町祐生出会いの館
62		雲芸鉄道敷設趣意書と附図	1924年（大正13）頃	1点	縦26・3×横19・3（附図35・0×51・3）	当館
63		A型フォード	1931年（昭和6）	1台	長400×幅180×高180	福山自動車時計博物館
64		商標	1928年（昭和3）頃	1点	直径40・0	個人

65		ヘッドライト・値下げ札・レンチ	1928年（昭和3）頃	3点	［ヘッドライト］縦17・2×横27・5×高27・5	個人
66		フォード特売会の写真	1928年（昭和3）頃	1点	縦53・5×横42・5×高2・5	個人
67		中国地方自動車旅行映像（三井高公）	1933年（昭和8）	1点		公益財団法人三井文庫

第4章　制度の近代化、暮らしの近代化

68	◇	三度飛脚定書（運輸関係資料のうち）	1842年（天保13）	1点	縦26・0×横240	越智小百合氏（松江歴史館寄託）
69		三度飛脚の引札	1860年（万延元）	1点	縦26・2×横18・0	須我神社
70	◇	印判箱（運輸関係資料のうち）	19世紀後半（明治時代前期）	1点	［箱］縦11・5×横21・5×高10・0	越智小百合氏（松江歴史館寄託）
71	◇	鑑札（運輸関係資料のうち）	1875〜76年（明治8〜9）	6点	［各］縦8・5×横6・0	越智小百合氏（松江歴史館寄託）
72	◇	真誠講旅行案内（運輸関係資料のうち）	19世紀後半（明治時代前期）	1点	縦16・5×横62・0	越智小百合氏（松江歴史館寄託）
73		真誠講案内	1883年（明治16）頃	1点	縦11・5×横16・3	当館
74	◇	内国通運会社松江派出所看板（運輸関係資料のうち）	1885年（明治18）頃	1点	縦91・0×横21・5×高2・2	越智小百合氏（松江歴史館寄託）
75	◇	郵便線路図（運輸関係資料のうち）	1885年（明治18）頃	1点	縦47・0×横78・0	越智小百合氏（松江歴史館寄託）
76	◇	原文運送ハッピ（運輸関係資料のうち）	1937年（昭和12）以前	1点	縦92・0×横66・0	越智小百合氏（松江歴史館寄託）
77		松江・加茂中・大東町・木次 相互間貨物特約運送契約書（運輸関係資料のうち）	1917年（大正6）	1点	縦24・2×横17・0	個人（松江歴史館寄託）
78		合同運送参宮旅行案内（運輸関係資料のうち）	1929年（昭和4）	1点	縦24・6×横16・8	個人（松江歴史館寄託）
79		日本通運株式会社指定店看板（運輸関係資料のうち）	1937〜43年（昭和12〜18）頃	1点	縦25×横36・5×高2・4	個人（松江歴史館寄託）
80		伊勢参宮名所図会	1797年（寛政9）	7冊	［各］縦26・5×横18・4	当館
81		いせ大和まはり名所絵図道のり	1777年（安永6）	1点	縦47・0×横57・5	個人（当館寄託）
82		西国三十三所観音霊場記図絵	1845年（弘化2）	1点	［各］縦25・2×横17・5	当館
83		出雲札三拾三所道法順附絵図	1817年（文化14）	1点	縦28・8×横42・9	当館
84		出雲国三十三所札所めぐり	1824年（文政7）	1点	縦13・2×横9・1	当館
85		新式旅行案内　旅のしるべ	1909年（明治42）	1点	縦25・5×横19・5	米子市立山陰歴史館
86		修学旅行日記	1893年（明治26）	1点	縦24・2×横16・6	島根県立大学松江キャンパス図書館
87		鳥取県名和神社参拝旅行記	1903年（明治36）	1点	縦24・2×横16・7	松江市

88		はくらんくわい視察日誌	1903年（明治36）頃	1点	縦15・1×横11・0	中西良幸氏
89		京阪旅行土産	1894年（明治27）	1点	縦24・6×横17・2	島根県立大学松江キャンパス図書館
90		山陰名勝唱歌（第一編・第二編）	1908〜09年（明治41〜42）	2点	［各］縦18・8×横12・5	島根県立大学松江キャンパス図書館
91		島根県遊覧案内	1908年（明治41）	1点	縦18・7×横9・1	島根県立大学松江キャンパス図書館
92		山陰鉄道名勝案内	1912年（明治45）	1点	縦18・7×横12・8	島根県立大学松江キャンパス図書館
93		島根県名勝案内	1921年（大正10）	1点	縦18・7×横12・8	島根県立大学松江キャンパス図書館

第5章　参詣と観光の地

94		太々千人講出雲大社奉幣寄附姓名録	1846年（弘化3）	1点	縦22・6×横16・3	当館
95		出雲大社参詣道中独案内	1888年（明治21）	1点	縦56・0×横40・5	当館
96		出雲案内	1893年（明治26）	1点	縦54・0×横79・5	個人
97		島根県案内記	1903年（明治36）	1点	縦18・5×横12・8	当館
98		山陰線写真帖（境港における阪鶴丸）	1910年（明治43）	1点	縦19・0×横26・0	島根県立図書館
99		出雲大社まうで	1926年（大正15）	1点	縦18・7×横8・9	当館
100	●	美保神社奉納鳴物（オルゴール）	1864年（元治元）	1点	縦6・0×横9・5×高3・5	美保神社
101	●	美保神社奉納鳴物（月琴）	1835年（天保6）	1点	縦65・0×横36・0×高8・5	美保神社
102	●	美保神社奉納鳴物（風琴）	1867年（慶応3）	1点	縦13・0×横30・5×高16・0	美保神社
103	●	美保神社奉納鳴物（玩具）	年未詳	一括	［ハーモニカ大］縦7・0×横1・5	美保神社
104		関講の幟	1785年（天明5）	1点	縦80・5×横38・1	美保神社
105		永代諸国講扣帳	1783年（天明3）	1点	縦20・0×横51・0	美保神社
106		美保園案内	1925年（大正14）頃	1点	縦18・7×横9・3	個人
107		美保園（写真）	1925年（大正14）頃	1点	縦21・0×横28・3	個人
108		団体受付簿	1964〜67年（昭和39〜42）	2点	［各］縦20・0×横28・5	松江歴史館
109		関参り団体募集チラシ	1967年（昭和42）	1点	縦25・2×横16・8	松江歴史館
110		参宮道中日記	1832年（天保3）	1点	縦12・1×横17・0	島根県立図書館

111		一畑薬師徳利	19世紀後半～20世紀（明治時代～昭和時代）	18点	［最大］高12・3×径7・5 ［最小］高7・3×径2・6	一畑寺
112		一畑軽便鉄道名勝図絵（『一畑軽便鉄道名所案内』附図）	1915年（大正4）	1点	縦17・9×横36・4	当館
113		一畑軽便鉄道・合同汽船航路連絡時刻表	1924年（大正13）	1点	縦15・1×横8・8	南部町祐生出会いの館
114		一畑薬師と出雲名所図絵	1928年（昭和3）	1点	縦17・9×横77・5	当館
115		一畑電車と自動車	1938年（昭和13）	1点	縦20・3×横11・4	当館
116		隠岐遊覧案内	1937年（昭和12）	1点	縦21・2×横10・7	当館
117-1		隠岐めぐり	1928年（昭和3）	1点	縦18・8×横13・0	南部町祐生出会いの館
117-2		隠岐どっさり	20世紀（昭和時代前期）	1点	縦13・5×横10・0	南部町祐生出会いの館
117-3		隠岐遊覧之栞	1929年（昭和4）	1点	縦15・4×横11・0	南部町祐生出会いの館
117-4		隠岐遊覧案内	1930年（昭和5）	1点	縦18・6×横10・2	南部町祐生出会いの館
117-5		隠岐案内	20世紀（昭和時代前期）	1点	縦19・5×横10・5	南部町祐生出会いの館
118		汽車土瓶	1907年（明治40）頃	1点	高7・4×口径8・4	出雲弥生の森博物館
119		出雲そば丼鉢	20世紀前半（大正時代末期～昭和時代前期）	8点	高5・5×復元口径15・0	浜田市教育委員会
120		汽車茶瓶	1955～65年（昭和30年代）頃	2点	［茶］底8・5×高8・0 ［白］底7・0×高8・0	出雲市
121-1		駅弁掛紙貼込帳（松江駅　一文字屋支店ほか）	1919～35年（大正時代～昭和時代初期）	1点	縦33・5×横39・8	南部町祐生出会いの館
121-2		駅弁掛紙（松江駅　一文字屋支店）複製	1922年（大正11）	1点	縦17・8×横15・5	南部町祐生出会いの館
121-3		駅弁掛紙（出雲今市駅　黒崎旅館）複製	1919年（大正8）	1点	縦13・5×横13・2	南部町祐生出会いの館
121-4		駅弁掛紙（出雲今市駅　黒崎）	1923年（大正12）	1点	縦18・3×横11・5	南部町祐生出会いの館
121-5		駅弁掛紙（石見大田駅　長尾西陽軒）	1919～35年（大正時代～昭和時代初期）	1点	縦19・1×横13・3	南部町祐生出会いの館
121-6		駅弁掛紙（浜田駅　ピリ軒）複製	1924年（大正13）	1点	縦8・9×横6・0	南部町祐生出会いの館
121-7		駅弁掛紙（浜田駅　ピリ軒）	1919～35年（大正時代～昭和時代初期）	1点	縦13・5×横12・9	南部町祐生出会いの館
121-8		駅弁掛紙（石見益田駅　寿養軒）複製	1925年（大正14）	1点	縦12・5×横12・4	南部町祐生出会いの館
121-9		駅弁掛紙（津和野駅　いわさきや支店）複製	1925年（大正14）	1点	縦17・9×横12・0	南部町祐生出会いの館

トピック　芥川龍之介と井川恭の島根旅行

122		芥川龍之介の肖像写真	1915年（大正4）	1点	縦15・5×横10・0	個人（大阪公立大学大阪市立大学恒藤記念室寄託）
123		芥川による井川宛書簡	1915年（大正4）	1点	縦14・1×横9・0	個人（大阪公立大学大阪市立大学恒藤記念室寄託）
124		芥川による井川宛書簡	1915年（大正4）	1点	縦14・1×横9・0	個人（大阪公立大学大阪市立大学恒藤記念室寄託）
125		井川恭によるスケッチ	1915年（大正4）	1点	縦17・9×横10・5	個人（大阪公立大学大阪市立大学恒藤記念室寄託）
126		山陰時事評論（水月亭の広告）	1930年（昭和5）	1点	縦39・5×横52・5	波根むかし語りの会
127		芥川による井川宛書簡	1915年（大正4）	1点	縦18・5×横188	個人（大阪公立大学大阪市立大学恒藤記念室寄託）
128		芥川による井川宛書簡	1915年（大正4）	1点	［各］縦16・6×横21・1	個人（大阪公立大学大阪市立大学恒藤記念室寄託）

エピローグ　交通の〝過去〟と〝未来〟

129		硬券切符（一畑電気鉄道）	1955～60年（昭和30～35）頃	3点	［揖屋・北松江］3・0×5・8	米子市立山陰歴史館
130		大社号ヘッドマーク	20世紀後半（昭和時代）	1点	直径60・0×高6・6	米子市立山陰歴史館
131		車内放送のしおり（山陰線の車内放送原稿）	1981年（昭和56）	1点	縦13・2×横18・3	出雲市
132		蒸気機関車模型	現代	1点	OJゲージ	個人
133		乗船券（合同汽船）	20世紀後半（昭和時代）	27点	［回数乗船券］20・5×6・8	松江歴史館
134		切符ハサミ（合同汽船）	20世紀後半（昭和時代）	2点	［大］長18・2×幅4・7	松江歴史館
135		のびゆく日本（第1回　日本の交通）	1959年（昭和34）	1点	縦26・2×横18・3	大阪府立中央図書館国際児童文学館
136		楽しいな動く道路で学校へ（小松崎茂）	1957年（昭和32）	1点	縦26・0×横18・3	大阪府立中央図書館国際児童文学館
137		本州と四国を結ぶ大橋（伊藤展安）	1961年（昭和36）	1点	縦26・3×横18・3	大阪府立中央図書館国際児童文学館
138		100年先の東京見学（伊藤展安絵・園山俊二漫画）	1961年（昭和36）	1点	縦26・0×横18・3	大阪府立中央図書館国際児童文学館
139		事故0のハイウェー（小松崎茂）	1969年（昭和44）	1点	縦26・0×横18・7	大阪府立中央図書館国際児童文学館
140		切り絵「WISESで夢の超超高速船」（柳原良平）	1995年（平成7）	1点	縦50・0×横65・5	船の科学館
141		切り絵「未来の超高速カーフェリー」（柳原良平）	1995年（平成7）	1点	縦50・0×横65・5	船の科学館

（凡例）員数が複数におよぶ作品の法量は原則として目安となる1点のみを記した。
指定文化財は次の通り略記した。重有民●、県指定○、市指定◇

主要参考文献（副題は省略した）

プロローグ・関連年表
・隠岐汽船百周年記念事業室『百年の航跡』隠岐汽船株式会社、一九九五年
・亀井正夫『山陰の鉄道建設史』美保土建㈱文化部、一九八五年
・島根県立古代出雲歴史博物館編『特別展 BATADEN 一畑電車百年ものがたり』一畑電気鉄道株式会社、二〇一〇年
・島根県立古代出雲歴史博物館編『企画展 入り海の記憶』二〇一五年
・松江市史編集委員会編『松江市史 通史編四 近世Ⅱ』松江市、二〇二〇年
・松江市史編集委員会編『松江市史 通史編五 近現代』松江市、二〇二〇年
第一章
・島根県立古代出雲歴史博物館編『企画展 いわみもの』二〇一六年
・岡田孝雄「寛永十九年、越前国三国新保浦竹内藤右衛門船置手形」『海事史研究』四四、一九八七年
・石井謙治『ものと人間の文化史 和船Ⅰ』法政大学出版局、一九九五年
・石井謙治『ものと人間の文化史 和船Ⅱ』法政大学出版局、一九九五年
・桜井英治・中西聡編『新体系日本史一二 流通経済史』山川出版社、二〇〇二年
・中安恵一「近世後期の小型廻船と生業・村落社会」『社会経済史学』八一巻二号、二〇一五年
・安達裕之『雛形からみた弁才船』船の科学館、二〇〇五年
・柚木學編『近代海運史料』清文堂、一九九二年
・長谷川博史「鞆の浦埋立・架橋問題」『日本史研究』五七二、二〇一〇年
・『工楽家文書調査報告書』高砂市教育委員会、二〇一九年
・『湊とともに』高砂市教育委員会、二〇二〇年
・松木哲「松右衛門帆」『海事資料館研究年報』二六、一九九八年
第二章
・公益財団法人鍋島報效会編『蒸気軍艦を入手せよ!! 江戸後期の長崎警備』二〇一五年
・坂本賢三「幕末期輸入船とその主機」『日本舶用機関学会誌』一八巻六号、一九八三年
・中西聡『海の富豪の資本主義』名古屋大学出版会、二〇〇九年
・「幕末佐賀藩の科学技術」編集委員会編『幕末佐賀藩の科学技術下』岩田書院、二〇一六年
・松江市史編集委員会編『松江市史 通史編三 近世Ⅰ』松江市、二〇一九年
・山内正明「幕末期における佐賀藩反射炉鋳砲事業と石見産鉄の調達・運搬」島根県古代文化センター編『山陰におけるたたら製鉄の比較研究』二〇一一年
第三章
・稲田信・沼本龍『簸上鉄道の開通と木次線』八日市地域づくりの会、二〇一七年
・佐々木烈『日本自動車史 都道府県別乗合自動車の誕生 写真・史料集』三樹書房、二〇一三年
・『新修島根県史 通史篇2 近代』島根県、一九六七年
・祖田定一『廣瀬鉄道資料集『歴史の里に消えた鉄道』』山陰鉄道研究会、二〇〇七年
・沼本龍「鉄道敷設法成立以前の山陰地域における鉄道敷設運動」『山陰研究』三、二〇一〇年
・沼本龍「陰陽連絡鉄道計画と府県分合運動」『鳥取地域史研究』一八、二〇一六年
・松江市史編集委員会編『松江市史 通史編五 近現代』松江市、二〇二〇年
・山本恭子編『山陰本線全線開通80周年記念 鉄道のまち・よなごの歴史』米子市立山陰歴史館、二〇一三年
第四章
・大阪鉄道局編『鉄道用語辞典』、博文館、一九三五年
・面坪紀久「島根県における修学旅行の展開」島根県古代文化センター編『近世近代の交通と地域社会経済』二〇二三年
・面坪紀久「いまどき島根の歴史二〇二 戦前の駆け足修学旅行」『山陰中央新報』二〇二一年一二月一二日付記事
・国立歴史民俗博物館編『旅』歴史民俗博物館振興会、二〇〇八年
・島根県立古代出雲歴史博物館・島根県古代文化センター編『秘仏への旅』ハーベスト出版、二〇〇八年
・原文助『家業五代記』一隅社、一九五七年
・物流博物館編『物流博物館の収蔵資料』二〇一〇年
・中安恵一「近世民衆の船旅と廻船業」『地方史研究』六六巻二号、二〇一六年
・中安恵一「近世・近代における山陰地方の旅と旅先地」島根県古代文化センター編『近世近代の交通と地域社会経済』二〇二三年
・松江市史編集委員会編『松江市史 通史編四 近世Ⅱ』松江市、二〇二〇年
・矢野健太郎「内国通運会社松江分社の設立」島根県古代文化センター編『近世近代の交通と地域社会経済』二〇二三年
・山本志乃『団体旅行の文化史 旅の大衆化とその系譜』創元社、二〇二一年
第五章
・有馬誉夫『島根の観光レジャー史（大正、昭和戦前）』ハーベスト出版、二〇一六年
・『出雲大社観光史』大社史話会、二〇一四年
・島根県立古代出雲歴史博物館『特別展 平成の大遷宮 出雲大社展』ハーベスト出版、二〇一三年
・一畑グループ１００周年事業実行委員会社史編纂委員会編『一畑電気鉄道百年史』二〇一六年
・『隠岐航路史』隠岐汽船株式会社、一九五八年
・川島武良・佐々木敬志「資料紹介 写真集 一畑灯籠を訪ねて」『古代文化研究』一〇・一一号、二〇〇二・二〇〇三年
・工藤泰子「出雲大社と近代観光」『島根県立大学短期大学部松江キャンパス研究紀要』五二、二〇一四年
・『古事記１３００年 音曲の神さま 美保神社奉納鳴物』島根県立古代出雲歴史博物館、二〇一一年
・島根県立古代出雲歴史博物館編『企画展 入り海の記憶』二〇一五年
・田村亨「一九三〇年代の隠岐聖蹟観光」島根県古代文化センター編『近世近代の交通と地域社会経済』二〇二三年
・『鉄道がきた！』兵庫県立考古博物館、二〇一四年
・中安恵一「近世・近代における山陰地方の旅と旅先地」島根県古代文化センター編『近世近代の交通と地域社会経済』二〇二三年
・中安恵一「近世民衆の船旅と廻船業」『地方史研究』六六巻二号、二〇一六年
・畑中英二編著『信楽汽車土瓶』サンライズ出版、二〇〇七年
・野坂俊之「出雲市内の一畑薬師灯籠」『山陰民俗研究』二〇、二〇一五年
・窯業史博物館編『汽車土瓶』一九九五年
トピック
・大阪市立大学恒藤記念室編『恒藤記念室所蔵資料目録（増補改訂版）』大阪市立大学大学史資料室、二〇一五年
・『芥川龍之介全集』一七・一八巻、岩波書店、一九九七年
・『芥川龍之介の手紙 敬愛する友恒藤恭へ』山梨県立文学館、二〇〇八年
・田中ひとみ「恒藤宛て芥川書簡の紹介」『大阪市立大学史紀要』三号、二〇一〇年
・『津和野町史 第四巻』津和野町教育委員会、二〇〇五年
・『特別展 山陰を描いた美術と文学』島根県立博物館、一九八二年
エピローグ
・初見健一『昭和ちびっこ未来画報』青幻舎、二〇一二年

協力者一覧

本展の開催ならびに本図録作成にあたり、作品ご所蔵者の皆さまをはじめとする、左記の方々にご協力を頂きました。記して感謝の意を表します。（敬称略、五十音順）

関係機関

朝日新聞社メディア事業本部ＩＰ事業部
出雲市観光交流部
出雲弥生の森博物館
一畑寺
厳島神社（大田市温泉津町小浜）
嚴島神社（浜田市瀬戸ケ島町）
石見銀山資料館
大阪公立大学大阪市立大学恒藤記念室
大阪府立中央図書館国際児童文学館
大田市教育委員会
乙見神社奉賛会
温光寺
加賀神社
金子旅館
株式会社そのやま企画
岸浜嚴島神社（隠岐の島町今津）
公益財団法人鍋島報效会
公益財団法人日本海事科学振興財団船の科学館
公益財団法人日本近代文学館
公益財団法人能宗文化財団福山自動車時計博物館
公益財団法人三井文庫
江津市教育委員会
江津市図書館
静間神社
島根県立大学松江キャンパス図書館
島根県立図書館
島根大学附属図書館
市立伊丹ミュージアム
須我神社
高砂市教育委員会
多伎藝神社
宅野八幡宮
龍御前神社
多鳩神社
千葉県立関宿城博物館
鉄道博物館
南部町祐生出会いの館
波根八幡宮
波根むかし語りの会
浜田市教育委員会
浜田市浜田郷土資料館
松江市
松江歴史館
美保神社
米子市立山陰歴史館
和鋼博物館

個人

吾郷　征則
荒川　英里
飯塚　大幸
飯沼　一雄
五十嵐健一
池田　三紗
池田利栄子
石川　勝典
石原　裕紀
伊藤　絢子
伊藤　忠章
伊藤　展安
伊藤磨美子
井上　治夫
牛尾　充
宇津巻英明
岡　進一
岡本　直子
尾﨑　晃
越智小百合
面坪　紀久
鍵本　俊朗
楫ヶ瀬　孝
春日　瞳
勝部　衛
勝部　和承
金津　英隆
金子　俊之
金﨑　公一
金築　弘明
金築　正彦
河野真理子
北井　由香
木部　和昭
國井加代子
児玉　倫子
小林　博通
小松﨑憲子
小松原　豊
榊原　博英
坂本　豊治
下向井紀彦
新宮　由真
新庄　正典
杉本　和樹
須山　麻美
高橋　宏樹
竹下　弘史
竹田　宏子
武智　正信
立脇　玄貴
田中ひとみ
田中やよい
津野　定和
壷倉　祐磨
中尾慶治郎
中西　良幸
仲野　義文
中山　英男
西尾　克己
錦織　稔之
新田　清文
沼本　龍
能宗　孝
原　恵美
原　正義
樋爪　絵里
平山　昇
藤田　大輔
盆子原奉成
松浦　伊重
松浦　道仁
松浦　満幸
松浦　裕
松本しのぶ
間野　大丞
三代　暢實
宮能　壮充
宮本　一輝
持田　直人
山﨑　教也
山手　貴生
山本　恭子
横田　貴史
横山　直正
横山　陽之
和住　香織

島根県立古代出雲歴史博物館 令和５年度企画展
しまね×交通クロニクル
―北前船からフォードまで―

令和５年（2023）７月７日　発行

発　行　島根県立古代出雲歴史博物館
〒699-0701　島根県出雲市大社町杵築東99-4
TEL（0853）53-8600
FAX（0853）53-5350

発　売　今井出版

印　刷　今井印刷株式会社